suhrkamp taschenbuch 464

Marcel Proust, geboren am 10. 7. 1871 in Auteuil, starb am 18. 11. 1922 in Paris.

In dieser Briefauswahl läßt sich fast Woche für Woche, im Beginn wenigstens Monat für Monat, die *vie intime* Marcel Prousts verfolgen, seine Auseinandersetzungen mit der geliebten und für ihren Liebesentzug dennoch durch ein ganzes Leben und ein ganzes Werk bestraften Mutter, seine Jugendfreundschaften, seine Jugendlieben, seine Anschmiegsamkeit wie seine Tyrannei, seine unendlich beharrlichen und raffinierten Versuche, Eingang in die »Gesellschaft« von Paris zu finden, seine eingebildeten und seine echten Geldnöte, seine Reisen und Krankheiten und schließlich sein langwährendes Hinsterben. Was in dieser Form und in dieser Deutlichkeit bisher wohl nicht zu sehen war, ist aber etwas anderes: Prousts enge Anteilnahme an der Politik. Seine Stellungnahme während der Dreyfus-Affäre, die noch bis in die *Recherche* hineinwirkt, ist weder zufällig noch isoliert. Immer hat er auf die französische Innenpolitik, oft, und besonders beim Ausbruch des Weltkriegs, auf die Weltpolitik reagiert – beinahe jedesmal mit derselben Klarheit, die auch seine Beobachtung sozialer und moralsoziologischer Probleme auszeichnet.

Marcel Proust, *Briefe zum Werk*, erschien als st 404.

Marcel Proust
Briefe zum Leben

Ausgewählt und aus dem Französischen
übersetzt von Uwe Daube

Erster Band

Suhrkamp Verlag

suhrkamp taschenbuch 464
Erste Auflage 1978

Suhrkamp Taschenbuch Verlag

Druck: Nomos Verlagsgesellschaft, Baden-Baden
Printed in Germany
Umschlag nach Entwürfen
von Willy Fleckhaus und Rolf Staudt

Inhalt

An Madame Nathé Weil

Hôtel de la Paix
[Salies de Béarn, Sommer 1885 oder 1886]

Meine liebe Großmutter,

sei mir nicht dankbar für diesen Brief. Seit dem Anschnauzer vor einigen Tagen habe ich übrigens große Angst davor, wieder ins Gebet genommen zu werden. Aber Madame Catusse hat mir ein kleines Lied versprochen, wenn ich mich daranmache, sie Dir zu schildern, ein langes Lied, wenn ich die Schilderung vollende, und für alles zusammen alle Lieder, die ich mir nur wünsche. Das sagt Dir nicht viel, nicht wahr? Doch wenn Du gestern eine gewisse, herrlich reine und wunderbar dramatische Stimme gehört hättest – Du, die Du alle Gefühlsregungen kennst, die Gesang in mir auslöst –, so würdest Du verstehen, daß ich mich – weil ich schnell wieder mit den Krocket spielenden Freunden zusammentreffen will – an den Schreibtisch unserer Wirtin Madame Biraben setze, um Dir Madame Catusse zu beschreiben.

Ich bin furchtbar verlegen. Madame Catusse muß diese Beschreibung sehen, und obwohl ich sie verfasse – das schwöre ich Dir bei Artemis, der weißen Göttin, und beim glutäugigen Pluto –, als dürfte sie sie niemals zu Gesicht bekommen, empfinde ich eine gewisse Scham, ihr zu sagen, daß ich sie bezaubernd finde. Das ist jedoch die betrübliche Wirklichkeit. Madame Catusse muß zweiundzwanzig bis fünfundzwanzig Jahre alt sein. Ein hinreißendes Köpfchen, zwei sanfte und klare Augen, eine zarte und weiße Haut, ein Köpfchen, würdig von einem Maler erträumt zu werden, der in die vollendete Schönheit verliebt ist, umrahmt von schönem schwarzen Haar (oh, welch unerträgliche Aufgabe, Musset Trotz zu bieten und zu sagen, besonders wenn man es auch denkt, gnädige Frau, Sie sind hübsch, maßlos hübsch. Aber die göttlichen Melodien Massenets und Gounods werden mein Unbehagen besänftigen). Ihre Gestalt ist klein, anmutig in ihren Linien. Nichts jedoch läßt sich mit ihrem Köpfchen vergleichen, das man nicht müde wird zu betrachten. Ich gestehe, daß ich es am ersten Tage nur hübsch gefunden hatte, aber sein reizender Ausdruck hat mich von Tag zu Tag mehr verführt, und nun bin ich bei stummer Bewunderung angelangt.

Also nein, da würde ich ja Madame Catusse als ein Dummkopf erscheinen; deshalb spare ich mir die Würdigung ihrer körperlichen Reize für einen anderen Brief auf, den sie nicht lesen wird.

Die Gespräche mit Madame Catusse trösten mich über meinen vielfältigen Kummer und über die Langeweile, die Salies für denjenigen ausstrahlt, der nicht, wie Tartarin[1] sagt, über genügend »doppelte Muskeln« verfügt, um in der Frische der angrenzenden Gefilde das fürs Leben notwendige Korn Poesie aufzuspüren, das leider die von Geschwätz und Tabaksgewölk überflutete Terrasse, auf der wir unsere Tage zubringen, vollkommen vermissen läßt.

Ich preise die unsterblichen Götter, die eine so intelligente, so erstaunlich gebildete Frau hierher haben kommen lassen, eine Frau, die soviel mitzuteilen weiß und einen so durchdringenden Zauber um sich verbreitet:

Mens pulcher in corpore pulchro.[2]

Aber ich verfluche die Geister, feindlich gesonnen dem menschlichen Ruhebedürfnis, die mich gezwungen haben, diese Albernheiten vor jemandem auszubreiten, den ich so sehr liebe und der so gut zu mir ist und so reizend. Es ist eine Höllenpein. Ich hätte Dir gesagt, wie sehr mich ihre Gegenwart entzückt, wie ich über ihre Abreise betrübt sein werde, ich hätte versucht, ihre Züge beredsam zu schildern und Dich ihre innere Schönheit fühlen zu lassen, ich hätte Dir ihre Anmut zeigen und Dir von meiner Zuneigung sprechen wollen – doch niemals! Meine Rolle ist schon ohnedies töricht genug.

Ich umarme Dich mit Ungestüm, bis ihre »melodischen Töne«

mein Ohr entzücken, meine Schmerzen besänftigen.

Guten Tag, Großmutter, wie geht es Dir?

Marcel

1 Held aus Alphonse Daudets Roman *Tartarin de Tarascon*, ersch. 1872.

2 Das Dictum heißt richtig: *Mens sana in corpore sano.*

An Jeanne Proust

Sonnabend, den 24. September [1887]

Meine auserwählte Herzensmama,

zuerst laß mich Dir sagen, daß mein Magen *göttlich* ist, daß ich Großmutter wiederum ein Opfer gebracht habe, ein für mich sehr kostspieliges Opfer, laß Dir versichern, daß Du »Islandfischer«[1] erhalten wirst, aber auf Großmutters Anraten wahrscheinlich aus der Leihbücherei von Auteuil, weil es für die andere zu spät ist, dann laß Dir von einer Erfahrung erzählen und zum Schluß laß uns einen Augenblick schwatzen, all dies im Galopp, denn ich will gerade ausgehen.

Hier die Erfahrung. (Ich weiß nicht mehr, was ich sage.[2] Ich war *sicher*, nachts sehr gut zu verdauen.

Dennoch *transparente* Nächte mit der Empfindung, zu schlafen und bald aufzuwachen, usw. Träume. Eines Abends (am Abend des Louvrebesuchs) lege ich mich schlafen, nicht eigentlich beunruhigt über meine Verdauung, aber ich hatte spät gevespert und reichlich zu Abend gegessen (3 Nachspeisen). Beim Aufwachen stoße ich ganz allein in meinem Zimmer einen Schrei der Überraschung aus: ausgezeichneter Mundgeschmack, ruhiger, vortrefflicher Schlaf. Tagsüber folglich viel besser. Nachmittags wie gewöhnlich zu Fuß in den Bois [3], dann im Wagen des Onkels usw. Schwerer Schlaf.

Ich sage mir nun folgendes:

Der Tag, dem allein eine gute Nacht folgte, hatte als *einziger* diesen Verlauf:

Bois nur im *geschlossenen* Wagen, denn ich hatte den Wagen meines Onkels [4] beim Verlassen des Louvre und nicht von der Akazienallee [5] ab benutzt.

Am nächsten Tage versuche ich, nicht in den Bois zu gehen.

Ich vespere, ich esse (rein zufällig) sehr ausgiebig zu Abend, ich ziehe mir sogar Großmutters Bemerkungen zu.

Jetzt all das kleine Geschwätz. Nuna [6] gestern zum Abendessen. Mein Onkel hat sie vernichtend abgekanzelt, weil sie die Keckheit besaß zu sagen: »Ich mag Ingres nicht.« Die Auseinandersetzung verschärfte sich. Mein Onkel erklärte Nuna für *inkompetent*, was *Malerei* anbetrifft. Sie sagte, daß sie dennoch wagen würde, ihre Meinung vor allen Leuten zu vertreten. »Dann wird man sagen, wie ist doch dieses Persönchen von sich überzeugt«, und so wird es zunehmend heftiger, mein Onkel steigerte sich in eine solche Wut gegen Nuna, daß diese unter Gänsehaut mit gespieltem Lächeln sagte: »Ich bin wenigstens froh, daß ich

Ihre Verdauung begünstigt habe.« Sie waren alle beide weiß wie Laken.

Vor acht Tagen hatte Nuna sich halbtot gelacht über das, was mein Onkel über Malerei [und] Skulptur geäußert hatte, wobei er Raphael und Dürer durcheinanderbrachte. Es spielte sich nach dem Abendessen nachts im Garten ab. Plötzlich huscht ein Schatten vorbei. Mein Onkel hatte gerade gepinkelt und beeilte sich, wieder hineinzugehen, um sich nicht zu erkälten. Nuna mit angstvoller Stimme: »Das ist doch nicht etwa Dein Onkel, der eben vorbeiging?« »Doch.« Herausplatzend: »Dann hat er also alles gehört.« Nein, überhaupt nichts.

Tausend Küsse.

Marcel Proust

1 *Pêcheur d' Islande,* ersch. 1886, Roman von Pierre Loti, eigentlich Julien Viaud (1850–1923), frz. Marineoffizier und Schriftsteller.

2 Proust hatte »Großmutter« geschrieben, dann ausgestrichen; er vergaß, die Klammer zu schließen.

3 Bois de Boulogne.

4 Wahrscheinlich Marcels Großonkel Louis Weil (gest. 1896), dem das Haus in Auteuil, 96, rue de la Fontaine, gehörte.

5 Berühmte Allee im Bois de Boulogne.

6 Verwandte der Familie Proust.

An Robert Dreyfus

[28.? August 1888] Dienstag

Mein lieber Freund,

der bewußte Herr [1] ist klein, mager, hager und förmlich. Außerordentlich intelligent und gelehrt. Ein Geist von geradezu wunderbarer Beweglichkeit und

Schärfe. Fast spitzfindig durch seinen Scharfsinn. Unterricht wirklich *tadellos*, sehr gedankenreich, sehr *lebendig*. Strenger, tugendhafter Geist. Äußerst intelligent und vor allem eher intellektuell als künstlerisch. Dennoch bewundert er Leconte de Lisle[2]. Findet ihn aber recht »wunderlich«! Ich sehe ihn jetzt vor mir: Voller Initiative, ganz Leidenschaft – seine kleinen »lebhaften« Augen – sobald er das Gesicht eines Vivisektions-Psychologen aufsetzt – »jenes Gefallen-Finden am Absonderlichen, Exotischen«! – Im ganzen aber ein vorzüglicher Unterricht, von gediegenem und gewandtem Geist erfüllt, fakten- und ideenreich, der sicherste und von einem Höchstmaß an Intelligenz gebildete Lehrmeister für jenes Jahr der Rundreise von Homer zu Chénier[3], mit einem Abstecher über Petronius. Etwas zu »hochgestochen« und zu »gewichtig«, zu schulmäßig, zu sehr Parade abnehmend, aber das wird Dir nur gut tun, nicht wahr, und es steht gänzlich außer Frage, daß er jetzt, nachdem unser armer Gaucher gestorben, *der weitaus beste* Rhetorik-Professor ist. Ich hatte ihm vor einem Jahr – ohne zu wissen, daß Du Unterricht bei ihm haben würdest – von Dir erzählt. Ich werde es mit den gleichen Ausdrücken noch einmal tun. Ich hätte nicht den Mut, sie Dir zu wiederholen, weil ich finde, es wäre fast schamlos und physisch widerwärtig, es jemandem ins Gesicht zu sagen, ich versichere Dir aber, er wird bereit sein, Dich zu bewundern. – Cucheval[4] ist nicht wie er höflich, kalt, kurz angebunden, sondern ungehobelt, von wortreicher Vehemenz. Ein schreckenerregender *Schulmeister*, grob und barsch, ich versichere Dir aber, daß er im ganzen sehr angenehm ist. Diesem Brunetière[5], sehr drastisch, so »geradezu«, fehlt nicht die Würze. Es ist recht vergnüglich, sich von zwei so verschiedenen Geistern leiten zu lassen. Selbst wenn Du zwei sehr gegensätzlichen Einflüssen ausgesetzt bist, wäre es nicht Dein Schade. Sage Dir nicht, er ist ein Dummkopf, weil er idiotisch ist, wenn er geistreich sein will, und weil dieser ungehobelte Patron in keiner Weise von erlesenen Silben- oder Satzverbindungen angekränkelt ist. In allem übrigen ist er *ausgezeichnet* und erholsam nach den Dummköpfen, die an ihren Sätzen herumfeilen. Er kann es nicht, er versteht sich einfach nicht darauf. Es ist eine reine Wonne. Er ist die ideale Verkörperung des guten Lehrers und nicht die Bohne langweilig. Herr Dupré[6] ist unendlich viel liebenswürdiger, netter. Er ist eine sehr liebevolle und zartfühlende Menschenseele, dessen Charme unter der Hülle eines alten Knasterbarts ich schätzen gelernt habe. Er ist aber langweilig. Zwar kennt er Dierx[7] und Leconte de Lisle (die Werke). Was wird es Dir aber nützen, daß ein Mann Dir von modernen Autoren spricht, der sie nur unter vielen Vorbehalten schätzt. Das wird Dich ärgern und wird Dich sogar mit dem Fuß aufstampfen und mit den Zähnen knirschen lassen. Ihr werdet endlos diskutieren, denn er ist ein wirklich rechtschaffener Mann und überhaupt nicht starrsinnig. Aber was soll Dir das? Er wird dadurch etwas moderner werden. Und Du?

Kurz gesagt: Bei Dauphiné erwartet Dich eine Vorlesung, bei Cucheval eine Unterrichtsstunde, bei Dupré oft eine Unterhaltung. Die Vorlesung ist aber recht beachtlich, der Unterricht sehr gut und die Unterhaltung langweilig.

Möchtest Du bitte so nett sein – wie Du es oft bist – und mir erlauben, Dir noch einige kleine Dinge zu sagen, die mich erleichtern werden. Es geht um folgendes: Mach Dich bitte nicht über mich lustig, denn ich besitze keineswegs die Anmaßung, mich mit Dir vergleichen zu wollen. Dafür schätze ich Dich zu sehr, und Herr Jalliffier[8] kann Dir bestätigen, daß dies nicht bloße »Phrasen« sind. Wir haben aber mit einigen anderen gemeinsam, daß wir in der heutigen Literatur etwas bewandert sind und sie lieben, daß wir eine andere Kunstauffassung haben und daß wir die Übersetzungen der Schriftsteller oder Künstler nach ziemlich verschiedenen Maßstäben beurteilen. Nun, ich möchte Dich bitten – Deinetwegen –, nicht dasselbe zu machen, was ich gemacht habe, nämlich das Apostelamt bei Deinen Lehrern zu versehen. Dank Gaucher, einem überaus freien und charmanten Geist, habe ich es tun können. Ich habe Aufsätze gemacht, die mit der Norm nichts mehr zu tun zu haben schienen. Die Folge davon war, daß nach zwei Monaten ein Dutzend Dummköpfe in dekadentem Stil schrieb, daß Cucheval mich als Verderber betrachtet hat, daß ich Zwietracht in der Klasse gesät habe, daß ich durch mein Verhalten in den Augen von einigen als Zierliese galt. Zum Glück war das alles nach zwei Monaten vorüber, aber noch vor einem Monat sagte Cucheval: »Er wird bestehen, weil er nur ein Schalk war, aber seinetwegen werden fünfzehn durchfallen.« Man wird Dich heilen wollen. Deine Kameraden werden Dich für verrückt halten oder für einen Dummkopf. Während mehrerer Monate habe ich alle meine Aufsätze vor der Klasse vorgelesen. Man pfiff mich aus und man applaudierte. Ohne Gaucher hätte man mich zusammengehauen.

Da Du ja so gut sein willst, mir zu schreiben, sage ich Dir jetzt, was mich ehrlich gesagt am meisten interessiert. Zuerst einmal, was Du treibst. Dann beschreibe mir bitte genau die »sympathische Persönlichkeit, die sich hinter den Initialen D. H.[9] verbirgt«. In intellektueller Hinsicht glaube ich es zu wissen, und Herr Jalliffier, der mit mir über eine Stunde darüber geredet hat, hat mich in dem bestärkt, was ich bereits dachte, doch worauf will er eigentlich hinaus? Warum läßt er mich *vollkommen* fallen und läßt es mich noch sehr deutlich spüren, nachdem er doch im ganzen sehr nett zu mir war, und kommt dann nach einem Monat mir guten Tag sagen, während er doch vorher nicht einmal mehr mit mir sprach. Und sein Vetter Bizet[10]? Warum sagt er mir, daß er mein Freund sei, und läßt mich noch mehr im Stich? Was haben sie mit mir vor? Mich loswerden, mich ärgern, verulken oder was sonst?

Ich fand sie so nett!

Natürlich sage ich Dir all dies unter dem Siegel der Verschwiegenheit, als Freund, versteht sich. Sprich nicht darüber. Aber Du als ihr Freund mußt es wissen.

Und Du als mein Freund mußt es mir sagen, denn wenn man nicht weiß, woran man ist, riskiert man, entweder zu kühl oder zu aufdringlich zu sein.

Oh, aufdringlich, es war immer mein Alptraum, es zu sein. Ich glaube, in diesem Fall bin ich es gewesen. Sag es mir, Du wärest sehr nett.

Glaub bitte an meine aufrichtige Freundschaft.

Marcel Proust
96, rue La Fontaine, Auteuil

1 Herr Dauphiné, den man gerade, als Ersatz für den verstorbenen Gaucher, zum Rhetorik-Professor am Condorcet-Gymnasium ernannt hatte. Dreyfus hatte Proust, der Herrn Dauphiné kannte, gefragt, ob er ihm empfehlen würde, in die Rhetorikklasse von Herrn Dauphiné einzutreten.

2 Leconte de Lisle (1818–1894), frz. Dichter.

3 André Chénier (1762–1794), frz. Dichter, während der »Schrekkensherrschaft« guillotiniert.

4 Zweiter Rhetorik-Professor Prousts, der sich den Unterricht mit Herrn Gaucher teilte.

5 Ferdinand Brunetière (1849–1906), frz. Philologe und Kritiker.
6 Während der letzten Krankheit von Gaucher hatte Dupré seinen Kollegen kurze Zeit vertreten.
7 Léon Dierx (1838–1912), frz. Dichter.
8 Geschichtslehrer am Condorcet-Gymnasium.
9 Daniel Halévy (1872–1962), frz. Historiker und Essayist.
10 Jacques Bizet (1870–1922), Sohn von Georges Bizet und Geneviève, geb. Halévy (spätere Mme Émile Straus).

An Jeanne Proust

Sonntag [1]
[Mittwoch, 5. September 1888]

Für Dich, allerliebste Mama,
mein letztes Blatt pikfeines Papier.

Was ich jetzt ausspreche, ist die reine Wahrheit.

Gestern abend sehr schöner Spaziergang. Georges [2] zur Straßenbahn gebracht. Zehn Minuten lang habe ich ihn in Gespräche verstrickt, damit er die Straßenbahn verpaßt. Das ist mir geglückt. Leider bin ich in den letzten Minuten derart zufrieden, als ich sie beim Abfahren beluchse, daß ich mich etwas verrate. Hierauf fing er an loszurennen! Es ist zu famos, ihn laufen zu sehen.

Unglücksmomente am Abend. Lange Nacht, aber *eher* unangenehm. Außerdem immer noch Kummer bislang. Noch unter dem Eindruck Eurer Abreise [3] habe ich mir sogar einen Sermon meines Onkels [4] zugezogen, der mir sagte, daß dieser Kummer »Egoismus« sei. Diese kleine psychologische Entdeckung hat ihm so reine Freuden des Stolzes und der Genugtuung verschafft, daß er mir nun mitleidlos Moral predigte. Großvater [5] war viel sanfter und sagte nur mit aller Gemütsruhe, ich sei idiotisch, und Großmutter[6] schüttelte belustigt den Kopf und sagte, das beweise keineswegs, daß ich »meine Mutter« liebe. Ich glaube, außer Auguste, Marguérite und Madame Gaillard empfindet niemand mein Unglück mit. Was Victoire und Angélique betrifft, so glauben sie offensichtlich, daß ich eine »kleine Bekanntschaft« habe, die mich trösten wird! Heute morgen aber bin ich früh aufgestanden und mit Loti[7] im Bois gewesen. Oh! Meine kleine Mama, wie habe ich unrecht gehabt, es nicht schon längst getan zu haben; und wie oft werde ich es nun tun. Es begann gleich mit schönem Wetter; Sonne, Frische, kurz, ich lachte vor Freude, ganz allein; ich hatte Vergnügen zu atmen, zu fühlen, meine Gliedmaßen zu bewegen, wie damals in Tréport oder in jenem Jahr in Illiers, als ich Augustin Thierry[8] las – und tausendmal mehr als während meiner Spaziergänge mit Robert. Und dann hat die *Hochzeit Lotis*[9] dieses Wohlbefinden noch gesteigert – Wohlbefinden, als hätte ich Tee getrunken –, gelesen im Gras am kleinen See, der violett im Halbschatten lag, hernach hier und da Sonnenstrahlen, die sich herabstürzten und Wasser und Bäume funkeln ließen

»Im Funkeln und Zauber der Stunde.«[10]

Da habe ich begriffen oder vielmehr gefühlt, wie viele Empfindungen dieser zauberhafte Vers von Leconte de Lisle zum Ausdruck bringt. Immer von neuem er!

Großvater hat gänzlich auf Tee verzichtet. Orangenblüten. Ballet[11] ist zum bedeutenden Manne geworden, weil er gesagt hat, Großvater habe ganz recht, sich niemals zu schneuzen. Selbst bei einem außerordentlichen Zufall nicht – oh, wie außerordentlich! –: »Sie würden nur einen *Reiz* auslösen!« Bei Tisch habe ich mich ausgezeichnet verhalten und bin keinmal einem zornsprühenden Blick Großvaters in die Quere gekommen. Kaum eine Bemerkung, obwohl ich mir mit dem Taschentuch die Augen *rieb*. Ein Rest Kummer.

Sag Robert, daß die Arbeiter Seiner Majestät das Instrument vollendet haben, das für so bedeutende Staatsangelegenheiten bestimmt ist, daß sie aber – wie sich's ziemt (siehe die Romane von Dumas)[12] – keine Ahnung von der Wichtigkeit, ja nicht einmal von der Eigenart dessen haben, was sie hergestellt haben. Mir erschien es viel zu groß, wie eine Trompete des Jüngsten Gerichts. Victoire sagte mir, daß es sehr lustig sei und daß sie nicht im geringsten weiß, wozu das dienen könnte! Robert und Du seid tausendmal umarmt von mir. Ich mache mir Gewissensbisse über die kleinsten Unannehmlichkeiten, die ich Dir bereitet haben könnte! Verzeih. Ich umarme Dich überaus herzlich.

Marcel

[...]

1 In gedruckten Goldlettern.

2 Georges-Baruch-Denis Weil (1848–1906), Bruder von Marcels Mutter, Berater am Appellationsgericht von Paris, später Vizepräsident des Gerichtshofes für das Département Seine.

3 Madame Proust war mit Sohn Robert in die Ferien gefahren.

4 Louis Weil, vgl. Anm. 4 des Briefes vom 24. 9. 1887.

5 Nathé Weil (1816–1896), Börsenmakler.

6 Adèle Weil, geb. Berncastel.

7 *Rarahu*, ersch. 1880. Das Werk erschien in 2. Aufl. (1882) unter dem Titel *Le mariage de Loti.*

8 (1795–1856), frz. Historiker.

9 Vgl. Anm. 7.

10 »Dans l'étincellement et le charme de l'heure«, Verszeile aus dem Gedicht *Epiphanie* (Poèmes tragiques, 1884).

11 Docteur Gilbert Ballet (1853–1916), Neurologe, Professor an der Medizinischen Fakultät, wo er mit Marcels Vater zusammenarbeitete.

12 Alexandre Dumas père.

An Robert Dreyfus

[7. September 1888]

(Namenszeichen von Joyant[1], bei dem ich in Isle-Adam bin, schreib mir aber nach Auteuil, da ich heute abend dorthin zurückkehre)

Mein lieber Freund,

hast Du mir auf höfliche Weise zu verstehen geben wollen, daß Halévy[2] mich exaltiert und verrückt fand? Ich muß Dir gestehen, daß ich nicht recht klug daraus werde.

Ich glaube nicht, daß ein Typus einem Charakter gleichzusetzen ist. Ich glaube, daß das, was wir von einem Charakter zu erraten glauben, nur eine Folge von Gedankenassoziationen ist. Ich will mich näher erklären, weise Dich aber gleichzeitig darauf hin, daß meine Theorie vielleicht verkehrt ist, da sie völlig auf subjektiver Erfahrung beruht.

Ich nehme also an, daß Du im Leben oder in einem literarischen Werk einem Herrn begegnest, der das Unglück eines anderen beweint. Da es sich jedesmal, wenn Du ein Wesen Mitleid empfinden sahst, um ein gutes, sanftmütiges und empfindsames Wesen gehandelt hat, wirst Du daraus folgern, daß auch dieser Herr empfindsam, sanftmütig und gut ist. Denn wir konstruieren in unserem Geist einen Charakter nur nach einigen, von uns selbst bemerkten Zügen, die auf andere schließen lassen. Dieser Charakter-Entwurf ist aber äußerst hypothetisch. *Quare* wenn Alceste[3] die Menschen flieht, so behauptet Coquelin[4], es geschehe aus lächerlicher schlechter Laune, Worms[5] dagegen legt es als edle Verachtung niedriger Leidenschaften aus. *Item* im Leben. Halévy läßt mich fallen und richtet es so ein, daß ich erfahre, es sei voll beabsichtigt, nach einem Monat kommt er dann und sagt mir guten Tag. Nun, von den verschiedenen Herren, aus denen ich mich zusammensetze, sagt mir der romantische Herr, dessen Stimme ich selten vernehme: »Er tat das, um Dich zu foppen, sich zu belustigen und Dich auf die Probe zu stellen, dann hat es ihm leid getan, da er Dich im Ernst gar nicht verlassen wollte.« Und dieser Herr zeichnet Halévy in meinen Augen als einen phantasievollen Freund, dem es daran liegt, mich näher kennenzulernen.

Der mißtrauische Herr aber, dem ich lieber mein Ohr leihe, erklärt, es sei viel einfacher, ich gehe Halévy auf die Nerven, mein Eifer erscheine ihm – der so zurückhaltend ist – zunächst lächerlich, dann aber bald lästig, er habe mich fühlen lassen wollen, daß ich aufdringlich sei, er habe sich befreien wollen. Und sobald er endgültig gesehen habe, daß ich ihn nicht mehr mit meiner Gegenwart belästigte, habe er wieder mit mir gesprochen. Dieser Herr weiß nicht, ob diese kleine Handlung auf Mitleid oder Gleichgültigkeit oder Mäßigung zurückzuführen ist, er weiß aber sehr wohl, daß ihm keinerlei Wichtigkeit beizumessen ist, und macht sich kaum weiter Gedanken darum. Es beschäftigt ihn übrigens nur als psychologisches Problem.

Es bleibt aber die Frage des Briefes unbeantwortet: Ist es X – ist es Y? Davon hängt alles ab. Wenn es X ist (Komplex von Freundschafts-Phänomenen), so hat das Zerwürfnis nur die Bedeutung einer Laune, einer Prüfung oder eines Ärgernisses, und alles kommt darauf an, sich wieder zu versöhnen.

Wenn es hingegen Y ist – Antipathie –, so kann nichts an einer Versöhnung liegen, das Zerwürfnis ist perfekt.

Oh! Verzeih! Um Dir meine Theorie zu erklären, habe ich einen ganzen Brief gebraucht, und Joyant ruft mich. Meinen geplanten Brief verschiebe ich auf ein anderes Mal. Hinsichtlich jener Frage aber kannst Du meine psychologischen Ermittlungen absichern. Denn Du weißt recht gut, ob Halévy zu Dir gesagt hat (und ich würde es ihm nicht einmal übelnehmen): »Dieser Proust, einfach zum Auswachsen!«

Oder: »Der Proust ist doch ganz nett.«

Es gibt allerdings noch eine dritte Möglichkeit, die am wahrscheinlichsten ist:

Daß er Dir gegenüber kein Wort darüber verloren hat.

Bei all dem bin ich nur eine neutrale Substanz.

Kläre mir doch dies kleine Problem. Ich antworte Dir, was Du auch fragen möchtest.

Dreimal Verzeihung!

1. daß ich Dir nicht eher geantwortet habe; aber meine Mutter und mein Bruder reisten ab. Dann fuhr ich zu Joyant;

2. daß ich schlecht und im Galopp alle Gesichtspunkte gestreift habe: Joyant erwartet mich.

3. daß ich Dich damit belästigt habe ... Es interessiert mich! ...

Ganz der Deine,

Marcel Proust

1 Édouard Joyant, Klassenkamerad von Proust.

2 Daniel Halévy.

3 Hauptfigur aus Molières *Misanthrope*.

4 Constant Coquelin (1841–1909), genannt Coquelin der Ältere, da sein jüngerer Bruder auch Schauspieler war.

5 Gustave Hippolyte Worms, Schauspieler.

An Robert Dreyfus

[25. September 1888]
Isle-Adam

Mein lieber Dreyfus,

ein Aufenthalt in Chantilly,
ein Aufenthalt in Isle-Adam,
eine platonische Leidenschaft für eine berühmte Kurtisane [1], die mit einem Austausch von Photos und Briefen endete,
ein recht unkomplizierter Flirt, der sehr gewöhnlich sein zwangsläufiges Ende fand und eine stark in Anspruch nehmende Bekanntschaft nach sich zog, die mindestens ein Jahr lang anzudauern droht, zum größten Nutzen der Konzert-Cafés und ähnlicher Etablissements, wohin man solche Bekanntschaften auszuführen pflegt, – all das hat mich daran gehindert, meine Antwort auf Deinen letzten Brief noch einmal zu beginnen, Antwort, die ich verloren habe und nicht erneut schreiben, sondern Dir mündlich geben werde, denn sie ist zu heikel. Es geht im besonderen darum, daß das »Widerwärtige« und die »transzendentale Irreführung« meines letzten Briefes sich auf mein und nicht etwa auf Dein Selbstporträt bezogen, das reizend ist und keinen Anflug von »Widerwärtigem« zeigt. Es lag ein Mißverständnis vor, und ich war sehr von dem verärgerten Ton betroffen, den Du anschlugst. Du mußt wissen, daß ich zu Dir immer mit der gewissenhaftesten Offenheit gesprochen habe, daß, wenn ich Dir einen Vorwurf zu machen hätte, ich ihn Dir keineswegs verbergen würde und daß Du meinen Worten Glauben schenken mußt, wenn meine Handlungen und meine Worte sich manchmal widersprechen sollten (ich erkläre mich

nicht weiter, da Anstand, der nahezu Verpflichtung ist, wie Labiche[2] sagen würde, mir es verbietet). Meine Worte sind wahr, ich gebe Dir mein Ehrenwort und drücke Dir herzlich die Hand. Mir fehlen Deine Briefe, die mir große Freude machen. Schreib mir sofort:

Bei Madame Duchauffour in Isle-Adam
(*Seine-et-Oise*)

Bis zum Wiederbeginn der Schule, mein lieber Freund. Ich wünsche Dir ein recht glänzendes Rhetorik-Jahr, sowohl aufrichtige Freunde als auch schöne Geliebte.

Marcel Proust

1 La belle Closmesnil.
2 Eugène Labiche (1815–1888), frz. Dramatiker, Mitgl. der Acad. Française.

An Adrien Proust

[Orléans], Dienstag, den 23. September [1890]

Ich habe meinen Wehrdienst wieder begonnen

Allerliebster Papa,

daß ich den Briefwechsel mit Dir noch nicht wieder aufgenommen habe, liegt daran, daß ich meinen Urlaub vor allem im Bett verbracht habe (Mama hat es Dir sicher geschrieben), und gestern (Wiederbeginn des Dienstes) hatte ich so viel zu tun, daß ich selbst Mama nicht habe schreiben können. Ich hoffe, daß Maupassant Dir gefallen hat. Er braucht mich nicht zu kennen, denn wegen seiner Krankheit und Reise habe ich ihn nur zweimal gesehen, aber er muß ungefähr wissen, wer ich bin. Es geht mir durchaus nicht schlecht (vom Magen abgesehen), und ich habe nicht einmal jene allgemeine Melancholie, für die in diesem Jahr die Abwesenheit von Euch – wenn nicht der Grund, so doch wenigstens der Vorwand, folglich die Entschuldigung ist.

Es fällt mir aber außerordentlich schwer, mich zu konzentrieren, zu lesen, auswendig zu lernen und zu behalten.

Da ich äußerst wenig Zeit habe, sende ich Dir heute nur dieses kurze Zeichen meines beständigen und zärtlichen »An-Dich-Denkens«. Bis morgen, allerliebster Papa, bring mich in die mir teure Erinnerung des Dichters[1], Deines Nachbarn, leg mich Madame Cazalis zu Füßen ... Stell Dir vor, als mich Dienstmädchen aus Cabourg als traditionellen Infanteristen erblickten, haben sie mir tausend Kußhände zugeworfen – für die Derbanne einfach skandalös. Die von mir vernachlässigten Dienstmädchen Orléans' werden sich rächen. Und ich muß es büßen,

»weil ich verschmäht die Blumen ihrer nackten Brüste«,[2]

wenn Monsieur Cazalis mir erlaubt, einen Vers aus einem seiner schönsten Gedichte zu zitieren.

Ich umarme Dich vielmals.

Dein Sohn

Marcel Proust

1 Henry Cazalis (1840–1909), buddhistisch beeinflußter Dichter, intimer Freund von Maupassant und Mallarmé. Bekannt unter dem Pseudonym Jean Lahor. Doktor Proust machte Ferien in Aix-les-Bains, wo die Cazalis eine Besitzung hatten.

2 »Qui jadis dédaigna les fleurs de ses seins nus«, letzte Verszeile des Gedichts *Salomé* (aus dem Zyklus *Chants de l'amour et de la mort* der Gedichtsammlung *L'Illusion*, 1875–1893).

An Geneviève Straus

[22. November 1890]

Ich bin über Ihren Brief um so mehr erfreut, als ich glaubte, Sie seien über mich verärgert. Ich weiß zwar nicht weshalb. Grollen Sie mir nicht wegen der Chrysanthemen und meiner Zuneigung. Ohnehin strömt beides schon genug Melancholie aus und ist übrigens auch von zu geringem Wert, als daß es Ihre Aufmerksamkeit verdiente. Übrigens werden Sie mir ein für allemal für die seltenen Blumensendungen dankbar sein, wenn Sie erfahren, gnädige Frau, daß Ihnen dadurch jedesmal ein Brief von mir erspart bleibt. Und wie bescheiden sie auch sind, sie werden immer hübscher und nuancenreicher als meine Prosa sein. Wenn ich zu willensschwach bin, meine zärtlichen Gedanken im Zaum zu halten, muß ich einfach schreiben oder irgend etwas tun. Ich werde also Sonntag kommen und danach niemals wieder an einem Sonntag, sondern zu einem Zeitpunkt, da ich den Gehrock haben werde, denn das Jackett ist zu abscheulich.

Ihr Freund

Marcel Proust

An Geneviève Straus

[gegen 1891?]

Die Wahrheit über Madame Straus

Zuerst habe ich geglaubt, Sie liebten nur die schönen Dinge und verstünden sie zutiefst – und sah dann, daß Sie darauf pfeifen; dann wieder habe ich geglaubt, Sie liebten die Menschen, und ich sehe jetzt, daß Sie sich über sie lustig machen. Ich glaube, Sie lieben lediglich eine gewisse Lebensart, die weniger Ihre Intelligenz als Ihren Esprit, weniger Ihren Esprit als Ihren Takt, weniger Ihren Takt als Ihre Toiletten hervorhebt. Eine Frau, die besonders diese Art Leben schätzt – und die bezaubert. Und gerade weil Reiz von Ihnen ausgeht, braucht man Sie nicht zu erheitern und glauben, ich liebte Sie weniger. Um Ihnen das Gegenteil zu beweisen (weil Sie sehr wohl wissen, daß Taten mehr beweisen als Worte, Sie, die Sie manchmal etwas sagen, es aber niemals in die Tat umsetzen), würde ich Ihnen noch schönere Blumen senden, und das würde Sie verstimmen, gnädige Frau, weil Sie nicht geruhen, den Gefühlen Vorschub zu leisten, durch welche ich die schmerzliche Verzückung durchlebe

Ihrer souveränen Gleichgültigkeit
ehrerbietiger Diener Marcel Proust zu sein.

An Geneviève Straus

[Sonntag, 22.? März 1891]

Ich habe kein Glück, gnädige Frau, wenn ich nur einmal meinem Gelübde untreu werde und Sie besuche. Meine Entschuldigung war, daß ich, weggegangen, um zu arbeiten, unterwegs diese Fliederzweige gesehen habe und zu große Lust hatte, sie Ihnen zu bringen. So lautete meine Entschuldigung, und nun kann ich sie Ihnen nicht einmal sagen! Seien Sie aber versichert, daß ich ihre ganze Fadenscheinigkeit spüre. Ich möchte gern wissen, gnädige Frau, ob Sie am

Freitag in die *Impératrice Faustine*[1] gehen. Ich habe zufällig für diese Aufführung[2] eine Karte, da ich aber etwas Amüsanteres vorhabe, werde ich nur hingehen, wenn ich Sie dort betrachten könnte. (Und Sie können es mir wirklich sagen, gnädige Frau, denn ich werde Sie nicht begrüßen kommen, geschweige denn die Hand küssen, usw., usw.) Sie würden also sehr liebenswürdig sein, gnädige Frau, mir das zu schreiben, zumal es der Tag ist (Karfreitag), da sich für mich der Empfang Ihres ersten Briefes zum ersten Mal jährt, und Ihre Handschrift wird wieder über die Maßen neu, wie nie gesehen sein, obwohl sie ebenso erregend bleibt.

In verehrender Liebe

Marcel Proust

1 Drama in 5 Akten von Stanislas Rzewuski (1963–1913), Neffe von Mme Honoré de Balzac, geb. Ève Rzewuska.

2 Uraufführung im Theater ›Porte Saint-Martin‹ am 23. 3. 1891.

An Geneviève Straus

[13. November 1891]

Ich weiß wirklich nicht, gnädige Frau, wie ich Ihnen für die Verzückung danken soll, die in mir ausgelöst wurde, als ich Sie zu mir sagen hörte, Sie seien genauso wie früher mit mir befreundet. Dies Glück unterscheidet sich zu sehr von den Glücksmomenten, die mir schon zuteil wurden, oder die ich mir ausmale, es ist zu erhaben, als daß Worte, die zur Bezeichnung anderer Dinge dienen, mein Glück auszudrücken vermöchten. Ich nehme mit Cachart nicht nur gern vorlieb, sondern danke Ihnen von ganzem Herzen und versichere Ihnen, daß ich die Gunst, die Sie mir erweisen, wohl zu schätzen weiß. – Um jetzt ganz aufrichtig zu sein – ich glaube trotzdem, daß ich Ihnen viel mehr mißfalle als früher. Ich bin aber zu glücklich über diese göttlichen Worte von gestern, wobei Sie so vollendet bewiesen, daß Sie, wie in allem anderen auch, einmalig sind in der Kunst, die Herzen bis zum Zerspringen mitschwingen zu lassen – wenn es darum geht, den Mut zu haben, an traurige Dinge zu denken. Wir werden einmal darüber sprechen, wenn es Ihnen recht ist.

Ich bin wirklich, gnädige Frau, freudig und schmerzlich zugleich, von Ihnen erfüllt und bitte Sie deshalb, meine ergebene Verehrung noch lange empfangen zu wollen.

Marcel Proust

An Geneviève Straus

[Freitag, 24. Juni 1892]

Im Augenblick, gnädige Frau, da Sie diesen Strauß empfangen, werde ich in meiner École des Sciences Politiques[1] im Examen sitzen. Ich schreibe es Ihnen, weil ich hoffe, es wird mir Glück bringen, und weil ich wahrscheinlich zu lange dort festgehalten werde, als daß ich Sie noch besuchen könnte. Ich habe schon diese ganze Woche damit verbracht und nahm an, morgen früh fertig zu sein. Ein Professor jedoch setzt meinen göttlichen Sonnabend, diesen Glückstag, den größten Gefahren aus, indem er mich am Nachmittag statt am Morgen drannimmt. Bis jetzt habe ich bestanden, ich hoffe, es wird auch morgen noch klappen, um Ihnen zu beweisen, daß Sie unrecht haben, mich für faul oder gesellschaftssüchtig zu halten. Ich bin sehr arbeitsam. Ich weiß sehr wohl, daß es mir recht schlecht ansteht, mich bei Ihnen selber zu rechtfertigen. Wem könnte ich jedoch diese Aufgabe anvertrauen? Herrn Straus? Und dann ist es vielleicht gar nicht so schlecht, sich zu rühmen, Arbeitsamkeit und Fleiß zu besitzen – was ich für mich in Anspruch nehme, weil Sie es schätzen –, da sie ja die Mühseligkeit miteinbegreifen, die Dinge zu verstehen und mit ihnen zu Rande zu kommen. Zur Zeit finde ich Jacques [2] sehr nett und wünschte, Sie würden nicht strenger urteilen über Ihren ehrerbietigen, zärtlichen und aufrichtigen

Marcel Proust

1 Pariser Hochschule für Politik u. Volkswirtschaft.
2 Jacques Bizet, vgl. S. 18, Anm. 10

An Robert Dreyfus

[1.? Juli 1892] Freitag

Mein lieber Freund,

ich habe Deinen geistreichen Artikel [1] im *Banquet* [2] gelesen und mir dabei gedacht, daß Du Dich beim Schreiben etwas über uns lustig machen wolltest. Da ich mir aber dessen nicht sicher bin, will ich mich dennoch ein wenig darüber auslassen. Wie Du bin ich der Auffassung, daß all die literarischen Schulen, die vorgeben, die jeweilig vorhergehende ausmerzen zu wollen, nicht viel taugen. Meines Erachtens liegt der Grund dafür darin, daß sie sich eine zu materielle

Vorstellung von der schriftstellerischen Souveränität machen. Zola sagt ganz selbstverständlich: »Ich bin sicher, noch ziemlich lange an der Macht zu bleiben. Die anderen literarischen Gruppen haben nicht genügend Zusammenhalt, um sich Anhang zu schaffen. Wie wollen sie es fertigbringen, die Festung einzunehmen?« An anderen Stellen finden sich Vergleiche aus der Kaufmannssphäre. Oft stellt auch die Kritik an der vorhergehenden Schule eine Art von Hechelei dar, wie in einer gesellschaftlichen Unterhaltung (man kann hier übrigens von einer Wechselwirkung zwischen Gesellschaft und Literatur sprechen). Ich verstehe nun aber nicht, daß Du in einem Artikel über diese Frage die Literatur auf eben diese Klatschmanier beurteilst. Deine Bilder sind alle der gleichen materiellen Sphäre entlehnt. Noch am Schluß zeigt die Anspielung auf den Abbé Sieyès[3], daß Du Dich in dieser Hinsicht um keinen Deut von anderen Kritikern unterscheidest. Es sei denn, es wäre eine reine Eulenspiegelei, ich kann mir auf all das keinen Vers machen. (Zwar scheint das Lob auf Sarcey[4] darauf hinzudeuten, daß es sich eher um eine Farce handelt, aber ich möchte mich hier auf die Autorität dieses so feinsinnigen Schriftstellers berufen und Dir mit ihm sagen: »Wir möchten gern wissen, was wir hiervon halten sollen.«) Das Lob auf Voltaire schließlich scheint sich nach folgendem Rezept zu richten: Die aus der Mode gekommenen Dinge zu bewundern ist noch eleganter als mit der Mode gehen, und zudem kommt das dann wiederum sehr schnell in Mode. Als man z. B. anfing Wagner zu bewundern, bevorzugten die Ex-Wagnerianer Beethoven, dann Bach, dann Händel. Danach ich weiß nicht was noch. Immer von neuem trifft man auf jene materielle Auffassung von Literatur und Kunst (wenn ich einen Augenblick wage, wie Dein Sarcey zu sprechen). Schließlich bist Du noch mit Desjardins[5] sehr streng verfahren. Ohne mich dabei aufzuhalten, wie respektlos Dein Ausdruck »Schlafmütze des Glaubens« ist, meinst Du nicht, daß der Glaube von Desjardins sich neben dem Skeptizismus von Barrès wie ein Licht der Vernunft ausnimmt? Wenigstens ist es die V e r n u n f t, die entscheidet: Vertrauen wir uns nicht der Vernunft an. Und das ist großartig neben dem, was die Vernunft von Barrès verkündet.

Wenn Du all dies liest, mußt Du sicher tüchtig lachen, da Du Dich zweifellos nur lustigmachen und Deine Macht gebrauchen wolltest, um About[6] zu »lancieren« und Desjardins zu Fall zu bringen.

Dein sehr ergebener

Marcel Proust

1 *La situation en littérature.*
2 Vermutlich im Juli-Heft 1892.
3 Emmanuel Josephe Sieyès (1748–1836), Politischer Schriftsteller.
4 Francisque Sarcey (1827–1899), Theaterkritiker.
5 Paul Desjardins (1859–1940), Schriftsteller.
6 Edmond About (1828–1885), Schriftsteller.

An Fernand Gregh

Le Banquet
71, *passage Choiseul*
[Ende Juli/Anfang August 1892]

Allerliebster Gregh,

ich bin ganz untröstlich, und zwar aus folgendem Grund. Mir steht ein Examen unmittelbar bevor, das mich zwingt, den ganzen Tag zu arbeiten. Und da ich mich nachts wegen der grauenhaften Asthmaanfälle gar nicht hinlege, habe ich am Abend keinerlei Mut mehr, irgend etwas zu machen. Daher habe ich Dich auch so lange nicht gesehen, und das betrübt mich sehr.

Ich bin *allein* in Paris, da meine Angehörigen sich in Auteuil aufhalten und ich wegen meines Asthmas nicht mitfahren konnte. Versuch doch bitte, einen Augenblick vorbeizukommen. Sag mir, welcher Abend Dir am besten paßt.

Voll Bewunderung sende ich Dir inzwischen liebe Grüße.

An Robert Dreyfus

[5. August 1892]

Mein lieber Freund,

Ich habe mit guten Zensuren bestanden.[1] Ich bedauere daher, daß ich nicht wollte, daß Du mich empfiehlst. Wie angenehm wäre es mir gewesen, die Noten Dir zu verdanken. Ich verdanke Dir aber das recht erfreuliche Gefühl einer seltenen Zuneigung im Augenblick des Examens und einer Empfehlung.

Erblicke bitte in meinem äußerst innigen Dank den Ausdruck meiner ganz aufrichtigen Gefühle.

Marcel Proust

1 Wahrscheinlich sein Philosophie-Lizentiat.

An Robert de Billy

Les Frémonts
Trouville

Montag [29. August 1892]

Mein lieber Robert,

einige Zeilen aus meinem Bett, bevor ich einschlafe und dabei ... an Sie denke. Einige Zeilen auf eben dem Papier, das Sie so ungerecht beurteilen! Für jemanden, der sich wie Sie derart mit Kategorien befaßt, ist es noch fürchterlicher, das diesjährige Reisebriefpapier der Madame X... mit demjenigen von Madame Z... zu verwechseln, als in Ihrem anderen Brief Madame Y... mit den W... in Zusammenhang gebracht zu haben. Um nun aber endlich von diesem Papier aufzuhören und es gegen Sie, garstiger kleiner Balg, zu verteidigen: der Kapitän hat mir gestern geschrieben, um mich zu fragen, wo ich dieses »berückende Papier« herbekäme. Ich will Ihnen nicht länger verheimlichen, daß es in den Trois-Quartiers[1] 95 Centimes kostet. Ist das aber ein Grund, es häßlich zu finden, o Sie, der Sie doch selbst so sinnverwirrende Krawatten spottbillig erstehen (ich wünschte, daß Sie hier meine Liberty-Krawatten in allen Schattierungen sehen könnten)! Ich schreibe Ihnen ein andermal ausführlicher. Doch tun Sie sich nicht groß mit der Länge Ihrer Briefe: X... schreibt mir jedesmal zehn Seiten. Endlich habe ich den Freund meiner Träume gefunden, zärtlich und schreibfreudig. Allerdings klebt er nur eine Briefmarke auf, so daß ich der Post jedesmal 30 Centimes zahlen muß. Doch was tut man nicht alles, wenn man liebt? Ich krieche wieder unter meine Decken und drücke Ihnen zuvor herzlich die Hand. Wenn es Ihnen Spaß macht, umarme ich Sie sogar, ebenso meinen lieben Edgar Aubert.

Marcel Proust

Wissen Sie, daß meine Nachbarin, Madame V . . ., aus mir einen Liebhaber von Pferderennen gemacht hat und daß ich dabei leider verloren habe?

1 Pariser Kaufhaus.

An Robert de Billy

Freitag morgen
[23. September 1892]

Ich empfinde wirklich großen Schmerz, mein lieber Robert, und gäbe viel darum, daß Sie bei mir wären, damit wir zusammen von Aubert [1] sprechen könnten. Wissen Sie, daß ich seit dem Augenblick, da ich in Paris allein geblieben bin – als meine Eltern nach Auteuil gereist sind –, begonnen hatte, ihn vollends liebzugewinnen und daß seine Rückkehr nach Paris eine der Freuden war, mit der ich felsenfest rechnete? Er war so sicher zurückzukehren, er sagte sogar, *auf jeden Fall* werde ich im nächsten Jahr wiederkommen. Jene Sätze zerreißen mir jetzt das Herz. Ich glaube, er erhoffte sich noch viel vom Leben, fand es noch voller Versprechungen, und darum ist es nur um so herzzerreißender. So erscheinen mir jetzt seine bezaubernde Schwermut, seine argwöhnische und fast bange Unschlüssigkeit in allem, was er tun wollte, wie Ahnungen . . . Wenn wir daran zurückdenken, können wir dadurch nur weitere Gründe finden, ihn noch mehr zu lieben und unseren Schmerz zu vergrößern wie zu lindern. Ich besitze seine Photographie mit übersetzten englischen Versen auf der Rückseite, an die ich mich nicht erinnere, die mir aber etwas traurig gestimmt schienen. Außerdem Briefe, wobei ich mir *vorgestern* vorwarf, die beiden letzten noch nicht beantwortet zu haben. Ich bitte Sie, schreiben Sie mir, was es mit dieser Krankheit auf sich hatte, ob er sich des Ernstes seines Leidens bewußt war, welche Verwandten er hinterläßt und ob sie ihm gleichen, erzählen Sie mir alle Einzelheiten Ihrer Reise mit ihm, was er zu Ihnen sagte, tausend Dinge, die mich vorher nicht interessiert hätten, die mir jetzt jedoch so wertvoll sind, weil es die letzten sind, die ich über ihn erfahren werde.

Ich umarme Sie, mein lieber Freund.

Marcel

1 Edgar Aubert war am 18. 9. 1892 an Blinddarmentzündung gestorben.

An Geneviève Straus

Donnerstag, nachdem ich Sie verließ
[Ende 1892 oder Anfang 1893]

Verehrte gnädige Frau,

ich liebe rätselhafte Frauen, da Sie dazu zählen, und häufig habe ich es in *Le Banquet*[1] zum Ausdruck gebracht und hätte mich oft gefreut, wenn Sie sich in ihnen wiedererkannt hätten. Es ist mir aber nicht mehr möglich, Sie uneingeschränkt zu lieben, und ich werde Ihnen sagen weshalb, obwohl das völlig unnötig ist, aber Sie wissen ja, daß man seine Zeit damit verbringt, Dinge zu tun, die zu nichts dienlich sind oder die sogar viel Schaden anrichten, vor allem wenn man liebt, selbst in geringerem Maße. Sie denken, unser Reiz verflüchtige sich, wenn wir zuviel Aufschluß über uns geben, und ich glaube, das stimmt. Ich möchte Ihnen aber sagen, was sich bei Ihnen vollzieht. Gewöhnlich sieht man Sie in Gesellschaft von zwanzig Personen oder vielmehr abgeschirmt von zwanzig Personen, denn der junge Mann steht am weitesten von Ihnen entfernt. Ich nehme aber einmal an, daß es einem nach vielen Tagen doch einmal gelingt, Sie allein zu sehen. Sie haben nur fünf Minuten Zeit und denken selbst während dieser fünf Minuten an etwas anderes. Aber das ist noch gar nichts. Wenn man zu Ihnen über Bücher spricht, finden Sie das schulmeisterlich, wenn man mit Ihnen über Menschen spricht, finden Sie es indiskret (wenn man etwas erzählt) und neugierig (wenn man nach etwas fragt) und wenn man mit Ihnen über Sie spricht, finden Sie es lächerlich. Deshalb ist man hundertmal drauf und dran, Sie entschieden weniger wundervoll zu finden, doch dann gewähren Sie plötzlich eine kleine Gunst, die auf eine kleine Bevorzugung hinzuweisen scheint, und man ist wieder zurückerobert. Doch Sie sind nicht genügend von jener Wahrheit durchdrungen (ich glaube, Sie sind von überhaupt keiner Wahrheit durchdrungen!), daß man der platonischen Liebe *viel gewähren muß*. Ein überhaupt nicht gefühlvoll veranlagter Mensch wird über die Maßen gefühlvoll, wenn er auf die platonische Liebe beschränkt ist. Da ich Ihre hübschen Gebote gegen ungebührliches Benehmen befolgen möchte, will ich mich nicht deutlicher ausdrücken. Denken Sie aber bitte daran. Haben Sie etwas Nachsicht angesichts der heftigsten platonischen Liebe, durch die Ihnen verbunden ist – geruhen Sie, es zu glauben und zu erlauben – Ihr tief ergebener

Marcel Proust

1 Kurzlebige Zeitschrift, in welcher Proust seine ersten Arbeiten veröffentlichte.

An Robert de Montesquiou

Sonnabend abend [15. April 1893]

Sehr geehrter Herr de Montesquiou,

Sie waren so gut, mir zu erlauben, Sie an jenem Abend aufzusuchen, an dem Mademoiselle Bartet bei Madame Lemaire Ihre Gedichte vortrug. Ich wage indessen nicht zu kommen, bevor ich nicht weiß, zu welcher Stunde ich Sie nicht stören würde. Vorigen Donnerstag waren Sie mir gegenüber bereits so liebenswürdig, daß Sie es gewiß noch einmal sein wollen, indem Sie mir eine Zeit nennen, vorzugsweise für nachmittags.

Ihr sehr ergebener, glühender Verehrer

Marcel Proust

9, Boulevard Malesherbes

An Robert de Montesquiou

[29. April 1893]

Sehr geehrter Herr de Montesquiou,

fast im gleichen Augenblick, da ich Ihnen eine Depesche sandte, bemerke ich, daß ich – zu sentimental (und zu wenig intellektuell, wie Sie in Ihren Aufzeichnungen mir ankreiden werden) – zu viel über Ihre Karte gesprochen und Ihnen für Ihre Verse unzureichend gedankt habe. Glauben Sie mir, ich fühle sehr wohl die Unzulänglichkeit meiner Gegengabe und wieviel schöner und wirklicher Ihre Blumen sind. Niemals haben die hinfälligen Blumen der Gärten so gut geduftet. Was sie uns undeutlich zuflüstern und wir so unvollkommen verstehen, wissen Sie mit göttlicher Klarheit zu sagen, ohne dennoch das Geringste ihres köstlichen Geheimnisses zu vergeuden. Ihre Seele ist ein besonderer und erlesener Garten wie derjenige, in dem Sie mir neulich erlaubt haben spazierenzugehen. Die großen Bäume Frankreichs fehlen dort nämlich ebensowenig wie das Stück Himmel, das genügend groß ist für Paris, für jeden Menschen. Oft sind Sie sicherlich durch seine Fernen gestreift, da Ihre Verse und Augen so intensiv die Kontinente widerspiegeln, die wir niemals sehen werden. Seien Sie beruhigt – jetzt, da meine Dankesschuld beglichen ist, werde ich Sie nicht länger langweilen.

Ihr sehr ergebener

Marcel Proust

An Robert de Billy

Freitag [9. Juni 1893]

Mein bester Robert,

Welche Freude! Du wirst also kommen? Ich freue mich von ganzem Herzen darauf. Wie wirst Du mich finden? Ich weiß es nicht genau und hoffe, Dir nicht zu sehr zu mißfallen. Außerdem haben sich meine

Beziehungen zu Frauen der Gesellschaft ein wenig gewandelt! Willst Du auch die Deinen zu mir ändern, damit wir uns öfter sehen, oder willst Du nicht? Kurz, ich bin unruhig und entzückt zugleich, Dich zu sehen. Wenn ich gewußt hätte, daß Du kommen wirst, hätte ich mit der Einladung zum Abendessen für meine Freunde auf Dich gewartet. Es hat am letzten Dienstag stattgefunden. Zu Deiner Belustigung hier die Sitzordnung.

Nach dem Essen kamen noch Abel Desjardins, Paul Baignères, de Seligny, Pierre Lavallée, Pelletier, de Chamberet, Yeatman. Das ist nicht ganz vollständig, aber doch so ungefähr. Ich glaube, ich werde den Monat August (wenn ich das Jura-Examen bestehe) in Sankt-Moritz verbringen. Ich werde dazu sehr von Robert de Montesquiou und Madame Howland gedrängt, die Du vielleicht beide schon in Sankt-Moritz gesehen hast und die reizend sind. Übrigens werde ich dort viele Frauen kennenlernen, und L. de la Salle wird mir den Gefallen tun – falls ich hinfahre –, mitzukommen und mit mir zusammen zu wohnen. Ich werde Dich um viele Auskünfte bitten und zähle auf Dich, um meine Angehörigen zu überzeugen.

Ich nehme augenblicklich Repetitionsstunden in Jura mit Trarieux und Boissonnas. Sie behaupten, Du habest Schlechtes über mich geschrieben, Du ersiehst aber aus diesem Brief, daß ich keine Minute daran geglaubt habe!

Leb wohl, lieber Freund. Schreib mir Dein Ankunftsdatum und laß Dich umarmen von Deinem Dir unwandelbar treuen

Marcel Proust

An Robert de Montesquiou

Mittwoch [28. Juni 1893]

Lieber Herr de Montesquiou,

da »man eine Photographie nicht per Post schickt« und ich anderseits Sie erst zu Ostern oder frühestens zu Neujahr besuchen darf – und weil nun zwei Ihrer Freundinnen, Madame Lemaire und die Prinzessin von Wagram, mir die Ehre erwiesen haben, mich diese Woche einzuladen –, würden Sie so gut sein, mir bei dieser Gelegenheit, Donnerstag oder Sonnabend, Rue de Monceau oder Avenue de l'Alma, jene Photographie mitzubringen, die mir zwar versprochen ist, in deren Besitz ich aber unmöglich gelangen kann? Gleichzeitig möchte ich Sie darum ersuchen (vorausgesetzt, daß Sie bei dem einen oder anderen Empfang zugegen sind), mir doch bitte einige jener Freundinnen zeigen zu wollen, in deren Umgebung man Sie meistens zu zitieren pflegt (die Gräfin Greffulhe, die Prinzessin von Léon[1]).

Nehmen Sie, verehrter Herr de Montesquiou, die Zeichen ergebener Bewunderung entgegen von Ihrem sehr ehrerbietigen und aufrichtigen

Marcel Proust

1 Seit dem Tod ihres Schwiegervaters am 6. 8. 1893 11. Herzogin von Rohan. Vgl. G. D. Painter, *Marcel Proust*, Teil I, S. 224 f.

An Robert de Montesquiou

Montag abend
[3. Juli 1893]

Sehr geehrter Herr de Montesquiou,

ich danke Ihnen unendlich für Ihre Sendung. Aber die Widmung ist zu bescheiden, wenn sie derart losgelöst von dem Werk,[1] das sie kurz zusammenfaßt, den Anspruch erhebt, Sie zu definieren. Ich finde, daß Sie ebensosehr Beherrscher der ewigen Dinge[2] sind. Darunter verstehe ich folgendes:

Schon seit langem ist mir aufgefallen, daß Sie über den Typ des erlesenen Dekadent weit hinausragen, mit dessen Zügen (niemals so vollkommen wie die Ihren, heutzutage aber dennoch ziemlich landläufig) man Sie zeichnet. In diesen Zeiten ohne Gedanken und ohne Willen, das heißt letztlich ohne Genie, zeichnen allein Sie sich aus durch Ihre zwiefache Fähigkeit der Meditation und der Tatkraft. Und ich meine, daß dies noch niemals so zusammentraf, diese letzte Verfeinerung mit dieser Energie und Schaffenskraft der alten Zeiten und nahezu der Intellektualität des siebzehnten Jahrhunderts, derart selten ist es seither vorgekommen. (Ich glaube übrigens, daß man bei Baudelaire und bei Ihnen aufzeigen könnte, wie sehr Sie – nicht wegen der Lust am Paradoxen – mit der Vorliebe zu Maximen und der – verlorenen – Gewohnheit, in Versen zu denken, dem siebzehnten Jahrhundert angehören.) Hat Corneille einen schöneren Vers als diesen gedichtet:

Elle y voit mieux en elle, au déclin des clartés

einen Corneille ähnlicheren als diesen anderen:

Ceux que la pudeur fière a voués au cil sec.[3]

Und ich glaube, daß gerade dieser Umstand Ihnen den so reinen und heute so seltenen Großmut bewahrt hat – und dem feinfühligsten der Künstler erlaubt, auch überaus durchdachte Verse zu schreiben, die erhalten bleiben würden, selbst in einer schmalen Anthologie der philosophischen französischen Dichtung –; dies hat den Beherrscher der vergänglichen Dinge zum Herrscher über die ewigen gemacht und hindert uns schließlich vorauszusehen, welcher Art Ihr weiteres Schaffen sein wird, wie überall dort, wo es spontanes Hervorsprudeln, Ursprung, wirklich geistiges Leben, das heißt Freiheit, gibt. All dies zum höchsten Glück Ihres sehr ergebenen und dankbaren

Marcel Proust

1 Gedichtband Montesquious *Les Chauves-Souris*, ersch. 1893 (Privatdruck bereits 1892).

2 Anspielung auf die erste Zeile des Gedichts *Maestro* in *Les Chauves-Souris*.

3 Zwei Gedichtzeilen aus *Laus noctis* in *Les Chauves-Souris*. Die zweite Zeile ist ungenau zitiert und muß richtig heißen:
»Vous que la pudeur fière a voués à l'œil sec.«
»In ihr sieht sie besser, beim Sinken des Tags.«
»Welche die stolze Scham zu trockner Wimper verdammt.«

An Robert de Billy

Schreiben Sie mir, aber vor Ende des Monats!
Danach werde ich nicht mehr dort sein.

Hôtel des Roches-Noires, Trouville
[zwischen dem 6. und 16. September 1893]

Mein liebster Robert,

Sie beklagen sich über mein Schweigen und sagen mir nicht, wohin man Ihnen schreiben kann. Ich nehme indessen an, Sie sind nach Berlin [1] zurückgekehrt. Ich habe eine wirklich hübsche Reise gemacht und bin jetzt mit Mama in Trouville, Hôtel des Roches-Noires, nachdem wir drei Wochen in Sankt-Moritz und eine Woche am Genfer See verbracht haben. Meine Eindrücke werden Sie in der *Revue Blanche* lesen, nicht in der beiliegenden, der seit langem versprochenen und so spät erschienenen [2], noch in der nächsten, die eine sehr melancholische Novelle [3] von mir enthalten wird, sondern danach. Das Publikum hier? Ich will mich nicht darüber auslassen, damit mein so gestrenger Robert mich nicht wegen meiner Lust am mondänen Leben hänselt. Ich will Ihnen nur eine Frage stellen, welche die Musikalität einer Dame betrifft – die weder Herzogin noch Prinzessin ist, also lassen Sie Nachsicht walten, sie ist einfach eine Protestantin, der Sie als solcher vielleicht begegnet sind –, mit der ich dort etwas bekannt geworden bin, weil wir gemeinsame Freunde haben: Madame X... Ich habe ihr Talent, Klavier zu spielen, sehr bewundert, da es mir wirklich Stil zu haben schien, und ich muß hinzufügen, daß feinfühlige und kompetente Musiksachverständige – die Prinzessin Brancovan [4], Freundin von Paderewski [5] und selbst große Musikerin, Mlle d'Harcourt, ferner Mme Henri Baignères, deren sicheres Urteil Sie kennen und die nicht gerade nachsichtig ist – mir recht gegeben haben. Hier dagegen sagte mir Madame Z..., sie besitze offensichtlich eine kraftvolle Technik, räume die Wohnung gut auf und schrubbe an allen Ecken und Enden (das ist zwar sehr geistreich, trifft aber meiner Ansicht nach auf andere zu, nicht aber auf diejenige, welche ich für eine so große Musikerin halte) und spiele kunstwidrig und unausstehlich. Selbst wenn Sie sie noch niemals gehört haben sollten, werden Sie schon wissen, was Sie von ihrem Talent zu halten haben – da sie allen Abendgesellschaften mit ihrem Talent Glanz verleihen soll, auf denen Y ... den Beau und W ... den Schwerenöter machen, wo die Herren R ... und S ... unter der Fuchtel von Madame U ... sich breitmachen und wo T ..., sobald er vergißt, daß er »Marquis« ist, das junge Mädchen sucht, das seine Moral läutern soll. Ich frage Sie nicht nach Ihrer Meinung, um meine zu bilden. Sie hat zu starken Eindruck auf mich gemacht, als daß ein fremdes Urteil ihn ausmerzen könnte, doch werde ich mir sagen können, daß ich wahrhaftig keinerlei Geschmack besitze – oder das Gegenteil.

Ich bin in der allergrößten Bedrängnis, denn ich muß mich, Papa wünscht es, hinsichtlich meiner Berufswahl entscheiden. Der Rechnungshof verlockt mich mehr und mehr. Ich stelle folgende Überlegung an: Wenn ich nicht willens bin, meine Karriere im Ausland zu machen, werde ich im Auswärtigen Amt in Paris eine ebenso unerträglich langweilige Laufbahn vor mir haben wie die am Rechnungshof.

Vielleicht ist der Rechnungshof – für mich – schwieriger vorzubereiten, aber wird dieser Nachteil nicht mehr als aufgewogen, weil hier jene Probezeit entfällt, die all meine Aufmerksamkeit verschlingen würde, der ich überhaupt fähig bin? Die mir verbleibende Zeit würde ich spazierengehen.

Ach, mein Freund, mehr als jemals wäre mir Ihr Rat teuer, und ich leide sehr unter Ihrer Abwesenheit. Möge doch ein lieber Brief durch das allmächtige Wunder der Seelenkommunikation sie aufheben. Genießt die Verwaltungslaufbahn nicht zu wenig Ansehen? Was bleibt mir sonst noch, da ich fest entschlossen bin, weder Advokat noch Arzt noch Geistlicher noch ... zu werden?

Ach, mein lieber Robert, Sie werden sich leicht vorstellen können, welcher Gedanke mich während der ganzen Zeit dieser schönen Reise überallhin verfolgt hat, der Gedanke an den, der uns so liebte und nun nicht mehr bei uns ist, in dessen hellen Augen sich mit einem einmaligen Zauber Ironie und Zärtlichkeit vermischten. Armer Edgar[6], ich machte mir Vorwürfe wegen der Freude, die ich beim Anblick jenes Genfer Sees empfand, den er nun nicht mehr sehen konnte. Schreiben Sie mir sein Geburtstagsdatum, das ich nicht einmal in dem Augenblick wußte, als Sie mir den niederschmetternden Brief geschrieben haben. Geben Sie mir zugleich die Adresse seiner Eltern an. Da ich ihnen noch nie geschrieben habe, möchte ich an jenem Tage ihrem Schmerz mit der Erinnerung als ihres Sohnes Freund beistehen.

Ganz der Ihre, Robert,

Marcel Proust

1 R. de Billy war dort als Botschaftssekretär tätig.

2 Nr. 21/22 (Juli/August 1893), die einen Artikel *Études* von Proust enthält.

3 *Mélancolique Villégiature de Madame de Breyves* in Nr. 23, September 1893.

4 Prinzessin Rachel de Brancovan.

5 Ignacy Paderewski (1860–1941), poln. Pianist und Politiker.

6 Vgl. S. 35, Anm. 1

An Charles Grandjean

Dienstag abend [7. November 1893]

Lieber Herr Grandjean,

ich werde morgen um 2 Uhr zu Ihnen kommen – doch welch Unglück, daß Sie krank sind. Ich hoffe,

Sie werden trotzdem eine gute ruhige Nacht verbringen, und mit Horatio sage ich zu Ihnen: »Gute Nacht, liebenswerter Herr; und Engelscharen mögen Sie singend in den Schlaf wiegen.[1]«

Ich sehe mich bereits als Museumsdirektor in Versailles. Sie sagen mir zwar, ich werde die zwei Titel, École du Louvre[2] und École de Rome[3] haben. Doch kann ich nicht Lizentiat, Doktorat, École du Louvre, École de Rome absolvieren. Und dennoch ist ohne Lizentiat kein Doktorat möglich und ohne Doktorat keine École de Rome – und anderseits habe ich ohne die École du Louvre nicht die zwei Titel. Es gibt gewiß eine Lösung, an die Sie gedacht haben, und die ich nicht entdecken kann. Ich bin morgen noch auf ganz andere Wunderdinge gefaßt. Denn Sie sind das genaue Gegenteil jener Fee, welche die Edelsteine in Kröten verwandelte. Die Wahl einer garstigen, tödlich langweiligen Karriere machen Sie zu etwas Wunderbarem, und ich befinde mich in einer Grotte voller Zauber und Blendwerk.

Ich bin Ihnen, meine gute Fee, in Dankbarkeit ergeben.

Marcel Proust

1 Shakespeare, *Hamlet* V, 2. Proust vergaß zu beachten, daß Horatio diese Worte an den gerade gestorbenen Hamlet richtet.

2 Pariser Schule zur Ausbildung von Museumsbeamten. Diplomabschluß.

3 École française d'Archéologie et d'Histoire de Rome. Gegr. 1874 (Palazzo Farnese, Rom). Studium der lat. Antike und der päpstlichen Archive.

An Charles Grandjean

[13. oder 20.? November 1893]

Lieber Herr Grandjean,

ich wußte bereits, daß Sie jeden nur denkbaren Zartgefühls fähig sind, jeder Großzügigkeit und der erfindungsreichsten, mannigfaltigsten und unermüdlichsten Gefälligkeit – dennoch war ich voller Erstaunen angesichts des Wunders an Liebenswürdigkeit, welche in Ihrer Antwort liegt.

Ich verzichte also auf die École des Chartes [1], nicht ohne Bedauern, wie ich gestehen muß, das nicht diese in mir erregt, sondern die École de Rome; denn würde ich dorthin ohne die École des Chartes gehen können? Und dann ist wahrlich das Bild schwarz, das Sie vor mir entwerfen (so klar, so lebendig, wie sonst niemand es vermocht hätte). Ist aber der Rechnungshof heiterer – oder die Diplomatie in Paris? Allein ich denke, wenn Sie alles derart dem Boden gleichmachen, so tun Sie es, um auf jenen Trümmern das unabhängige und ästhetische Reich zu errichten, von dem wir gemeinsam träumen. Und sobald Sie die materiellen Wege ausfindig gemacht haben werden, mit deren Hilfe ich den Traum verwirklichen könnte, werden Sie ... ich weiß nicht, wie ich mich ausdrücken soll ... wieder so reizend sein, wie Sie es bereits gewesen sind, und mir darüber schreiben – das würde nur noch einen Superlativ verdienen – ein noch nie benutztes Wort – ungewöhnlich wie die Angelegenheit selbst.

Richten Sie bitte Madame Grandjean meine vorzüglichste Hochachtung aus, grüßen Sie Ihren kleinen Sohn und empfangen Sie, lieber Herr Grandjean, den Ausdruck meiner wahrhaftigsten Dankbarkeit.

Marcel Proust

Sie glauben zu Unrecht an meine fortgeschrittene intellektuelle Entwicklung. Seit meinem Philosophie-Jahr blieb sie nicht allein auf ihrer erreichten Höhe, sondern wurde abgelenkt und machte Rückschritte. Aus diesem Grunde habe ich, wie mir scheint, nur über Dinge der Phantasie und Empfindsamkeit geschrieben, zwei unwissende Musen, die man nicht kultiviert. Es bleibt mir die Illusion, daß ich etwas anderes hätte sein können, ein tröstlicher und trauriger Gedanke und fast sicher eine Illusion.

1 Schule zur Archivar-Ausbildung. Abschluß: Diplôme d'Archiviste paléographe.

An Robert de Montesquiou

9, Boulevard Malesherbes, Sonntag 11 Uhr
[11. März 1894]

Lieber Herr de Montesquiou,

wenn Sie die Güte haben, die beigefügte Studie[1] zu lesen, werden Sie verstehen, warum ich Ihnen heute abend besonders dankbar bin (die Studie ist alt, ich hätte sie Ihnen nicht gesandt, aber sie wurde leider aktuell, und zwar durch Sie). Gestatten Sie mir, daß ich keine Rechtfertigungen hinzufüge. Ich verzichte künftig darauf, da ich überzeugt bin, daß wir uns, sobald eine gewisse Tiefenschicht angesprochen wird, nicht verstehen können, was ich allerdings nicht allzu tragisch nehme. Die Spruchweisheit: »Wohl dem, der zu hören weiß«, ist zu begrenzt. Wer schlecht versteht, kann auf andere Weise »köstlich« sein. Weshalb soll man aus griesgrämigem Starrsinn seinen Freuden entsagen? Unser aller Schicksale sind vermutlich geschaffen, um gelebt, nicht aber um verstanden zu werden. Wenn diejenigen, welche Schicksale mißverstehen, sie auf andere Weise verschönern, warum soll man sie durch Vorwürfe ermüden, die sie unvermeidlich weder wahrnehmen noch verstehen und die alles in allem äußerst lästig sind. Ein Mißverständnis (das ich leider zu Unrecht beseitigt glaubte), welches sich nach einem Jahr wiederholt hat, bleibt ein ewiges Mißverständnis. Derart vielfältig sind die Gesetze der Gefühlsarithmetik und -chronologie. Liegt es an Ihrer Inkompetenz in einem Punkte – oder an meiner teilweise nicht bewußten? Ich könnte selbst nicht einmal darüber diskutieren. Allein, um jemals wieder von neuem zu versuchen, Sie zu überzeugen, fehlt mir entweder der Ton – oder Ihnen das Gehör. Wie dem auch sei, ich verzichte für immer auf ein innigeres Vertrauen und bedauere lediglich denjenigen – ohne aufzuhören, ihn zu bewundern –, welcher derart mit argwöhnischen Fingern die zutiefst empfundene Ergebenheit und die aufrichtigste Zärtlichkeit befleckt. Ich bewahre eine zu starke Neigung für den Zauber Ihres Geistes, eine zu aufrichtige Dankbarkeit für Ihre Güte mir gegenüber, als daß ich wegen dieses Verzichts in der Gefühlssphäre aufhören könnte, mich lebhaft an Ihrer Gesellschaft zu erfreuen, vorausgesetzt natürlich, Sie geruhen, sie mir nicht zu entziehen. Ich sende Ihnen tausend herzliche Grüße. Wegen Sonnabend werde ich an die Folies Bergère schreiben.

Marcel Proust

1 *En revenant du vernissage. Sur la Psyché du Comte.*

An Robert de Montesquiou

Dienstag morgen [1. Mai? 1894]

Lieber Herr de Montesquiou,

verzeihen Sie mir, daß ich Ihnen nicht eher geantwortet habe (es ging mir ziemlich schlecht). Ich glaube, Ihre bereits festgelegten wichtigen Termine und das liebenswerte nachfolgende Vorhaben in Einklang bringen zu können, indem ich aus letzterem die Erlaubnis entnehme, Sie Freitag in Versailles zwischen zwei und drei Uhr zu besuchen. Vorher werden Sie mit Léon Delafosse gearbeitet haben können. Und ich werde trotzdem die intensiven Freuden genießen, die mir nach dem ursprünglichen Plan versagt geblieben wären. Wir werden dann spazierengehen oder bei Ihnen bleiben können, je nachdem wie wir am zwanglosesten den Pfaden unserer Träumereien folgen können.

Bis Freitag also, lieber Herr de Montesquiou. Ich fürchte bald, ich könnte eines Tages unwillkürlich jene von mir so unterschiedliche Persönlichkeit verkörpern, die Sie ohne Unterlaß heraufbeschwören: kompliziert und mit so viel doppelten Böden. Dadurch, daß Sie das dazugehörige Schattenbild nicht zur Ruhe kommen lassen, wird es endlich Gestalt annehmen wollen ... Und was bleibt mir dann noch? ... Schlichter Geist und komplizierter Charakter, das ist zuviel des Guten. Könnten wir nicht die Adjektive vertauschen, um endlich eine Identität zu erreichen?

Mit sehr herzlicher Hochachtung

Marcel Proust

An Robert de Montesquiou

Sonntag [15. Juli 1894]

Lieber Herr de Montesquiou,

man grollt nicht dem Blitz, selbst wenn man getroffen wird, weil er vom Himmel kommt. Und wenn auch nichts so furchtbar ist wie ein Gewitterhimmel, so kommt doch hernach nichts seiner Bläue und seinem Glänzen gleich. Ich hoffe, daß Sie mir noch lange Ihr Wohlwollen erhalten werden. Ich wage nicht zu behaupten, daß ich es verdiente, aber ich begreife und empfinde sehr wohl das Ausmaß Ihrer Güte.

Ihr

Marcel Proust

Sonntag, 7 1/2 Uhr

An Reynaldo Hahn

[18. Januar 1895]

Mein Kleiner,

heute morgen werde ich in den Bois gehen, falls ich früh genug aufstehe, denn ich liege noch im Bett und lese mit Begeisterung Emerson. Komm mich vor 3/4 2 Uhr besuchen, denn dann gehe ich mit Yeatman weg, um die Verteidigung der Dissertation von Herrn Izoulet anzuhören über die Metaphysik der Soziologie, die Heilige Stadt [1]. Da es öffentlich ist, solltest Du wirklich mit uns kommen. Oder komm vor 1/4 nach 12 zum Mittagessen. Sonst versuche ich, Dich nach der Thesenverteidigung gegen 6 Uhr bei Fräulein Lemaire [2] zu treffen. Sie hat mir geschrieben, daß meine Verse (an Dich) gelungen seien. Ich hatte ihr geantwortet, man sei immer gut inspiriert, sobald man von dem spricht, was man liebt. Im Grunde sollte man nie von etwas anderem sprechen. Jene Verse sind die einzigen von mir, bei denen es mir lieb wäre, wenn Du sie herumzeigst und so oft wie möglich vorträgst. Wisse, daß in der katholischen Liturgie reale Gegenwart mit idealer gleichbedeutend ist. – Doch nein, ich irre mich sicher ein wenig.

Marcel

1 Genauer Titel: *La Cité moderne et la Métaphysique de la Sociologie.*

2 Suzy Lemaire, Tochter von Madeleine Lemaire.

An Reynaldo Hahn

[1895]

Mein Liebster,

ich nehme alles an, denn es geschieht ja, um es Ihnen wieder zukommen zu lassen, und dieser Teil meines inneren Lebens, den ich Ihnen schenke – den ich Ihnen *schuldete*, bevor ich ihn Ihnen gab –, wenn ich glauben darf, daß er irgend etwas wert ist, so freut es mich doppelt. Ich wünschte, Herr über all das zu sein, was Sie nur auf Erden begehren können, um es Ihnen darzubringen – Schöpfer alles dessen, was Sie in der Kunst bewundern, um es Ihnen widmen zu können. Ich fange klein an![1] Doch wenn Sie mich ermutigen . . .

[. . .]

Ihr Marcel

1 Anspielung auf *Les Plaisirs et les Jours.*

An Reynaldo Hahn

[1895?]

Liebster Reynaldo,

in einem kleinen Abschnitt für das Buch [1] bin ich gerade dabei, »das Lächeln der Erinnerung mit all den Tränen der Hoffnung« zu netzen, und mein einziger Trost während dieser Wanderung, die ich mich ohne Selbstmitleid zu unternehmen zwinge – auf den entlaubten Pfaden meiner Erinnerung und auf den durch eine grausame Hellsichtigkeit bereits im voraus verödeten Pfaden meiner Zukunft –, das sind Sie. Warum haben Sie jenes so traurige Wort ausgesprochen und mir dadurch den trostspendenden Gefährten entzogen, dem ich die Hand drückte, um nicht vor Kummer zu sterben, während jener Oktoberwanderung, welche »die Zukunft unserer Freundschaft« war. Wegen dieses Pathos werde ich Sie bei Colonne [2] um Verzeihung bitten.

M. P.

P. S. Von Frau Lemaire habe ich einen Brief voller Albernheiten erhalten – verflochten mit Zuneigung für uns beide. Aber ich bitte Sie darum, bei Colonne kein Wort, keine Andeutung ... ganz bestimmt.

1 *Les Plaisirs et les Jours.*

2 Édouard Colonne (1838–1910), Dirigent, Gründer einer Konzertgesellschaft.

An Robert de Montesquiou

Sonnabend [9. März 1895]

Lieber Herr de Montesquiou,

Reynaldo Hahn ist Donnerstag zum Abendessen eingeladen. Es würde also viel besser passen, wenn es Ihnen möglich wäre, uns Montag oder Mittwoch zu empfangen. Meine Bewunderung für Sie hält eine Widmung [1] von Ihnen für das Wertvollste, das Sie sich vorstellen können. Dennoch bitte ich Sie, sich nicht dafür zu entscheiden, wenn Sie die Nachsicht für den Geist mit der Geringschätzung des Herzens vermengen, indem Sie mir mit der einen Hand entziehen, was Sie mir mit der anderen königlich gewähren. Die Vorstellung, daß Sie sich wißbegierig für die mannigfaltigen Seinsformen interessieren und für den Schurken nicht mehr Verachtung haben als für den Tapferen, daß beide in Ihren Augen unvermeidlich zum Original werden – wen könnte das trösten? Denn vor diesem amoralischen Determinismus oder diesem stets an der Verschiedenheit des Lebens interessierten Dilettantismus finden Bösewicht und Barbar in gleichem Maße Verzeihung. Dieses Verzeihen ist wenig beneidenswert, da es allen gilt. Ich danke Ihnen noch für die wunderbaren Rezitationen. Seit gestern hat die Urne Ihrer Erinnerungen nicht aufgehört, Milch über mich auszuschütten und Tinte, welche des Dichters Zauberkraft ebenso köstlich wie Milch zu machen weiß.

Ihr verkannter und überschütteter

Marcel Proust

Meine herzlichen Grüße an Herrn d'Yturri.

1 Vermutlich ist von Montesquious neuem Gedichtband *Le Chef des Odeurs suaves* die Rede, ersch. 1894 (Privatdruck bereits 1893).

An Maria Hahn

[Dieppe, 10. oder 11. August 1895]

Liebe Schwester [1],

ich bitte Sie inständig, mir so schnell wie möglich *Baldassare* [2] per Post zuzuschicken, und zwar eingeschrieben; ich denke, er wäre in Paris wohl eher am Platze, aber selbst auf die Gefahr hin, ihn zurücksenden zu müssen, kann ich keine Stunde länger warten (und ich werde noch zwei Tage darauf warten müssen!), Ihre Anmerkungen zu lesen. Grausame Schwester, daß Sie sie nicht in Ihren Brief übertragen haben, damit ich sie gleich hätte lesen können. Was, gerade mein Kind [3] ist bei der Preisverteilung bedacht worden, und Sie bringen es fertig, mir die Einzelheiten vorzuenthalten. Warum kommen Sie nicht hierher, wo man sich nach Ihnen sehnt, Sie erwartet, wo Sie wirklich recht angenehm untergebracht und beköstigt sein würden. Ich weiß nicht, ob ich hier werde bleiben können, da ich Atembeschwerden habe, aber man weiß noch nichts von meinem Zögern, damit ich mir die Ratschläge erspare, die trotz allen guten Willens dennoch nicht weniger lästig sind. Unablässig sehe ich Sie in Gedanken vor mir, strahlend schön im Wald von St. Germain, deren wahre Diana Sie sind (obwohl die Marquise von Saint-Paul [4] sich widerrechtlich deren Namen, nicht aber deren Grazie angeeignet hat), Sie haben ihre göttliche und wildbewegte Haarpracht und in den Augen und auf den Wangen die freudestrahlende Erregung der Jagd. Ihr Sinn aber, der Grausen erregte, wäre er nicht derart Ihrer Güte unterworfen, tötet niemals, weil er es auf niemanden abgesehen hat, und die armen Tiere des Waldes müssen bei Ihrem Erscheinen nicht mehr erschaudern als wir alle, denen Sie lediglich den Schrecken einflössen, der für eine edle Einbildungskraft unlöslich mit der Erscheinung der Schönheit verbunden ist! – Frau Lemaire [5] bemüht sich, uns das Leben bequem und unkompliziert zu machen, die Mahlzeiten sind vortrefflich, und was die Musik anlangt, so haben das Meer und der Wind diese Rolle übernommen, da Reynaldo kein Klavier zur Verfügung hat. Der Träger des ersten Preises treibt die gute Kameradschaft mit ihnen so weit, daß er hingeht, um ihnen mit Genuß zuzuhören. Und da Papa verreist ist, kümmert sich das Meer, welches so großartig alles vollbringen und heilen kann, wenigstens im großen um meine Gesundheit, und ich bin sehr gut bei diesem Arzt aufgehoben, der großzügig behandelt. Reynaldos Geist, seine Güte, seine Anmut sind göttlich.

Ich verehre Sie sehr ehrerbietig, meine Schwester.

Marcel

1 So nannte Proust im Überschwang seiner Freundschaft zu Reynaldo dessen Schwester Maria.

2 *La Mort de Baldassare Silvande, Vicomte de Sylvanie.* Zuerst erschienen in *La Revue hebdomadaire* vom 29. 10. 1895. Im nächsten Jahr Teil der Novellensammlung *Les Plaisirs et les Jours.*

3 Reynaldo.

4 Marquise de Saint Paul, geb. Diane de Feydeau de Brou.

5 Bei welcher Reynaldo und Marcel zu Gast waren.

An Robert de Billy

[September 1895]

(auf zwei Visitenkarten)

Mein lieber Robert,

zum Glück habe ich diese Karte bei mir, denn ich bin in einer Gegend, in der man kein Papier bekommt.

Der Ort nennt sich Begmeil, Apfelbäume wachsen bis zum Meer herab, und der Geruch des Apfelweins vermischt sich mit dem des Tangs. Diese Mischung von Poesie und Sinnenlust ist ganz nach meinem Sinn, doch genieße ich es nicht recht, da ich befürchte, daß man Ihnen im Ministerium nicht gesagt hat, daß ich auf der Durchreise in Paris Station gemacht habe. Ich wollte Ihnen nämlich sagen, wie gut Sie doch zu Robert[1] gewesen sind und wie gerührt ich darüber war, daß Sie fortwährend so viel für uns tun. Sobald ich wieder Papier habe, schreibe ich Ihnen über die Bretagne, außerdem komme ich bald wieder durch Paris. Richten Sie Ihrer Gattin meine besten Empfehlungen aus und sehen Sie sich von Zeit zu Zeit das Inhaltsverzeichnis der *Revue Hebdomadaire* an. Sie finden dort demnächst jenen soeben von mir dorthin gesandten Baldassare Silvande[2], den Sie mir eines Abends beim Kerzenlicht durchgesehen haben und der Ihnen lediglich in einigen Abschnitten mißfallen hat. Von Balzac lese ich augenblicklich ein Buch, das mit *Glanz und Elend*[3] beginnt, dessen vollständigen Titel man einem verheirateten Mann[4] nicht nennen darf und das stupide ist, und *Les Héros*, die geschlossen vorgehen müßten, um Herrn Izoulet[5], der ihnen zuvorgekommen ist, zum Krüppel zu machen.

Ihr

M. P.

1 Prousts Bruder Robert.

2 Vgl. S. 56, Anm. 2.

3 *Splendeurs et Misères des courtisanes.*

4 Robert de Billy hatte unlängst (4. Juni 1895) Jeanne Mirabaud geheiratet.

5 J. B. J. Izoulet-Loubatières, Übersetzer von *Les Héros* von Carlyle.

An Robert de Montesquiou

[Freitag, 13. Dezember 1895]

Mein verehrter Meister,

»Dies Zeichen der Ehre, meinem Hause erwiesen« (Le Cid, 1. Akt) rührt uns alle überaus, und ich danke Ihnen von ganzem Herzen für die Güte, daß Sie am Sonnabend (und nicht Freitag, wie aus Ihrem Brief hervorgeht) kommen wollen. Was die Rolle des Handelsreisenden mit Ihrem Esprit angeht[1], der dessen nicht bedurfte, so habe ich seit langem darauf verzichtet, und selbst wenn es Ihnen eine Freude bereiten würde, wäre es das einzige, was ich nicht mehr täte. Damals muß sich offensichtlich meine Stimme und Betonung in Rhythmus und Tonfall jenen geliehenen Gedanken angepaßt haben, durch den Sog der Seele, die den Körper mit sich reißt. Wenn man Ihnen mehr berichtet und gar von Karikatur gesprochen hat, so berufe ich mich auf Ihren Grundsatz: »Ein hinterbrachter Satz ist niemals wahr.« Während Skrupel und Unruhe mein sonstiges Leben beherrschen, fühle ich mich in allem, was Sie betrifft, vollkommen unbeschwert, weil ich Dritten gegenüber nur meine Bewunderung für Sie zum Ausdruck gebracht habe, die Gott sei Dank nicht im Versiegen begriffen ist. Ich habe mich daher etwas gedemütigt gefühlt, als ich bemerkte, daß man meine »letzten Schöpfungen«, wie Sie sagen, für wenig erfindungsreich gehalten hat und daß Sie zu mir im Tone verächtlichen Wohlwollens sprachen, das ein Fuster[2] hervorrufen mag. Nein, meine letzte Schöpfung schicke ich Ihnen erst, eine traurige Erzählung[3], die mich leider und zum Glück wiederum als Ihren Epigonen erscheinen läßt. In der Hoffnung, daß sie Ihnen gefallen möge, sende ich Ihnen diese künstlerische Honigwabe, entwendet dem verdrießlichen Bienenstock, dem ich meine herzliche und bewundernde Hochachtung zu Füßen lege.

Marcel Proust

1 Proust hatte in Abwesenheit von Montesquiou in der Gesellschaft dessen Gedichte vorgetragen und dabei die Sprache und Gestik Montesquious karikiert.
2 Charles Fuster.
3 Vgl. S. 56, Anm. 2.

An Laure Hayman

[11. Mai 1896]

Verehrte gnädige Frau,

mein armer alter Onkel Louis Weil ist gestern um fünf Uhr nachmittags gestorben, ohne Leiden, ohne Bewußtsein, ohne vorher krank gewesen zu sein (an einer Lungenentzündung, die erst am Morgen des Sterbetages zum Ausbruch kam). Da ich weiß, daß Sie ihn sehr gern hatten, wollte ich nicht, daß Sie es aus der Zeitung erführen oder durch die Traueranzeigen, wenn man überhaupt welche verschickt, was ich nicht weiß. Ich habe Ihnen nicht geschrieben, daß er krank war, weil er es in der Tat nicht gewesen ist, jetzt aber stelle ich mir vor, daß Sie vielleicht ein wenig betrübt sind und, nicht wahr, es ist netter, es Ihnen auf diese Weise mitzuteilen.

Mit einer Umarmung, Ihr

Marcel Proust

An Laure Hayman

Dienstag morgen [12. Mai 1896]

Verehrte gnädige Frau,

soeben erhalte ich Ihre Zeilen. Haben Sie Dank für das, was Sie über meinen Onkel sagen. In seiner Religion[1] gibt es keinen Trauergottesdienst. Man versammelt sich nachher um $^{1}/_{2}$ 4 Uhr bei ihm zu Haus, 102, Boulevard Haussmann, und geht von dort aus zum Père Lachaise (ich fürchte aber, es wird eine Anstrengung für Sie, und es werden wenig Frauen mitgehen). Wie kommen Sie aber auf den verrückten Gedanken, Sie könnten, bei wem es auch sei, Anstoß erregen. Ihre Gegenwart kann nur rühren. Ist es denn schlechterdings möglich, Sie zu kennen, ohne Sie auch gleichzeitig zu bewundern und zu lieben, was mein Onkel ganz besonders tat.

Dank im voraus für das, was Sie glauben tun zu müssen, und lassen Sie mich Sie umarmen.

Marcel Proust

1 Das heißt der mosaischen Religion.

An Laure Hayman

[Kurz nach d. 12. Mai 1896]

Verehrte gnädige Frau,

wenn ich nicht »wie ein Hund« in den letzten Tagen mit meinen Asthma- und Erstickungsanfällen krank darniedergelegen hätte, würde ich Sie besucht haben, und aus demselben Grunde kann ich Ihnen erst verspätet sagen, wie entzückt, bewegt, erschüttert ich war über Ihren so rührenden, so schönen, so »schicken« Einfall von neulich. Als der Radfahrer mit Ihrem Kranz den blumenlosen Trauerzug (es war der Wille meines Onkels) eingeholt hatte, als ich erfahren habe, daß er von Ihnen kam, bin ich in Tränen ausgebrochen, weniger aus Kummer als vor Bewunderung. Ich hoffte so sehnlichst, Sie würden auf dem Friedhof sein, um Ihnen dort in die Arme zu sinken. Man hat also den Kranz nicht auf den Leichenwagen legen können. Als man aber auf dem Friedhof ankam und es Mama gesagt hatte, bestand sie darauf, daß man meinen Onkel mit diesem einzigen Kranz beerdigt, da Sie allein es nicht gewußt hätten, und so geschah es denn auch. Wie von jener Frau aus dem siebzehnten Jahrhundert kann man von Ihnen sagen, daß »die Güte und Großherzigkeit nicht der geringste Charme ihrer Eleganz« war. All dies verdiente, daß man länger darüber redete, und wir werden es eines Tages tun, nicht wahr?

In ehrerbietiger Bewunderung, Ihr

Marcel Proust

An Robert de Flers

[Dienstag abend, 26. Mai 1896]

Mein lieber Robert,

ich habe erfahren, daß Du mit dem Akademiepreis ausgezeichnet wurdest. Welche Freude, welch Glück! Ich bin ganz hingerissen, und Mama, der ich es eben erzählt habe, strahlt vor Freude. Es ist ein Vorschuß der Akademie – zwar sehr verfrüht –, aber immerhin ist es ein Schritt, mein lieber Freund. Madame Lemaire hatte mich beauftragt, Dich zu bitten – falls ich Dich sehe –, ja nicht zu versäumen, Reynaldo heute abend Beifall zu spenden, aber ich war so leidend, daß ich nicht habe hingehen können. Deinem Großvater geht es hoffentlich gut. Bis heute abend vielleicht.

Marcel

An Pierre Lavallée

Widmung für *Les Plaisirs et les Jours*

[12.? Juni 1896]

Mein lieber Pierre,

gleich demjenigen, dessen Name allein unter einer Subskription sich befindet, deren Kosten mehrere seiner Freunde getragen haben, bin ich ein wenig beschämt, von meinem Buch reden zu hören, Dir ein Buch widmen zu sollen, das ebensogut das Deine hätte sein können, wenn Du an meiner Statt die Mühe auf Dich genommen hättest, es zu schreiben, da Du es gleich mir, besser noch als ich, Dein ganzes Leben erträumt hast. Selbst wenn ich die Dinge, denen ich den größten Wert beimesse – ein gewisses Gefühl für die Seelenwanderung, das ich nicht ausführlicher zu beschreiben brauche, wenn ich mit Dir spreche –, darin habe ausdrücken können, was kann man an ihm lieben, was nicht auch in Dir sich befindet, und zwar mit größerer Deutlichkeit und Reinheit, und was nicht für uns jener heimatliche Boden ist, gemeinsames Erbe unserer Seelen, wo unsere Zuneigung sich traf, der Grund selbst unserer Freundschaft, älter und beständiger als wir und sie selbst. Auf jeden Fall aber gebührte diesem Exemplar eine besondere Widmung. Ein Exemplar, in dem Du liest, vor allem wenn es ein Exemplar meines Buches ist, darf nicht den anderen ähneln. Wieviel den anderen verborgener Sinn, wieviel – relative – Tiefgründigkeiten, die nur Dir allein bekannt sind, werden sich enthüllen, wenn Du es bist, der sie liest. Ich sage mein Buch, als ob ich niemals ein anderes schreiben wollte. Du weißt, daß es nicht der Fall ist. Wenn ich dasjenige beenden kann, das ich in Arbeit habe[1], und mit anderen beginnen kann, so sei bitte nicht sparsam mit der Begeisterung Deiner Zuneigung, dieser Belohnung Deines Verständnisses. Befruchte und liebe in mir gerade meine Fehler, die in Deinen Augen das Beste meines Selbst darstellen. Unsere Qualitäten sind weniger unser persönlicher Besitz, und es bedarf nicht einer so langvertrauten Zärtlichkeit, einer so intimen Übereinstimmung, um an ihnen Gefallen zu finden.

Dein dankbarer Freund

Marcel Proust

1 Proust spricht wahrscheinlich von seinem postum (1952) veröffentlichten Roman *Jean Santeuil*.

An Reynaldo Hahn

[zwischen Mitte Juli und 8. August 1896]

Reynaldo, heute abend habe ich eine Anwandlung schlechter Laune gehabt. Sie dürfen sich darüber weder wundern noch mir böse sein. Sie haben mir gesagt: niemals mehr werde ich Ihnen etwas anvertrauen. Wenn das wahr sein sollte, wäre es ein Eidbruch, stimmt es dagegen nicht, ist es auch dann noch für mich schmerzlich genug. Daß Sie mir alles anvertrauen, ist seit dem 20. Juni meine Hoffnung, mein Trost, meine Stütze, mein Leben. Um Ihnen keinen Kummer zu bereiten, spreche ich fast niemals mit Ihnen darüber, um aber nicht selber zu großen Kummer zu empfinden, denke ich fast ständig an Ihr Versprechen. So kommt es, daß Sie mir ausgerechnet das sagten, was mich wirklich »verletzen« kann. Tausend Beleidigungen hätte ich lieber gehört. Oft habe ich welche verdient, öfter als Sie vermeinen. Dagegen verdiene ich sie nicht in den Augenblicken schmerzlichster Anstrengung, in denen ich ein Gesicht heimlich zu erkennen trachte, Namen vergleiche oder eine Szene wiedererstehen lasse, um zu versuchen, die Lükken eines Lebens zu füllen, das mir mehr als alles andere am Herzen liegt, das mir aber Anlaß zu wirklich trostloser Unruhe sein wird, solange mir selbst seine unschuldigsten Regionen unbekannt sind. Leider ist diese Aufgabe unausführbar, und Ihr Wohlwollen begünstigt eine wahre Danaiden-Arbeit, indem es meiner Zärtlichkeit hilft, ein klein wenig von dieser Vergangenheit in meine Neugierde einfließen zu lassen. Wenn aber mein Einfall sinnlos ist, sollte man ihm nichts in den Weg legen, da es der Einfall eines Kranken ist. Es ist wahrhaft boshaft, wenn man einem Kranken droht, ihm sein Lebensflämmchen auszublasen, nur weil seine fixe Idee auf die Nerven geht. Sie werden mir diese Vorwürfe verzeihen, da ich Ihnen nicht oft welche mache, ich jedoch immerfort welche verdiene, was Ihrer Selbstachtung Auftrieb geben wird. Seien Sie nachsichtig mit einem Pony. Würden

Sie viele Herren, usw. finden mit den Eigenschaften, die Sie von einem Pony verlangen?

M. P.

An Pierre Lavallée

[29. August 1896]

Mein lieber Pierre,

seit einigen Tagen bin ich wieder in Paris, ich war etwas leidend, als ich aus Mont-Dore[1] zurückkam, jetzt aber geht es mir wieder sehr gut. Ich fürchte, daß meine Sommerpläne unvereinbar sind mit einem Aufenthalt in Segrez[2]; sollte es aber doch möglich sein, wäre es sehr lieb von Dir, wenn Du mir schreiben würdest, ob Du Dich dort aufhältst, ob ich Dir dort nicht zur Last fallen würde, ob Du Dich zeitweise von dort entfernst, ob Du Gäste hast, denen meine Gegenwart unangenehm wäre, usw.

Dein Freund

Marcel

1 Kurort im Département Puy-de-Dôme.

2 Besitzung der Familie Lavallée (Dép. Seine-et-Oise).

An Jeanne Proust

Mittwoch 9½ Uhr morgens [2. September 1896?]

Allerliebste Mama,

ich bin froh, Dich in Dieppe zu wissen. Ich »sehe« Dich besser. Ich denke, Du würdest gut daran tun, gleich nach Deiner Ankunft Madame Lemaire die Empfehlungsschreiben zu überreichen, da sie sonst an Geheimniskrämerei glauben könnte. Da ich mit der sofortigen Antwort, die der Brief von Mademoiselle Suzette[1] verlangt, auf Deine Meinung warte, sag mir auf jeden Fall in Deinem nächsten Brief, was ich von Dir berichten soll. Ich möchte auch an Monsieur de St. Maurice schreiben[2], damit er Dich zu sich einlädt. Laß mich hierüber ebenfalls Deine Meinung wissen. Man hat gerade eine Schüssel für mich gebracht, aber sie ist etwas zu sehr so:

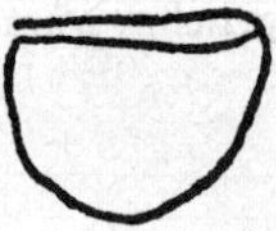

und nicht genug so:

Ich glaube, das Einfachste ist, Deine Rückkehr abzuwarten. (Félicie[3] hat sie dummerweise bezahlt, obwohl sie ihre Unzulänglichkeit bemerkt hatte, »aber in dieser Art von Geschäften«[4] usw.) Nun hat man mir zusammen mit meinem Frühstückstablett eine medizinische Zeitschrift gebracht, einen Presse-Argus[5]

(Lobrede auf Papa in einem Provinzblatt), all dies soll also nicht nach Vichy nachgeschickt werden. Gib Deine Anweisungen, und zwar lieber mir, ich gebe sie dann mündlich weiter, was überzeugender wirkt. So sind z. B. auch für Papa Broschüren angekommen, ich glaube, es wäre teuer, sie nachzuschicken.

Was meine Nacht angeht, so kann ich sagen: »Nach Dir die Sintflut«. Aber ich habe Dein Lob verdient. Schlag elf Uhr nach Haus zurückgekehrt. Bedrückt (trotz mehrerer Espics[6] während des Tages). Räuchern. Beim ersten Mal allein alles sehr langwierig. Ein Viertel nach Mitternacht ins Bett, wieder aufgestanden, um 1/2 1 Uhr wieder hingelegt (Deine Zeit für's Badezimmer), Brustkorb bedrängt trotz Räucherns. Zwei Amyle-Perlen[7]. Schnell eingeschlafen. 1/2 6 Uhr wegen oder zumindest mit Bedrängnis aufgewacht und sogar ziemlich starkes Röcheln. Aufgestanden, energisches Räuchern mit Escouflaire und Legras[8], das mich buchstäblich

Das folgende fehlt.

1 Vgl. S. 52, Anm. 2.
2 Gaston de Saint-Maurice, wie Charles Haas Mitglied des Clubs der Rue Royale. Er hatte eine Besitzung bei Dieppe.
3 Dienstmädchen der Familie Proust.
4 Zu ergänzen: Kann man sicher ohne weiteres umtauschen.
5 Agentur, die ihre Abonnenten laufend durch Zeitungsausschnitte und dergl. über deren Wirkung auf die Öffentlichkeit unterrichtet.
6 Asthmazigaretten, die Proust bei Atemnot rauchte.
7 Schlafmittel.
8 Mittel, mit denen Proust in seinem Zimmer ›räucherte‹, um sich Atemerleichterung zu schaffen.

An Reynaldo Hahn

[3. oder 4. September 1896]

Mein liebster Reynaldo,

verzeihen Sie mir, daß ich Ihnen nicht schreibe. Aber ich lese viel, und als Folge dieser Kur und des Schnupfens, den ich mir dort geholt habe, bin ich so erschöpft, daß ich nicht viel Mut habe zum Schreiben. Gestern habe ich die ersten 90 Seiten meines Romans[1] paginiert. Von meinem Buchhändler habe ich mir *La belle Gabrielle*[2] schicken lassen, aber außer dem Ärger, Maquet gegen Dumas[3] eingetauscht zu haben, glaube ich gesehen zu haben, ohne die Seiten aufzuschneiden –, daß die Personen, die in *Die 45* lediglich skizziert sind, Ernanton de Carminger, Remy le Hardouin, Diane de Meridor, Henri III, darin überhaupt nicht vorkommen. Wenn es eine Fortsetzung nur insofern ist, als seine Handlung »im Ablauf der Zeit« danach spielt, möchte ich lieber *La Reine Margot*[4] (kommen Bussy, St. Luc, Chicot usw. darin vor?) lesen oder Romane von Dumas aus einer anderen Epoche (und hierbei müssen Sie mich wieder beraten) (ich ziehe diejenigen vor, in denen weder Liebe noch finstere Leidenschaften vorherrschen, vielmehr Degenhiebe, Polizeiaktionen à la Chicot, Königtum, Ausgelassenheit und der Sieg der Unschuldigen). Ich habe *die Cousine Lisbeth* beendet. Man findet wirklich ganz erstaunliche Dinge darin. Am Ende des ersten Bandes von *Port Royal* von Sainte-Beuve (Anhang) steht ein Verriß Balzacs (d. h. *der Cousine Lisbeth*) von Sainte-Beuve, das ist kurzweiliger als der Artikel[5] von Lemaître[6] über Ohnet[7]. Vorgestern war ich im Louvre (mögen Sie von Quentin Matsys[8] den Mann, der vor sich Goldmünzen liegen hat, einen kleinen gewölbten Spiegel, der wiedergibt, was sich auf der Straße abspielt, Perlen usw. und neben sich seine Frau?) und mit Frau Arman[9] im Jardin des Plantes. Aber das Tierhaus war geschlossen. Trotzdem haben wir die Bären gesehen. Diese wilden Tiere, die Löwen, usw. sind wirklich die wahren »Könige im Exil«. Und ihre Dschungel usw. usf. sind in der Tat die »Verlorenen Paradiese«. Dieser ganze so exotische und zugleich so parisische Garten strömt eine Traurigkeit aus, welche die Verwüstungen des letzten Wirbelsturms noch verstärken. Auf dem Rückweg erblickten wir Herrn France[10], der die Quais entlangging. Wir ließen den Wagen halten, und Frau Arman sagte zu ihm im Ton eines ironischen Glückwunsches: »Nun, Sie gehen allein, so für sich hin, Ihre Geschäfte besorgen ... Das ist mir so das Rechte ...« Vorher hatten sie sich wegen eines Buchhändlers oder ich weiß nicht weswegen gestritten. Und Herr France sagte: »Nein, nicht wahr, gnädige Frau, Sie wollen zugleich, nicht wahr, um nicht zu bezahlen, was Sie schulden, die Genugtuung Ihres beruhigten Gewissens haben und die Achtung Ihrer Freunde erzwingen. Nun (indem er sehr lachte), nein, das geht doch nun wirklich etwas zu weit, nicht wahr, ja – schließlich werden Sie trotz allem nicht bezahlen, Sie werden sogar die Genugtuung Ihres Gewissens haben, denn es ist nicht gerade anspruchsvoll, oh nein, aber die Achtung Ihrer Freunde, nein, alles was gut und recht ist, das ist unmöglich.« Und Frau Arman hatte ein wenig traurig entgegnet: »Herr France, Sie sind zu garstig, lassen Sie mich zufrieden.« Sobald sie fortgefahren war, hat Herr France mir ihr Loblied gesungen und gesagt: »Sie hat dennoch einen artig geschliffenen Geist für eine so gutherzige Frau, denn sie ist eine sehr gute Seele, Frau Arman.« Das stimmt, sie ist wirklich charmant. Mein Lieber, schreiben Sie mir sofort, ob Sie jetzt, da Sie das Meer wieder mögen, mit mir dort bleiben werden, nicht in Villers, sondern ganz in der Nähe, und zwar vom 15. ab, usw. Erzählen Sie ganz ausführlich, behalten Sie mich lieb (Ihr »auf den Sand ausgestreckt« war auch eine herrliche Stilwendung).

Ich umarme Sie.

Marcel

Heitert Sie jene alte Depesche von Cazalis[11] auf, die wir in Mont-Dore empfingen und für die wir nahezu 3 Francs bezahlen mußten, was Mama, in ihrem Sinn für Kürze und Sparsamkeit gleichermaßen verletzt, in Harnisch gebracht hat. Habe ich Ihnen geschrieben, daß Coco Madrazo, den ich neulich zur Zeit des Abendessens traf, mich begleitet und mit uns gegessen hat? Ich glaube ja, aber ich weiß es nicht mehr.

1 *Jean Santeuil.*
2 Roman von Auguste Maquet (1813–1888), Mitarbeiter von A. Dumas père.
3 Alexandre Dumas (1802–1870).
4 Romane von A. Dumas.
5 In *Revue politique et littéraire (Revue bleue)* vom 27. 6. 1895.
6 Jules Lemaître (1853–1914), Schriftsteller.
7 Georges Ohnet (1848–1918), Romancier.
8 Flämischer Maler (ca. 1466–1530).
9 Madame Arman de Caillavet, geb. Léontine Lippmann.
10 Anatole France (1844–1924).
11 Vgl. S. 24, Anm. 1.

An Jeanne Proust

[Die ersten acht Seiten fehlen]

Sonntag [6. September 1896]

... seine Schwester Maria [1] (die ich noch nicht gesehen habe). Robert war bei meiner Rückkunft reizend zu mir. Überhaupt »ist Léon [2] bezaubernd«. Gestern abend habe ich für Dich eine Zeitschrift gekauft mit einem Bild von Monsieur Tirman [3]. Wärest Du eine so liebe Seele, für mich an de Flers und an de Billy zu schreiben, da Du weißt, welche Anstrengung Schreiben für mich bedeutet, und ich jetzt täglich einen Brief zu schreiben (was für Wiederholungen) habe. Der eine ist an die Französische Botschaft, London [4], nachzusenden (Marcel, seit langem leidend, beauftragt mich, Sie zu fragen, wo Sie sich aufhalten, damit er sein Buch [5] Ihrer Gattin senden kann, aber sprechen Sie bitte nicht darüber, da er es bisher niemandem geschickt hat). Der andere nach Malzieu (Lozère) [6]. Sag mir in Deinem nächsten Brief, ob es geschehen ist, und auch an Laure Hayman. Ich habe mit diesem »munteren« Brief versucht (eine Munterkeit, die, ich schwöre es, nicht gespielt ist, Du weißt, daß ich eher zuviel jammere und daß man bei mir eher abstreichen als hinzufügen muß), Dir zu zeigen, daß Du unbesorgt sein kannst und alles gut geht. Geh spazieren, bade, *denke* nicht zuviel, überanstreng Dich nicht, mir zu lang zu schreiben, und laß mich Dir nochmals danken für die Annehmlichkeit jener Wochen, die Du mich hast so glücklich verleben lassen [7]. Vergangene Nacht träumte mir, ich sei zu einer Art Wohltätigkeitsveranstaltung bei Madame Hochon gegangen (wo ich Pierson [8] am Arm von Madame Lemaire für meine Person gehalten habe), und auf dem Heimweg fragte ich mich, wie habe ich nur auf den abwegigen Gedanken kommen können, jetzt[9] auf ein Fest zu gehen. Zum Glück bin ich aufgewacht. Der Gasmann ist soeben gekommen, Jean ist nicht da, aber Félicie glaubt, hinuntergehen zu können (ich habe ihre Bedenken zerstreut, die sie davon abhielten, mir Croque-Monsieur[10] zu machen), weil »dieser Mann ein ehrbares Gesicht hat«. Nun, umso besser! Glücklich (ich nehme den falschen Ausdruck), gepriesen sei derjenige, der die Briefe erfunden und dadurch ermöglicht hat, daß ein Sohn in Paris sich mit seiner Mutter in Dieppe unterhalten kann. (Hast Du nach Mont-Dore telephoniert?) Möge Deine Geheimpolizei wenigstens mich armen Bittsteller über ihre Umtriebe informieren.

Ich umarme Dich von ganzem Herzen.

Marcel

Hoffentlich hast Du keinen Regen (vergangene Nacht war er von grauenhaftem Ungestüm) (der Regen). Da ich aber annehme, daß Du keine anderen Wölfe als Deine Söhne hast, hoffe ich, daß Du mir wie mein jüngerer Bruder schreiben kannst, »es stürmt sehr«, da lebhaftes Wetter Dir ja zusagt. Ich glaube, daß ich jetzt ein wenig an einer kleinen Episode[11] arbeiten werde.

1 Maria Hahn, Schwester Reynaldos.

2 Der letzte von Robert Prousts vier Vornamen.

3 Louis Tirman (1837–1899), Generalgouverneur von Algerien 1881–1891.

4 Robert de Billy war von Mai 1896 bis Mai 1899 Botschaftssekretär in London.

5 *Les Plaisirs et les Jours.*

6 Schloß des Marquis de Flers, des Vaters von Robert de Flers.

7 Im August verbrachte Proust ein paar Wochen mit seiner Mutter in Mont-Dore, einem Kurort im Puy-de-Dôme.

8 Blanche-Adeline Pierson (1842–1919), Mitglied der Comédie Française, gefeierte Darstellerin der Stücke von Dumas.

9 Das heißt zur Zeit doppelter Trauer. Am 10. Mai 1896 hatte Mme Proust ihren Onkel Louis Weil, Ende Juni ihren Vater verloren.

10 Beliebtes Zwischengericht aus Käse und Schinken auf Toast.

11 Des erst postum (1952) veröffentlichten *Jean Santeuil*.

An Fernand Gregh

[24. November 1896] [1]

Mein lieber Fernand, ich bin sehr beschämt, Dir noch nicht gedankt zu haben. Vor zwei Wochen hatte ich einen Brief an Dich fertig, weil Du aber etwas empfindlich bist und zwei Dinge darin vorkamen, die Du vielleicht mißverstanden hättest, habe ich ihn Dir – aus Furcht, Dir weh zu tun – nicht geschickt. Seitdem wollte ich Dir jeden Tag schreiben. Und hinzu kam, daß ich darauf wartete, Reynaldo würde mir Dein Buch [2] zurückgeben, um Dir besser darüber schreiben zu können. Zur Stunde hat er es noch, und ich will nicht, daß Du länger glauben könntest, ich hätte es vergessen. Du bist sicherlich einer der vielen Personen begegnet, mit denen ich über Dein Buch gesprochen habe, und man hat Dir wahrscheinlich gesagt – falls man Dir überhaupt einen Bruchteil meiner Beurteilung wiedererzählt hat –, daß mein Säumen, Dir meine Meinung darüber mitzuteilen, nicht besagen will, es sei schlecht. Was ich gelesen habe, schien mir wahrhaft *schön*, und ich bin höchst verwundert beim Gedanken an Deine Jugend und daß Du trotz Deiner verschiedenen Denkrichtungen, die Dich zu so viel anderen Dingen hinziehen (denn Du bist nicht nur Dichter), ein so gewichtiges Werk hervorbringen konntest, konsistent und transparent zugleich. Nicht wahr, es ist nicht nötig, daß ich Dir schreibe, was Deine Verse und Dich selbst in meinen Augen charakterisiert? Du weißt, daß ich es weiß, wir wollen darüber plaudern, wann immer Du willst, und wenn sich mir jemals Gelegenheit bieten sollte, würde ich glücklich sein, darüber auch zu *schreiben*. Ich wollte Dir nur die große Freude mitteilen, die mir Dein Erfolg bereitet, der beachtlich zu sein scheint nach dem, was ich höre und lese. Und ich bin froh darüber, weil Dein Buch wirklich von Bedeutung ist. Deshalb wollte ich Dir nicht einen Brief schicken, in dem Du eine Spitze hättest entdecken können, denn es wäre recht ungeschickt, mit kleinlichen, rein äußerlichen Reaktionen auf jenes Stück inneres Leben zu antworten, das Dein Buch darstellt. Ich weiß nicht, ob Du fortfahren wirst, in Versen zu schreiben, ob Du dafür geschaffen bist. Jedenfalls wird Deine Prosa immer vorteilhaft von Deiner Dichtung beeinflußt werden. Du weißt, daß Erdreich, über das Fluten hingeströmt sind – und sei es nur einmal –, Muscheln und Algen zurückbehält, eine Anmut, die es vor anderen auszeichnet. Oder vielmehr – das Bild wäre treffender, wenn ich sagte, daß die von einem Vulkanausbruch einmal an die Oberfläche geschleuderte Erde liegen bleibt. Und von den Feldern, die sie trägt, schießen die zuerst gekeimten Ähren schneller empor. Auf alle Fälle wird sich Deine Dichtung auf der Höhe Deiner Prosa halten. Es macht mir Vergnügen, Dir all dies zu sagen. Ich weiß, daß Du sehr streng über mein Buch[3] geurteilt hast. Der Grund ist vermutlich, daß Du es schlecht fandest. Da ich das Deine gut finde, bin ich dagegen glücklich, es Dir zu sagen, es zu sagen und vor allem dafür zu sorgen, daß man es weitersagt, was für Dich von Vorteil ist.

Auf bald, lieber Freund.

Marcel Proust

1 Datum des Poststempels.

2 *La Maison de l'Enfance,* ersch. 4. November 1896.

3 Die nicht gerade schmeichelhafte Rezension Greghs über Prousts *Les Plaisirs et les Jours* erschien am 15. Juli 1896 in *La Revue de Paris* (Innenseite des gelben Rückumschlags).

An Robert de Montesquiou

[1896 oder 1897]

Lieber Herr de Montesquiou,

da Sie ja so menschenfreundlich sind, müssen Sie uns heute abend eine Gefälligkeit erweisen, deren Wichtigkeit allein diejenigen ermessen werden, die das *unvermeidliche* Entsetzen gewisser physischer Zwangslagen kennen. Seit acht Tagen ist es Lucien und mir unmöglich, zusammen zu sein, ohne von dem besessensten, schmerzhaftesten und unwiderstehlichsten Lachkrampf gepackt und festgehalten zu werden. Und deshalb würden wir nicht zu Delafosse [1] gehen, wenn wir nicht bereits wüßten, daß Sie dorthin kommen. Da Delafosse oder Gregh sich davon verletzt fühlen könnten, wäre es sehr reizend von Ihnen, wenn Sie ihnen sagten, sie möchten doch bitte nicht empfindlicher sein als Herr und Frau Daudet [2], die seit acht Tagen diese Anwandlung mit Gelassenheit ertragen und durch Trostworte besänftigen. Sie ist um so häßlicher, weil sie sich einer der Ausdrucksformen der *Seele* bedient und dadurch deren wahre Absichten in schlechtes Licht rücken könnte. Unsere Seele ist für Sie voll Zuneigung und Hochachtung.

Marcel Proust Lucien Daudet

1 Léon Delafosse, Pianist, Schützling Montesquious.
2 Eltern Luciens.

An Laure Hayman

[gegen 1. Januar 1897]

Teure Freundin,

da Sie ja »verehrte gnädige Frau« nicht mehr hören wollen, und Sie haben vollkommen recht: in dem Maße, wie ich älter werde, bleiben Sie sich selbst gleich, und ich brauche Ihnen gegenüber keine andere Ehrfurcht mehr zu haben als die, welche Geist, ein edler Charakter und die Schönheit gebieten. – Wenn ich also gesäumt habe, meine liebe Freundin, Ihnen diese Vase zuzuschicken, die Ihnen zum Neujahr Wünsche und Blumen bringen soll, liegt es daran, daß ich in den alten, meinem Onkel vertrauten Sächelchen ein kleines Andenken suchen wollte, durch das Sie sich ein wenig an ihn erinnert fühlen. Diese Nadel, die am Hut getragen werden kann, obwohl sie früher Krawatten-Nadel war, scheint mir nicht zu häßlich und vermag hoffentlich Ihrer Freundschaft zu gefallen, ohne Ihren Geschmack zu sehr zu verletzen. Nehmen Sie sie also bitte entgegen, begleitet von der innigen Zärtlichkeit desjenigen, der nur auf ein Zeichen von Ihnen wartet, um Sie wie verabredet zu besuchen.

Ihr

Marcel Proust

An Robert de Montesquiou

[Anfang Januar 1897]

Da die beste Note 20 ist,
gebührt dieser kleinen
Briefaufgabe
nur ein Minus 15
Der Lehrer[1]

Lieber Herr de Montesquiou,

unverschämt

trotz so vieler Fehler habe ich zumindest ein Verdienst, indem ich nämlich nicht versucht bin, die Gunstbeweise zu schmälern und gewöhnlich und durchaus angemessen zu finden, welche hervorragende Persönlichkeiten geneigt sind, mir hin und wieder zu gewähren. Ich bin mir bewußt, was vier lange Seiten von Ihnen bedeuten und das Opfer Ihrer Zeit, deren Wert ich aus der Bedeutung der Werke erkenne, die sie Ihnen schenkt, die Sie ihr zurückerstatten, und die sie bewahren wird.

Groll, keine schriftliche Würdigung seines Buches empfangen zu haben.

Da mir überdies die schönen Dinge schmeicheln, die Sie mir sagen, bin ich zuweilen versucht auszurufen: *Mir, wohlgemerkt, gilt diese Rede!*[2] Den »Geschwätzemachern« werde ich nicht die von Ihnen empfohlene geistreiche Antwort geben. Denn niemals haben Sie zu mir selbst gesagt, was Sie ihrer Behauptung nach gesagt haben. Andernfalls würden Sie auf-

pipi

gehört haben, für mich zu existieren, genauso wie ich nicht mehr für Sie existieren würde. Ihrem Rat folgend halte ich vielmehr ihre Produkte für Fälschungen.

frech und *dumm*

Mit Ungeduld erwarte ich den Augenblick, da Sie nach Paris zurückkehren, um von Ihnen eine jener sinnbeladenen Reden zu hören, aus Flamme und Rauch aufsteigend, wie man einst das Orakel befragen ging. Wie oft hat mich nicht das Verlangen nach einer Stellungnahme zum *Curé de village*, zu den *Mémoires d'outre-tombe*, zur *Éducation sentimentale* fast vergessen lassen, was ich »auf dem Herzen« hatte, und mich den Weg nach Delphi wieder einschlagen lassen, wo ich in der Nähe vom pythischen Montesquiou besser am Platze wäre als ein »gewisser kleiner, schulfüchsiger Bücherschmierer«.

offene, unstatthafte Kritik

Lieber Herr de Montesquiou, ich hatte immer die gleiche Bewunderung für Sie, ich werde sie immer bewahren. Ich hatte nur aufgehört, für Sie irgendwelche Freundschaft zu hegen. Es hat den Anschein, daß Sie mir noch welche entgegenbringen, und es ist nur allzu leicht, daß ich mich wie ein Komödiant Ihnen »erneut verpflichte«.

leichtsinnig, frech und *falsch*
Freundschaft kann herabsteigen, nicht hinauf.

Ihr Bewunderer und Freund

Marcel Proust

1 Montesquiou sandte den von ihm zensierten Brief an Proust zurück.

2 »C'est à vous, s'il vous plaît, que ce discours s'adresse«. Molière, *Le Misanthrope* I, 2 (Vers 261).

An Robert Dreyfus

[10. Februar 1897]

Mein lieber Dreyfus,

Du wirst es wahrscheinlich nicht nett finden, daß ich mit Vorwürfen auf einen Sympathie-Beweis [1] antworte, der, wie ich Dir gleich eingangs sagen möchte, mir sehr nahe gegangen ist und für den ich Dir von ganzem Herzen danke. Ich dagegen glaube aber, es sei liebevoller, diese günstige Gelegenheit zu benutzen, Dir von etwas zu sprechen, das – ich verspreche es Dir – mit Beendigung dieses Briefes endgültig vergessen sein wird und das sonst in Gestalt von Verstimmung Dir gegenüber in mir zurückgeblieben wäre. Ich muß Dir also sagen, daß ich bestürzt war, als man mir kürzlich erzählt hat, Du habest Dich sehr boshaft über mich geäußert. Ich habe vor aller Welt immer so nett von Dir gesprochen und habe stets alle Gelegenheiten beim Schopfe ergriffen – ohne es Dir jemals beweisen zu können –, Dir meine Zuneigung zu beweisen, daß ich Dein Verhalten als doppelzüngig angesehen habe und deshalb sehr verletzt war. Da Du ja Sonntag die Mühe nicht gescheut hast zu kommen, nehme ich an, Du begegnest mir wieder mit der alten Freundschaft. Ich habe Dich jetzt nur noch um Verzeihung dafür zu bitten, Dir von etwas gesprochen zu haben, was von jetzt an so gut wie nicht geschehen ist, Dir von ganzem Herzen für Deine gutgemeinte Geste zu danken und Dich zu bitten, auf meine Freundschaft zu bauen.

Marcel Proust

1 R. Dreyfus hatte dem Duell Prousts mit Jean Lorrain am 6. Februar 1897 beigewohnt.

An Geneviève Straus

Mittwoch [31. März 1897] [1]

Meine *Freundin* (Sie, die ich auf andere Weise und unendlich mehr liebe als Madame H...[2]), möchten Sie heute um zwei Uhr per Telephon mit mir sprechen? Ich möchte Sie unbedingt vor Ihrer Abreise sehen und sage Ihnen noch einmal zärtlich *Dank*, daß Sie gestern abend gekommen sind.

Ihre Freundschaft ist mir kostbarer als alle anderen, und ich glaube, Sie haben es sehr wohl gemerkt. Bis nachher,

Ihr ergebener

M. P.

1 Datum des Poststempels.
2 Madame Laure Hayman.

An Geneviève Straus

[gegen Juni 1897?]

Meine sehr liebe Frau Straus,

Sie dürfen keineswegs auf den Gedanken verfallen, ich liebte Sie weniger, weil ich Ihnen keine Blumen mehr schicke. Fräulein Lemaire kann Ihnen aber bestätigen, daß ich jeden Morgen mit Laure Hayman spazierengehe, daß ich sie oft zum Mittagessen einlade – und das kostet mich so viel, daß ich keinen Sou mehr für Blumen übrig habe – abgesehen von Klatschmohn für 50 Centimes an Madame Lemaire, glaube ich nicht, seither welche an Sie gesandt zu haben. Sie befanden sich in Ihrem Bett, schön wie ein Engel, der ermattet aussieht, das heißt so, daß die Sterblichen von Sinnen geraten müssen. Und da ich nicht gewagt habe, es wirklich zu tun, um Ihnen keine Kopfschmerzen zu verursachen, umarme ich Sie in der Einbildung jetzt zärtlich.

Ihr kleiner

Marcel

An Madame Catusse

[kurz nach dem 6. Juli 1898]

Gnädige Frau,

wir wollten Sie nicht durch die Nachricht beunruhigen, daß man Mama operieren werde, was übrigens niemand gewußt hat. Jetzt aber, da sie vollends außer Gefahr ist, da es ihr wirklich besser und besser geht, will ich Ihnen sagen – weil ich Ihre große Zuneigung für sie kenne –, daß die Operation, die sie durchgemacht hat, schrecklich gewesen ist (Mama weiß nichts davon [von der Schwere der Operation, denn sie weiß selbstverständlich, daß sie operiert worden ist], und vielleicht wird man es ihr niemals sagen), sie hat etwa drei Stunden gedauert, und wir fragten uns, wie sie sie werde überstehen können. Soeben habe ich sie verlassen. Sie ist wohlauf, und ihre Ärzte sind völlig zufrieden. Selbst mein armer Papa, der in den letzten Tagen vor Angst von Sinnen war und sich nicht durch die Besserung beruhigen ließ, ist zufrieden.

Seien Sie, gnädige Frau, meiner sehr lebhaften und ergebenen Verbundenheit versichert.

Marcel Proust

An Madame Catusse

[Juli 1898]

Haben Sie Dank, gnädige Frau. Mama ist über den Berg. Es gibt keine Spur von Besorgnis mehr. Bald wird sie sich wie früher fühlen, viel besser als früher, ohne jenes enorme Gewicht, von dem wir uns nicht erklären konnten, wie sie es mit sich hat herumschleppen können. Auch das, was Darlu[1] *das Ich* nennt, ist in ausgezeichneter Verfassung, ganz wie sonst. Am zweiten Tag nach der Operation hat sie vier oder fünf Aussprüche getan, die ich in meiner Parteilichkeit als Sohn sehr geistreich fand. Sie hat in den letzten Tagen viel von Ihnen gesprochen. Ich danke Ihnen, gnädige Frau, für Ihre Liebenswürdigkeit Mama gegenüber, die ein Grund mehr für mich ist, Sie gern zu haben. Ich werde Sie nicht mehr auf dem laufenden halten, da es Mama gut geht und alles überstanden ist. Zu lesen würde man ihr noch nicht gestatten. Schreiben Sie ihr also nicht. Und sobald Sie ihr wieder schreiben werden, sagen Sie ihr vor allem nichts von den Gefahren, denen sie ausgesetzt war und von denen sie keine Ahnung hat.

Ihnen sehr ergeben,

Marcel Proust

1 Marie-Alphonse Darlu, Philosophielehrer Prousts am Lycée Condorcet (1888).

An Gaston de Caillavet

[2. oder 3. März 1899]
(zweites Telegramm)

Weil ich Dir gerade schreiben wollte, um Dir zu sagen, daß ich Montag in *Le Lys rouge* [1] war, daß ich es hinreißend fand und daß ich Deinen Mitgenuß an diesem großen Vergnügen kenne [2], das man im Vaudeville hat: statt der Enttäuschung über einen stümperhaften Roman [3] die gelungene Überraschung durch ein vollkommenes Stück.

Marcel Proust

1 Schauspiel in fünf Akten, Bearbeitung des gleichnamigen Romans (1894) von Anatole France, aufgeführt im Théâtre du Vaudeville.

2 Nicht zu übersehen sind für den Eingeweihten die Parallelen zwischen dem Stück und der langjährigen, engen Beziehung der Mutter Gastons, Mme Arman de Caillavet, mit Anatole France, dem Mittelpunkt ihres Salons.

3 Anspielung auf den Roman *Le Lys rouge*.

An Jeanne Proust

[Evian] Sonntag 1/2 2 Uhr
[10. September 1899]

Allerliebste Mama,

eine halbe Stunde nachdem ich Dich verlassen hatte (und ich bereits getröstet), sahen wir das schändliche Urteil[1] am Kasino angeschlagen, zur großen Freude aller Kasino-Angestellten. Hernach gingen wir zum Abendessen in die Villa Bassaraba[2]. Als ich in Constantins[3] Gartenhaus eintrat, um vor dem Essen zu rauchen, hörte ich Seufzer. Es war die kleine Noailles (die Dichterin)[4], die herzzerreißend schluchzte und mit von Seufzern unterbrochener Stimme hervorstieß: »Wie haben sie das bloß fertigbringen können, wie hatten sie den Mut, es ihm zu sagen, und gegenüber dem Ausland, angesichts der ganzen Welt, wie hat man das vermocht?« Sie weinte mit solcher Heftigkeit, daß es einfach rührend war, und es hat sie in meinen Augen rehabilitiert. Der Prinz von Polignac, der Galliffet[5] duzt, sagt, dieser sei zur Unredlichkeit in Gelddingen außerstande. – Das Wetter ist ganz und gar umgeschlagen, kalt, leicht windig, ein Allerheiligenwetter. Das hat etwas auf mein Befinden eingewirkt, aber ich habe eine gute Nacht verbracht. Ich lasse einen Brief an Papa nachsenden. Ich gehe nachher zu Maugny[6], komme aber zum Schlafen zurück. Sei nicht zu betrübt über das Urteil. Es ist bedauernswürdig für die Armee, für Frankreich, für die Richter, die die Grausamkeit besessen haben, vom erschöpften Dreyfus zu verlangen, wiederum die Anstrengung zu neuem Mut aufzubringen. Aber diese physische Qual durch die Anforderung an die moralische Kraft, wenn man bereits erschöpft ist, wird die einzige sein, die er erdulden muß, und das wird alles sein. So kann alles nur noch gut für ihn ausgehen, in moralischer Hinsicht durch die Wertschätzung der Welt, in physischer Hinsicht durch die Freiheit, die man ihm zur Stunde, wie ich vermute, wieder gewährt hat. Was das Urteil angeht, so wird man es auf dem Gerichtswege aufheben. Moralisch ist es schon geschehen. Übrigens waren die Prinzessin Brancovan und jedermann hier reizend zu mir. – Madame de Polignac ist so unklug gewesen, am Nachmittag in Coppet[7] zu Madame d'Haussonville zu sagen, ich sei in Evian. Jene erfragte mein Domizil und sonstige Einzelheiten und sagte, sie sei sehr liiert mit mir (?). Ich befürchte nun eine Einladung zum Mittagessen ... um so mehr, da sie zu Madame de Polignac über die Affäre gesagt hat: »Ich begreife sehr gut, daß Ausländer wie Sie[8] so über die Affäre denken.« Monsieur de Noailles hat das Urteil an seine Schwestern de Virieu und an Henri de Montesquiou telegraphiert, wobei er hinzufügte: »Ebenso unverständlich wie bedauerlich.« Es ist wahr, daß »mildernde Umstände« für einen Verräter sonderbar sind. Aber es ist nicht unverständlich. Seitens der Richter ist es das klare und schändliche Eingeständnis ihrer Zweifel. Im Hotel und in der Gegend rundum herrscht vollkommene Ruhe. Um $^{1}/_{2}$ 1 Uhr habe ich zu Mittag gegessen (nachdem ich zwischen 9 $^{1}/_{4}$ und 10 $^{1}/_{4}$ zu Abend gegessen hatte, ging ich gleich zu Bett, denn die Brancovans blieben, um über die Affäre zu reden). Rate Robert, die Ruhe zu bewahren. Er soll bedenken, daß jedwedes Ermutigen zur Unruhe der Regierung[9] äußerste Schwierigkeiten bereiten würde, da sie dann gegen ihre eigenen Freunde[10] vorgehen müßte. Es ist besser, daß Millerand[11] nicht genötigt ist,

Jaurès[12] zu verhaften, und daß man diesen Ministern ohne Weitblick, die man aber jedenfalls froh ist, am Tage nach dem Urteil an der Macht zu wissen, die Zeit läßt, Ausgleich schaffende Maßnahmen zu ergreifen.

Dem Vater und Bruder und besonders Dir tausend herzliche Küsse.

Marcel

1 Urteil des Kriegsgerichts in Rennes vom 9. September 1899, das den Hauptmann Dreyfus, unter Berücksichtigung ›mildernder Umstände‹, zu Degradierung und zehn Jahren Haft verurteilte.

2 Schlösschen der Familie Brancovan am Genfer See.

3 Prousts Freund Constantin de Brancovan.

4 Comtesse de Noailles, geb. Anna de Brancovan.

5 Gaston Auguste, Marquis de Galliffet (1830–1909), frz. General, Kriegsminister im Kabinett Waldeck–Rousseau 1899–1900.

6 Das heißt zu seinem Freunde Clément de Maugny, der auf dem Stammsitz seiner Familie, Lausenette in Thonon, die Ferien verbrachte.

7 Die berühmte Besitzung der Mme de Staël gehörte damals dem Grafen Othenin d'Haussonville.

8 Die Prinzessin von Polignac, geb. Winaretta Singer, war Amerikanerin.

9 Pierre Waldeck-Rousseau (1846–1904) präsidierte von Juni 1899 – Juni 1902 einem Kabinett der ›Défense républicaine‹.

10 D. h. Liberale, Sozialisten, usw., die sich für die völlige Rehabilitierung von A. Dreyfus einsetzten.

11 Alexandre Millerand (1859–1943), sozialist. Minister im Kabinett Waldeck-Rousseau.

12 Jean Jaurès (1859–1914), Sozialistenführer, 1914 ermordet.

An Pierre de Chevilly

Paris, Freitag
[13. Oktober 1899]

Mein lieber Pierre,

aus Evian schickt man mir ein Briefpaket nach, aus dem durch den gefälligen Stil und das »Bekannte« und »Vertraute« der Handschrift sofort ein Brief und eine Postkarte von Ihnen hervorstechen. Glauben Sie nicht, daß ich mich irgendwo verstecke, daß ich auf der Flucht bin, Schutz suchend oder im Gefängnis. Wie Ihnen meine Zeilen vermelden, bin ich – wie die Brancovans [1] bezeugen können – mit einer Überstürzung nach Paris abgereist, die auf meine lange Unschlüssigkeit folgte und die, wie Sie wissen, jene vorbereitet hat. Nach meiner Ankunft habe ich mich erkältet und fühle mich nicht recht wohl. Ich habe den treuen und verständnisvollen d'Oncieu [2] wiedergetroffen, der mit dem Prestige einer berühmten Vetternschaft (Vorzüge, die sich auszudenken meine Einbildungskraft bei jedem Genie sich immer geweigert hat und die sie vor dem Grab Bossuets oder dem Manuskript der *Pensées* kalt lassen) den herzerquickenden Festschmaus eines freien und genießenden Geistes vereint. Er hat die Güte, meinen Schritten zu folgen, die ihn wohlgemerkt nur an erhabene Stätten führen wie den Louvre und die Bibliothèque Nationale (wo ich endlich *Les Sept Lampes de l'Architecture* von Ruskin in der *Revue Générale* [3] gefunden, gelesen und liebgewonnen habe, zwischen – o Schicksal – einem Artikel von M. Trogan [4] und einem Artikel von M. Bordeaux [5] – sehr bemerkenswert). Ich denke oft an unsere geplanten und versprochenen Fahrten zu Seen und Gletschern, an unsere erträumte

Lombardei, und ich träume die Reisen, die ich nicht gemacht habe, was eine besondere Weise ist, sie zu machen, bis durch das Gesetz der Verwirklichung, das schließlich durchweg unsere jugendlichen Entwürfe auf die Lebensbühne bringt und mich in diesem Sommer nach Thonon geführt hat, die gar nicht so unwahrscheinliche Pilgerfahrt zu den Ufern, an denen Fabrice[6] gespielt hat, von uns unternommen wird. Es wäre die Erfüllung eines alten Freundschaftsgelübdes, eines Traumes, der noch immer nur Traum ist.

Ich bitte Sie, meine Empfehlungen und Grüße nach Rang und Alter all denen auszurichten, die mich so freundlich in Thonon aufgenommen haben, von Ihren Eltern bis zu Herrn Bordeaux und Herrn von Pateck. Ich bringe es aber nicht übers Herz, in einen ›Sammelgruß‹ Ihr Fräulein Schwester[7], diesen einzigartigen Menschen, mit einzuschließen, zu der so wunderbar die Verse vom *Haus des Hirten*[8] passen, die ich neulich ihr zu zitieren mir erlaubt habe, begleitet von der wiegenden Bewegung des Wagens (mein Gott! ich schulde Ihnen mehr als zehn Francs!) auf der von der hereinbrechenden Nacht verdunkelten Straße. Und ich weiß nicht, ob damals in jenen wundervollen Versen oder in ihr mehr Poesie versammelt war. Empfehlen Sie mich auch Mademoiselle de Foras und glauben Sie, mein lieber Pierre, an meine Zuneigung.

Marcel Proust

1 In deren Villa Bassaraba in Amphion Proust während seines Aufenthaltes in Evian häufig zu Gast war.

2 François d'Oncieu de la Batie.

3 Vom Oktober 1895.

4 Édouard Trogan, Journalist, Verlobter von Marie de Chevilly.

5 Henry Bordeaux.

6 Fabrice del Dongo, Figur in Stendhals Roman *La Chartreuse de Parme*.
7 Marie de Chevilly, in die Proust sich verliebt hatte.
8 *La Maison du Berger* von Vigny.

An Pierre de Chevilly

Sonnabend [14. oder 21. Oktober 1899]

Mein lieber Pierre,

die Anweisung über zehn Francs ist heute an den Bestimmungsort abgegangen, den Sie so nett waren, mir anzugeben. Da ich Ihnen zwölf Francs für die Wagenfahrt (nach Coudrée) schuldete, schulden nicht Sie mir zehn Francs, sondern ich Ihnen zwei. Ich habe gerade an Maugny [1] geschrieben, der sich, wie ich glaube, in Ludre [2] aufhält, um ihm Ihren so freundschaftlichen Auftrag auszurichten. Mir scheint, Sie lassen sich mit Ihrer Rückkehr sehr lange Zeit. Ich weiß nicht, ob ich Ihnen gesagt habe, daß ich bei meiner Rückkehr krank wurde; ich bin noch nicht wieder hergestellt. Die durchgestrichenen Worte sollen Sie nicht neugierig machen. Auf der vierten Seite meines Briefes angekommen, bemerkte ich, daß auf ihr die Worte »Mein lieber Clément, ich bin . . .« standen, ein begonnener und nicht beendeter Brief, um Ihren Auftrag auszurichten; ich habe ihn auf einem anderen Blatt noch einmal angefangen.

Ich weiß nicht, was Sie mit Rue Desgenettes [3] sagen wollen. Ich bin seit meiner Rückkehr nicht ein Mal dort gewesen. D'Oncieu besucht mich bei mir zu Haus, wo er sich täglich nach meinem Befinden erkundigt. Wenn Sie zu Madame Bartholoni [4] gehen, die Sie mit y schreiben, wahrscheinlich um den Nationalisten von Lausenette und den Dreyfus-Anhänger von Montjoux nachzuahmen, richten Sie doch bitte Mademoiselle Kiki[5] meine verliebten Grüße aus. Übrigens befürchte ich hinsichtlich der in Thonon auszurichtenden Grüße, daß Worte nur unvollkommen so zarte Gefühle und feine Nuancen auszudrücken vermögen. Daher verlasse ich mich da ganz auf Ihr Gefühl. Wir haben Madame Arman[6] Ihren Mut gepriesen, sie war sehr beeindruckt. Die Prinzessin von Polignac[7] hat zu Madame Deslandes gesagt, sie habe Sie in der Villa Bassaraba[8] gesehen. O kleingläubiger Mensch, ich beneide Sie, in Thonon zu sein, zu einer Zeit, da es dort am schönsten sein muß. Und Sie? Haben Sie eine gut bezahlte und unbesetzte Stelle für mich?[9]

Ihr ergebener

Marcel Proust

1 Graf Clément de Maugny.
2 Schloß des Marquis de Ludre.
3 Wo François d'Oncieu in Paris wohnte.
4 Patentochter Chateaubriands, die in Coudrée lebte.
5 Jüngste, siebenundzwanzigjährige Tochter der Mme Bartholoni.
6 Madame Arman de Caillavet, geb. Léontine Lippmann.
7 Prinzessin Edmond de Polignac, geb. Winaretta Singer.
8 Vgl. S. 88, Anm. 1.
9 Auch noch im Jahre 1899 wurde Proust von seinen Eltern gedrängt, sich endlich für einen ›ordentlichen‹ Beruf zu entscheiden.

An Marie Nordlinger

Dienstag [5. Dezember 1899]

Sehr verehrtes gnädiges Fräulein,

welch Jammer, daß Sie nicht in Paris sind, und wie ärgerlich, daß wir uns während Ihres Hierseins nur so flüchtig kennengelernt haben und ich Ihre Anwesenheit so schlecht zu nutzen verstand! Denn Briefe wie jene, die ich die Ehre hatte neulich von Ihnen zu empfangen, erregen etwas anderes als Dankbarkeit, nämlich wirkliche Sympathie. Und Sympathie verlangt nach Umgang mit Menschen und begnügt sich nicht mit Ideen. Sie ist nicht so weise wie Sie, wenn Sie sagen: »Ich weiß nicht, ob ich lebende Freunde habe.« Bücher genügen ihr nicht als Freunde. Verzeihen Sie mir, wenn ich Ihnen scheinbar widerspreche. Sie selbst lassen mich jene anspruchsvollere und weniger leicht zu befriedigende Sympathie empfinden, die, durch Ihre schöne Sprache und Ihre ausgesuchte Zuvorkommenheit hervorgerufen, über sich hinausweist und auf Ihre Person übergreift.

Seit ich nicht mehr die Ehre gehabt habe, Sie zu sehen, bin ich weniger glücklich gewesen. Mein Befinden, das schon schlecht genug war, hat sich noch verschlechtert. Und meine Phantasie, die, wenn nicht den anderen, so doch mir etwas Freude bereitete (denn mit Ihrem Gefallen an dem, was ich schrieb, stellen Sie eine Ausnahme dar, wie Sie überhaupt in allem eine Ausnahme sind), scheint leider durch meine Erschöpfung beeinträchtigt zu sein.

Schon recht lange arbeite ich an einem sehr groß angelegten Werk [1], habe aber noch nichts beendet. Und es gibt Augenblicke, in denen ich mich frage, ob ich nicht dem Ehemann von Dorothée Brook in *Middlemarch*[2] ähnele und Ruinen anhäufe.

Seit etwa vierzehn Tagen befasse ich mich mit einer kleinen, von meiner sonstigen Tätigkeit sich absolut unterscheidenden Arbeit, über Ruskin und gewisse Kathedralen[3]. Wenn es mir gelingt, sie von einer Zeitschrift veröffentlichen zu lassen – ich hoffe, dort anzukommen –, werde ich sie Ihnen gleich nach Erscheinen zusenden. Wenn ich etwas anderes veröffentlicht hätte, würde ich es Ihnen auch geschickt haben, aber bislang habe ich nur meine Schubladen vollgestopft.

Ich weiß nicht, ob ich Ihnen recht zum Ausdruck gebracht habe, welche Freude mir Ihr Brief bereitet hat. Es ist nicht einfach für mich, denn ich finde es meinerseits so lächerlich, das scheinbare Eingeständnis zu erwecken, was Sie über mein Buch[4] sagen, sei etwas anderes als eine Liebenswürdigkeit, und dem Glauben Vorschub zu leisten, es entspreche der Wirklichkeit, daß bei mir echtes Talent vorhanden sei, daß ich es nicht wage, Ihr Kompliment vorbehaltlos anzunehmen. Da Sie aber sehen, wie sehr Sie mich erfreut haben, werden Sie vielleicht hin und wieder, wenn Sie einmal nicht wissen, was Sie gerade tun sollen, zur Feder greifen, um mir von Ihnen zu berichten. Wenn Sie jemals über eine französische Lektüre, einen französischen Künstler Auskünfte wünschen sollten, wäre es sehr nett von Ihnen, sich an mich zu wenden; und obwohl ich ein schlechter Briefpartner wegen meines schlechten Gesundheitszustandes bin – er ist übrigens zur Zeit etwas besser, aber noch schauderhaft genug –, würde es mir viel Spaß machen, Ihnen schreiben zu können, und es würde meinem Selbstgefühl schmeicheln, um Rat gefragt zu werden!

Indem ich Sie bitte, mich Ihrer Schwester zu empfehlen, verbleibe ich, gnädiges Fräulein, als Ihr sehr ehrerbietig bewundernder und dankbarer

Marcel Proust

1 Gemeint ist das erst postum (1952) veröffentlichte Romanfragment *Jean Santeuil.*

2 Roman (1872) von George Eliot, eigentlich Mary Ann Evans (1819–1880). Studie über das Provinzleben; Ehemann ist alter Pedant, der die armselige Mittelmäßigkeit seiner Seele unter großer Würde zu verbergen sucht.

3 Vgl. *Briefe zum Werk* S. 51, Anm. 5

4 *Les Plaisirs et les Jours.*

An den Prinzen Antoine Bibesco

Freitag [8. November 1901]

Lieber Freund,

Dank für Ihre liebenswürdigen Zeilen, von denen ich nicht zu hoffen wage, daß sie Ihrerseits einem Verlangen entsprachen, die aber, wenn sie mir auch das Verlangen stillen sollten, das Sie bei mir vermuteten, schon dadurch den Freund verrieten. Gerade stoße ich in einem Pascal- und einem La Bruyère-Band, mit denen ich heute abend meinen Kummer stille, an verschiedenen Stellen auf das Wort ›Freund‹, und es ist etwa in der Bedeutung von »einer von beiden« und »Fürsprecher« gebraucht. La Bruyère sagt: »Ein Staatsbeamter muß lieben ... die geistreichen Leute, er muß ihnen beipflichten ... Er könnte gar nicht, ich sage nicht mit zuviel Wohltaten, wohl aber mit zuviel Liebkosungen (salaïste)[1] die Hilfen und Gefälligkeiten entgelten, die er daraus zieht, selbst ohne es zu wissen. Wieviel kleine Gerüchte verscheuchen sie nicht (aber lesen Sie wenigstens, was ich schreibe, Bibesco, denn wenn Sie es nicht tun, lohnt es sich nicht, daß ich mir ein Bein ausreiße, diesen wunderbaren Abschnitt abzuschreiben), wieviel Geschichten lassen sie nicht zu Gerede und bloßer Erfindung zusammenschrumpfen (es ist zu lang, ich überschlage das Schönste). Er muß bei tausend Gelegenheiten Fiktionen und Einzelheiten verbreiten, die vorteilhaft sind, und das Gelächter und Gespött gegen diejenigen wenden, die Gegenteiliges behaupten, usw., usw.« [2]

Und kürzer und schärfer formuliert von Pascal (der zu meiner höchsten Verwunderung so gut über das Bescheid weiß, was sich bei Madame de Saint-Victor [3] zuträgt): »Ein Freund ist etwas so Vorteilhaftes, selbst für die größten Herren, damit er Gutes über sie rede und ihnen selbst (›selbst‹ ist geistreich) in ihrer Abwesenheit beistehe, daß sie alles daransetzen müssen, welche zu besitzen. Sie sollen aber ja ihre Wahl gut treffen, denn wenn sie all ihre Anstrengungen an Dummköpfe verschwenden, würde das für sie fruchtlos sein, usw., selbst wenn sie (die Dummköpfe) Gutes über sie reden. Und sie werden ja nicht einmal Gutes verbreiten, wenn sie sich als die Schwächeren fühlen, denn sie besitzen kein Ansehen (famos) und werden also in Gemeinschaft Böses reden.« (1901) [4]

Ich möchte (jetzt spricht nicht mehr Pascal, und es ist leider überflüssig, Sie darauf hinzuweisen) gern Geist besitzen und daß er Ihnen in Gegenwart anderer nützlich sein könne, aber Sie sind nicht auf Nutzen bedacht, und ich bin nicht nützlich. Gestern abend waren Sie gehässig, lieber Téléphas, Ihr Ansehen hat darunter gelitten. Aber Sie hatten zuvor den Weg zu meinem Herzen gefunden. Gleich den Leuten, die man zum ersten Mal besucht hat, möchte ich zu Ihnen sagen: »Da Sie jetzt den Weg kennen, kommen Sie hoffentlich wieder.« Dieser Abschluß eines »Besichtigungsganges« durch mein Gefühl ist grob genug, um einem Pariser Publikum die Illusion eines ziemlich bedeutenden psychologischen Scharfsinns zu verschaffen. Vielleicht könnten Sie diesen in *La Lutte*[5] einfügen, wenn Ihnen eine Replik fehlt, so wie man auf dem göttlichen Gesicht der Demarsy[6] die Haut eines niederen Wesens, noch dazu von dessen rückwärtigem Teil, einsetzte. Und das Ganze *séant* – oder gleich den Venezianern, die beim Bau ihrer Basilika in ihr eigenes Bauwerk Bruchstücke einfügten, die sie aus den Ländern heimgebracht hatten, die sie liebten.

Lieber Freund, genug der Briefe (ich spreche von meinen eigenen Briefen, die wenigstens welche sind; Sie schicken mir immer nur Botschaften, die man ebensogut telephonisch übermitteln könnte). All das ist schon viel zuviel Aufwand um die Freundschaft, die der Realität entbehrt. Renan sagt, man solle Einzelfreundschaften meiden. Emerson sagt, man müsse nach und nach seine Freunde wechseln. Allerdings behaupten ebenso große Geister das Gegenteil. In gewisser Weise bin ich der Unaufrichtigkeiten und Freundschaften überdrüssig, was fast auf dasselbe hinausläuft. Und als alte Kokette der intellektuellen Freundschaft (salaïste) erinnere ich mich an das, was Herr Darlu, mein Philosophielehrer, einmal zu mir sagte: »Noch ein neuer Freund? Welche Nummer haben Sie ihm gegeben, als er durch die Tür Ihres Herzens trat?« Auf Wiedersehen, lieber Freund. Très yours, da Ihnen ja diese absurde englisch-französische Wendung gefällt.

Marcel Proust

1 Das Wort, in Wörterbüchern nicht aufgeführt, ist wahrscheinlich

im damaligen Freundeskreis von Proust gebräuchlich gewesen. Sinn vermutlich: Schamlos, lüstern, ehrlos, usw. Vgl. S. 301, Anm. 1.

2 *Les Caractères, Des Grands* 34.

3 Von Proust wenig geschätzte Dame, die einen Salon führte.

4 *Pensées* 155 (Ed. Brunschvicg).

5 *La Lutte*, unveröffentlichtes Theaterstück von Antoine Bibesco.

6 Schauspielerin, an deren Gesicht eine solche Operation vorgenommen wurde.

An den Prinzen Emmanuel Bibesco

[Erste Monate 1902]

Mein lieber Freund,

falls die Brancovans mich nicht auf ewig um Ihre Gunst gebracht haben, willigen Sie in eine Schlußsitzung ein, in welcher ich endlich Ihre Kathedralen[1] sehen könnte, Symbole, die so genau Ihrem Geist entsprechen, der – ernst gegenüber Ideen und sarkastisch gegenüber Menschen – wahrscheinlich inmitten ihrer Vierblätter etwas von seiner Hingabe an die ersteren und der Ironie für die letzteren wiederfindet; wie ihre Altarchöre enthält er Schätze und Bilder und richtet seine brennenden Fragen gen Himmel mit einem Feuer, dessen Höhe ich noch nicht genau habe ausmessen können, dessen aufeinander abgestimmte und sich vermehrende Strahlen ich aber bewundere, in ihrer Kraft, ihrem Glauben und ihrer unendlich mannigfaltigen Orientierung. Mein *Zeitplan*[2], wie einer meiner Gegner[3] seine Artikel überschreibt, ist abgeändert. Gegen zwei oder drei Uhr stehe ich auf, esse gegen vier Uhr, und wenn ich nicht weggegangen bin, den Nachmittag in Versailles oder anderswo zu verbringen, so kann ich, sobald Ihre Antwort mich erreicht – sofern Sie mir schreiben –, zu der von Ihnen bevorzugten Stunde kommen, aber ebenso gern am Tage. Vielleicht werden wir uns ja gar nicht wiedererkennen, da wir uns bisher nur nachts gesehen haben.

Ganz der Ihre, Marcel Proust

1 Emmanuel Bibesco hatte eine große Photosammlung kunsthistorischer Denkmäler.

2 *Carnet des Heures.*

3 Albert Flament, Pariser Journalist.

An den Prinzen Antoine Bibesco

[1. Halbjahr 1902]

Lieber ...

wenn das Verlangen, das Bild einer Dame zu sehen, die Sie lieben – Schwester von jemandem, den ich liebte –, Ihnen erleichtern kann, den Schweißgeruch und den Anblick von Brotkrümeln zu ertragen, so kommen Sie heute abend zwischen halb neun und neun Uhr zu mir (später werde ich sehr wahrscheinlich nicht zu sprechen sein). Ich habe für Sie Nachforschungen angestellt und habe das winzige Porträt jener sonderbaren Familie gefunden:

Es gibt weder Schlange noch scheußliches Ungetier,
die, durch Kunst imitiert, nicht den Augen zur Zier.[1]

Ich werde Ihnen weitere Photographien zeigen, die Sie auf andere Gedanken bringen werden. Und vor allem, da ich sehr erschöpft bin, weil ich 48 Stunden aufgeblieben bin, ohne mich ins Bett zu legen, werde ich durch Ihre freundliche Gegenwart belebt sein, in dem schwachen Maße, wie Stimmung auf das Körperliche eine Wirkung auszuüben vermag, wie man beim Abitur zu sagen pflegt.

Sehr herzlich,

Ihr Marcel Proust

1 Nicolas Boileau-Despréaux (1636–1711), *L'Art poétique* III, v. 1–2.

An den Prinzen Antoine Bibesco

[1. Halbjahr? 1902]

Lieber Freund,

es wird mir leider unmöglich sein, zu Ihnen zu kommen. Verzeihen Sie mir, wenn ich vorgestern nicht gebührend berücksichtigt habe, als Sie ein Knäuel (Pardon) mythologischer Schlangen im Mund und ein Messer in der einen Hand hatten, daß Sie in der anderen einen Sack mit Schokolade hielten, was nett war bis zur Absurdität, und ich habe Ihnen nicht genug dafür gedankt. Ihre unbegreiflichen Wohltaten gehen mir immer sehr zu Herzen. Gelegentlich wünschte ich auch, ich könnte dies Wort[1] in den Singular setzen. Mir scheint, gestern hat Amor Ihnen aufgelauert.

Auf Wiedersehen und ganz der Ihre.

M. P.

1 ›Bienfait‹: Wohltat, Güte.

An den Prinzen Antoine Bibesco

[1. Halbjahr 1902]

Lieber Freund,

Ihr »Sie sind in Hausse« macht mir immer wieder Spaß, selbst wenn ich es für absichtlich halte. Die Macht, die ein Zauber über uns ausübt, ist gewöhnlich unabhängig von dem Maß an Illusion, welches unser Geist darin wahrnehmen kann, er überlebt und verschwindet eines Tages aus ganz anderen Gründen, die nur mit unserem Herzen zusammenhängen. Wäre aber im übrigen eine Berechnung Ihrerseits, mit der Absicht, sich meiner Freundschaft zu versichern, nicht bereits ein derart schmeichelhafter Beweis der Ihren, daß ich nicht wagen würde daran zu glauben? Sie verfügen noch über andere »Sie sind in Hausse«, die ebensowenig ihre Wirkung verfehlen, aber ich habe immer vorgezogen, sie Ihnen nicht aufzudecken, um nicht (ohne von Ihnen beobachtet zu werden) den Erfolg Ihrer unschuldigen List zu beeinträchtigen. (Kurz, Sie können bis halb ein Uhr nachts zu mir heraufkommen; bis zu diesem Zeitpunkt werde ich Sie erwarten, aber es wäre schön, Sie kämen eher.)

Also, bis heute abend, versuchen Sie vor Mitternacht zu kommen und nicht später als halb eins. Vor allem, kommen Sie nicht, falls es Ihnen nicht paßt. Ich freue mich darauf, Sie zu sehen.

Marcel Proust

An Marie Nordlinger

[1. Halbjahr 1902 ?]

Teure Freundin,

auf dem Lande erblickte ich einmal in einem an einem Fenster befestigten Spiegel das Schönste, was ich jemals sah: ein Stück Himmel und Landschaft mit einer Gruppe auserwählt brüderlicher Bäume. Und es ist mir, als machten Sie mir jenes unvermeidlich vergängliche Wonnegefühl einer schon weit entrückten Stunde durch Ihr Geschenk[1] für immer gegenwärtig. Und das Spiegelglas hüllt noch mit seinem geheimnisvollen und hellsichtigen Schutz die Gruppe von Bäumen ein, die aus Neigung zusammengekommen zu sein scheinen, um dort zu leben, weil sie gern beisammen sind und eine stattliche Gruppe bilden, und außerdem die flüchtige Stunde des düsteren Himmels. Wie großen Dank weiß ich Ihnen für dieses Angebinde, für diese Gabe eines Stückes Natur, einer Stunde Zeit, einer Nuance und einer Minute Ihrer der Natur aufmerksam zugewandten Seele, die auch voller Geheimnisse ist, die nur ihr eigen sind. Ich danke Ihnen wirklich von ganzem Herzen.

Ihr

Marcel Proust

1 Marie Nordlinger hatte Proust eine selbstgefertigte Schale geschenkt.

An Anna de Noailles

Sonntag [1. Juni 1902]

Verehrte gnädige Frau,

ich schreibe Ihnen dieses Briefchen, um Ihnen meine große Freude darüber zum Ausdruck zu bringen, daß Sie den Preis[1] erhielten und meinen Zorn darüber, daß zwei Dichter[2], auf deren Namen ich mich beim besten Willen nicht besinnen kann, Ihnen die Hälfte des Preises entwendet haben und Sie nur inmitten jener beiden Schächer gekrönt worden sind. Das war auch das Los Christi. Die Nachwelt hat die Namen der beiden Schächer vergessen (was Ihre beiden anbelangt, so setze ich die Unkenntnis der Nachwelt stillschweigend voraus), und der Name Christi ist unsterblich. Der Ihre ist es bereits. Aber im Ernst bin ich sehr froh, daß Sie den Preis erhielten, da es mir lieb ist, wenn die Welt des Scheins und seiner eitelsten Rangabstufungen die Welt der wahren Realität und die Hierarchie des Geistes nachahmt. Aus diesem Grunde interessiere ich mich auch für Akademie-Wahlen, sofern es sich um einen bedeutenden Schriftsteller handelt, und obwohl alles damit Zusammenhängende weit unter der Interessensphäre des Talents liegt. Sie wissen, daß ich das Ihre für einmalig halte. Ihm gebührt daher nicht ein Akademiepreis, sondern alle Preise im Verlauf vieler Jahre, nicht ein Sessel, ein Bett oder ein Thron in der Akademie, sondern eine den vierzig Mitgliedern übergeordnete Akademie, in der es nur ein einziges Mitglied gäbe, und das würden Sie sein. Diese Akademie ist nach unserem Geschmack. Aber es wäre tatsächlich sehr hübsch, wenn sie in Wirklichkeit existieren würde und der einzige Dichter Frankreich regieren würde, wie jener persische

Dichter, dem Gustave Moreau[3] einen Frauenkörper verliehen hat und der das Volk mit seinem Kleid, purpurn wie das Ihre, und seinen Gesängen entflammte. Ich werde diesen Vergleich im Gedächtnis bewahren für den Fall, daß irgendein Calmette[4] mich beauftragt, einen Artikel über Sie zu schreiben. Er würde jedenfalls für sich haben, des Lobes voll zu sein. Wenn Sie die Prinzessin von Chimay[5] daran erinnerten, daß ich sie verehre, wäre es sehr nett von Ihnen. Empfangen Sie, verehrte gnädige Frau, den Ausdruck meiner tiefen Ehrerbietung, und richten Sie meine herzlichsten Grüße Monsieur de Noailles[6] aus, dessen bezaubernde, kürzlich am Telephon vernommene Stimme mir wieder all das ins Bewußtsein zurückrief, was er an Erlesenem, Tiefem und Reinem in sich trägt. Ich liebe ihn wirklich sehr – was ihm zu gleichgültig ist, als daß es ihm unangenehm sein könnte. Ferner sagen Sie bitte Monsieur Anne-Jules[7], daß ich seinen frühreifen Stolz beim Anblick des mütterlichen Lorbeers gut verstehe.

Ihnen zu Füßen, gnädige Frau.

Marcel Proust

1 Jährlich verliehener Dichter-Preis der Académie Française.
2 Charles Guérin und L. Depont.
3 (1826–1898), frz. Maler.
4 Gaston Calmette, Direktor des Figaro.
5 Schwester von Anna de Noailles.
6 Ihr Gatte, Graf Mathieu de Noailles.
7 einjähriger Sohn der Noailles.

An Robert Dreyfus

[10. August 1902]

Mein lieber Freund,

die ganze Zeit über habe ich Dich erwartet. Mama hat mir Deinen Besuch angekündigt. Ich glaube aber, daß ich ab morgen meinen Lebensrhythmus ändern (es ist noch nicht sicher) und abends nicht mehr im Bett bleiben werde. So würdest Du nicht mehr sicher sein, mich anzutreffen. Wenn Du aber *heute abend, Sonntag* gegen 9 Uhr, halb 10 bis 10 Uhr kämest (je früher, desto besser), würdest Du mich noch antreffen. Da ich weiß, daß es sehr ärgerlich ist, sich umsonst auf den Weg zu machen, wollte ich Dich benachrichtigen und hoffe sehr, Dir die Hand zu schütteln.

Sehr herzlich

Marcel Proust

An den Prinzen Antoine Bibesco

[17. ? August 1902]

Mein lieber Antoine,

ich bin furchtbar verstimmt über das, was Du zu Constantin gesagt hast (nein, im Grunde macht es gar nichts, wie mir jetzt klar wird, es ist nur verdrießlich). In meiner Depesche hatte ich doch um Grabesschweigen gebeten. Es mag einen reichlich kindischen Eindruck machen, wenn jemand, der zwischen Tod und Leben schwebt, zwischen Liebe und Verzweiflung, zwischen dem Denken und dem Nichts, über eine so nichtige Angelegenheit derart sich ärgert. Ich habe aber drei sehr ernstzunehmende Gründe, darüber verärgert zu sein, die ich Dir mündlich mitteilen werde. – Da ich aber Constantin wahrscheinlich vor Dir sehen werde, sei bitte so gut, mir zu sagen, was eigentlich Du ihm anvertraut hast, und vor allem, weswegen Du mir die Depesche geschickt hast: »Sag mir den Namen, usw.« Hat Constantin vielleicht Deine Neugierde erregt, indem er Dir in Andeutungen darüber sprach ... Ich glaube, das beste wäre, Constantin zu sagen, ich hätte es Dir erzählt. Sag es ihm aber nicht, bevor ich Dir nicht diesbezüglich neue Anweisungen gegeben habe, die wiederum in gewisser Weise davon abhängen werden, was Du mir geantwortet haben wirst.

((Gestern abend habe ich Deinen Freund, Herrn R. Blum [1], erblickt, schlank, errötend, scheu, mit gebranntem Haar, gleich einem Hippolyt aus der Blütezeit der griechischen Bildhauerkunst. Rosig vor allem wegen einer Verstopfung, über die er klagt und die symbolisch ist für seine Unfähigkeit, etwas aus dem Ärmel zu schütteln. Wenn er von Leuten spricht, die er nicht besucht oder an die er nicht geschrieben hat, läßt eine seltsame Manie ihn sagen, er habe sich sehr schlecht ihnen gegenüber verhalten. Wenn er sie nicht besuchte, war es höchstens schlecht für ihn, aber nicht für sie! Er ist reizend, und ich glaube, er hat eine wirklich tiefe Zuneigung für Dich. Ich sage das aufrichtig und keineswegs aus dem unbestimmten Drang, alles gut zu finden, vergleichbar Bertrands Berquinismus [2] à la Robespierre.)) Die beiden Urteile (über Blum und ihn) kannst Du Bertrand ruhig mitteilen. Doch ich bin gezwungen, meine Buchstaben leserlicher zu schreiben, damit Du nicht glaubst, ich hätte »entzückend« statt »errötend« und ich weiß nicht was statt »gekräuselt« geschrieben. Außerdem müßte ich wirklich alles Wort für Wort erklären, wenn Du aus dem Vorhergehenden folgern solltest, daß ich Bertrand – der so gut ist – (gute Aussprache ist hier unerläßlich)[3] mit Robespierre vergleiche. Ich sehe jedoch bei ihnen diesen einzigen gemeinsamen Charakterzug, daß sie nämlich beide Berquinisten sind. Auch ich bin es zuweilen. Es gehört wohl mit zum Nettesten, was es gibt. In jenen Augenblicken gebe ich den Leuten die Illusion einer sehr großen Freundschaft, eine Illusion, welche die Zukunft in Wirklichkeit verwandelt. Dies trifft nicht für Dich zu, da ich Dich sofort maßlos geliebt habe, noch für Bertrand, wohlverstanden – ich muß es wohl extra betonen ... Ich wäre sogar ziemlich in Verlegenheit, wenn ich sagen sollte, für wen das zutrifft. Ich brauche Dir nicht extra zu sagen, daß dieser Brief für Dich allein bestimmt ist. Der einzige Abschnitt, den Du Bertrand mitteilen kannst (natürlich nur, wenn Du willst, es liegt mir nichts daran), ist derjenige, den ich in doppelte Klammern eingeschlossen habe, aber nicht dazusagen, ich hätte es Dir erlaubt, und einfach so, als ob Du, getrieben durch die Bewunderung, die so lapidare Urteile Dir einflößen, nicht umhin konntest, einen Freund an Deiner Freude teilhaben zu lassen.

Ganz der Deine

Marcel

((Anderseits kennt Blum (das kann noch mitgeteilt werden) sehr schlecht den Sinn der Worte, worauf ich Dich seit dem ersten Tage aufmerksam gemacht habe; als er zum Ausdruck bringen wollte, Lauris sei sehr natürlich, sagte er mit enthusiastischem Ton: »Er gibt sich wirklich nicht wie ein Herr von Stande!«

Ich möchte wissen, was Lauris über dieses Urteil denken würde.))

P. S. Nein, ehrlich, *Bertrand ist sehr, sehr gut.* Doch sag es ihm nicht!

1 René Blum (1878–1943), Journalist, Bruder von Léon Blum.

2 Schilderung in rosigen Farben, die wahren Realitäten des Lebens verdeckend, geht zurück auf Arnaud Berquin (1747–1791), frz. Kinderschriftsteller.

3 Wortspiel mit bon(gut) – con(lt.cunnus).

An den Prinzen Antoine Bibesco

Donnerstag [4. Dezember 1902]

Mein lieber Antoine,

so sehr ich auch die ganze Zeit über an Deinen Schmerz[1] gedacht und ihn mir auf grausame Weise vorgestellt habe, war es für mich ein neuer Schlag, als ob ich zum ersten Mal klar Deinen Jammer empfand, als ich Deinen kläglichen Brief empfing, als ich Deine kleine, völlig veränderte Schrift erblickte, fast unkenntlich mit ihren verkleinerten, eingeschrumpften Buchstaben, gleich Augen, die durch vieles Weinen ganz klein geworden sind. Als Mama ihre Eltern verlor, war es, wie ich mich erinnere, ein solcher Schmerz für sie, daß ich mich noch heute frage, wie sie hat weiterleben können. Obwohl ich sie doch täglich und stündlich sah, habe ich sie einmal angerufen, als ich nach Fontainebleau gefahren war. Und durch das Telephon erreichte mich plötzlich ihre kleine, gesprungene Stimme, für immer anders, als ich sie bisher gekannt hatte, wie verletzt, rissig und schrundig, und als ich aus dem Hörer die blutenden und zerschlagenen Stücke auffing, empfand ich zum ersten Mal qualvoll, was auf immer in ihr zerbrochen war. Mit Deinem Brief geht es mir ähnlich, man spürt aus ihm Deinen unermeßlichen Widerwillen zu schreiben, sowohl von Deinem Schmerz zu sprechen wie über ihn zu schweigen. Dein Brief hat mir, wenn ich so sagen darf, Freude bereitet, doch mich sehr unglücklich gemacht.

Was mein Kommen betrifft, hast Du meinen Vorschlag nicht verstanden. So sehr es *not tut*, daß ich Paris verlasse, so sehr ist es mir faktisch fast unmöglich, es sofort zu tun. Und obwohl der Hinderungsgrund noch absolut geheim ist, werde ich ihn Dir sagen, wenn Du Wert darauf legst, damit Du darüber urteilen kannst. Ich bitte Dich nicht darum, mir zu schreiben, jetzt, da ich gefühlt habe, welche Anstrengung es Dich kostet. Doch kannst Du mich durch jemanden von Deinen Plänen unterrichten lassen und ob mein Vorschlag Dir gelegen kommt, die Monate März, April, Mai und Juni (wenn es Dir recht ist und wenn es keine Blumen gibt) in Corcova zu verbringen. Ich habe die Ahnung, daß Du just in dem Augenblick nach Paris zurückkehren wirst, da ich es verlassen werde, und das betrübt mich. Oder vielmehr, ich bin nicht untröstlich darüber, denn dann werde ich Paris nicht verlassen, was auch immer geschehen mag, und es wenigstens so einrichten, einen guten Monat lang in der Nähe meines armen, lieben Antoine zu verbringen, um mit ihm zu weinen oder vielmehr um nicht zu weinen, um zu versuchen, ihn wieder ans Leben zu fesseln, um nett und ritterlich zu sein, kurz, um alles zu tun, was in meiner Macht steht. Leider habe ich schon jetzt mir Vorwürfe zu machen, Dir in meinen Briefen nur von Deinem Schmerz gesprochen zu haben, und ich hatte doch vorgehabt, Dir wieder von diesem und jenem zu erzählen, zuerst von den Dingen, die Deinen Schmerz möglichst wenig berühren, und auch von denen, die entweder etwas Spannung oder einen kleinen Gewohnheitsreiz bieten und dadurch am leichtesten und mit möglichster Schonung den »Weg zu Deinem Herzen« wieder freilegen würden. Dein kläglicher Brief wirft mich aber wieder ganz an den Anfang des Weges zurück, den ich mit meinen Neuigkeiten erklommen hatte, die Dich zwar nicht interessieren, wohl aber Deine Aufmerksamkeit finden konnten. Und ich spüre so sehr Deine starke Ermattung, Deine tiefe Gleichgültigkeit oder Dein tiefes Versunkensein, daß ich nichts mehr Dir zu sagen wage und nicht mehr von dem Dir zu erzählen wage, was ich vorhatte. Ich werde Dir erzählen (schwör mir, daß Du es nicht weitersagen wirst), was mich hindert, sofort abzufahren (es sei denn, Du brauchtest mich unbedingt, dann würde ich trotzdem fahren): Mein Bruder steht sehr wahrscheinlich kurz vor der Heirat, so daß es notwendig wird, daß ich dem jungen Mädchen, das ich noch nicht kenne, bald einen Besuch abstatte, usw., usw ... Nur weiß es noch niemand und soll es auch nicht wissen. Wenn Du trotzdem im Dezember irgend etwas ohne mich unternehmen willst, wäre es besser, anstatt nach Ägypten nach Konstantinopel zu reisen, wo Du Bertrand treffen würdest. Deine Gegenwart würde ihm den Anfang seines Exils und die Ungewohntheit seiner Einsamkeit erleichtern. Und Deine alte Freundschaft zu ihm würde Dir seine Gesellschaft im Ganzen angenehm sein lassen, da sie eine von denen ist, um derentwillen man nicht gezwungen ist, seinen Kummer zu unterdrükken und die so unerträglich sind. Jedermann spricht von Dir mit großem und tiefempfundenem Mitgefühl. Mehrere Deiner Freundinnen, die ich seit kurzem kenne, wie Mme Le Bargy[2] und Mme Tristan Bernard, haben mich sehr bewegt, als sie mir von Dir sprachen. Ich will Dir jetzt aber erzählen, was mich am meisten erschüttert hat. Ich war zu Gallé[3] gegangen, um an einer Vase etwas herrichten zu lassen. Ich erhielt zur Antwort, daß die Arbeiter nicht arbeiten können, da der alte Herr Gallé[4] am selben Tage verstorben ist. Ich erwiderte dem Angestellten, daß es für Herrn Gallé junior ein großer Schmerz sein muß. »Herr Gallé weiß es noch gar nicht.« – »Wie ist denn das möglich?« – »Er befindet sich gegenwärtig in einem Zustand der Verzweiflung, der seine Gesundheit derart gefährdet hat, daß man nicht wagt, ihm eine Nachricht zu überbringen, die für ihn verhängnisvoll sein könnte.« – »Ist diese Verzweiflung durch die Krankheit seines Vaters entstanden?« – »Nein, er wußte nicht einmal, daß sein Vater krank war. Aber Herr Gallé hat vor einem Monat den Menschen verloren, den er am meisten auf dieser Welt bewunderte: die Prinzessin Bibesco, und seit jenem Tage befindet er sich in einer solchen Niedergeschlagenheit, daß man gezwungen war, ihn zu isolieren und ihm jede Tätigkeit zu untersagen. Und wir verstehen ihn alle, Monsieur, es war eine so gute Frau, usw.« Und dieser Angestellte ahnte nicht, daß ich Dich kannte. Und dieses Urteil habe ich hundertmal gehört.

Verzeih, mein lieber Antoine, ich erzähle Dir nur Dinge, die Dir Schmerz zufügen können. Schluß jetzt damit. Ich schreibe Dir nicht mehr, und wenn ich Dich sehe, will ich Dir Nebensächlichkeiten erzählen. Wenn Du nicht die Kraft hast, meine Briefe zu lesen, mußt Du es eben lassen, und wenn Du mir nicht zuhören kannst, mußt Du mich verlassen, meine Teilnahme an

Deinem Schmerz wäre jedoch zu sträflich, und ich werde sie mir nicht mehr gestatten. Deine Mutter würde den schuldigen Freund mit Härte tadeln, der zwar nicht aus Vergnügen, wohl aber aus Schwäche und Niedergeschlagenheit den Tränen ihres Sohnes Nahrung gibt. Ich bin sicher, wenn ich Dich sehen könnte, daß wir in ernsten und nachdenklichen Beschäftigungen einen Kompromiß fänden zwischen Tröstungen, die Du zurückweisen würdest, und Zerstreuungen, die für Dich keine Zerstreuungen wären – und einem Schmerz, in den Du Dich trotz allem nicht versenken darfst, und sei es nur, um die Kraft, die Unversehrtheit und Reinheit der Erinnerung eines Vergangenheitsbildes zu bewahren, das Deine Tränen am Ende trüben und verdunkeln werden. Deshalb kommt auch eine Heirat äußerst ungelegen. Ich hatte Dir aber schon gesagt, bevor ich es sicher wußte, daß mein Vorschlag sich nur auf Ende Februar, März, April bezog und für so lange, wie es Dir recht wäre. Diesbezüglich möchte ich gern eine Antwort von Dir haben, wobei ich natürlich sofort kommen könnte, wenn die Heirat nicht stattfände. Hingegen ist es mir unmöglich, sowohl physisch wie seelisch, den ganzen Winter in Paris zu bleiben. Wenn Du indessen im Januar – oder zu welchem Zeitpunkt auch immer – zurückkommst, werde ich meine Abreise hinausschieben, um ein wenig in Deiner Nähe bleiben zu können, wenn Du glaubst, daß es Dich danach verlangt, mich hin und wieder zu besuchen und daß meine Teilnahme an Deiner Trauer Dir meine Bemühung etwas erträglicher erscheinen läßt, Dich am Leben, an den verschiedenen Formen des Geisteslebens und an Aktivität im allgemeinen wieder Geschmack finden zu lassen.

Ich fand Mme Le Bargy ganz anders, als ich sie

mir vorgestellt hatte, und genauso, wie Du sie mir geschildert hast, sehr, sehr intelligent. Ich habe ihre Bekanntschaft am Abend der Aufführung von *Joujou*[5] gemacht. Sée[6] hatte mich um zwei Uhr morgens zu ihr mitgenommen, um ihr das Fiasko des Stückes anzukündigen. Und wenn man einen Menschen kennengelernt hat, begegnet man ihm darauf alle Tage wieder. In einer Woche habe ich zweimal neben ihr zu Abend gegessen, bei Mme de Pierrebourg und bei Mme Straus, und ich fand sie wirklich reizend. Heute abend habe ich bei den Noailles mit Deiner Cousine Margiloman gegessen, die Du, wie ich weiß, sehr gern magst, hatte aber keine Gelegenheit, mit ihr zu sprechen. Übrigens habe ich mehrmals bei Deinen Cousinen[7] zu Abend gegessen, die sehr nett sind. Du aber bist der einzige Mensch, den ich augenblicklich wirklich sehen möchte. So wie ich Dich liebe, umarme ich Dich von ganzem Herzen.

Marcel Proust

1 Über den Tod der Mutter von Antoine.

2 Simone Le Bargy, Schauspielerin.

3 Émile Gallé, Glasschleifer und Kunsttischler.

4 Charles Gallé-Reinemer, Begründer der berühmten Glasbläserei.

5 Schauspiel von Henry Bernstein (1876–1953), frz. Dramatiker. Uraufführung am 26. Nov. 1902 im Theater ›Gymnase‹.

6 Edmond Sée (1875–1959), Dramatiker.

7 Vermutlich sind Gräfin A. de Noailles und Prinzessin Hélène de Caraman-Chimay gemeint, die Schwestern von Constantin de Brancovan.

An den Prinzen Antoine Bibesco

[Zwischen 23. und 26. Dezember 1902]

Mein lieber Antoine,

Du findest mein Telegramm unverständlich. Was sagst Du hierzu: »Erhalten Briefe heute bestürzt Asti i um 10 Uhr München werde ich schreiben una deco Dir. - Antoine.« (Ich lege das Original diesem Brief bei, damit Du den Schalterbeamten in Corcova[1] anschnauzen kannst.) Der Mumpitz dagegen, den man Dir übermittelt hat, mußte richtig heißen: »Du hast mir wegen München nicht geantwortet.« Und es war wie gestochen geschrieben. Wenn Du Dich aber an einem bestimmten Ort aufgehalten hast, wieso hast Du dann nicht meine beiden Briefe erhalten, die Dir München als Treffpunkt vorschlugen (ich sagte München, wie ich ebensogut irgendeine andere Stadt auf halber Strecke zwischen Paris und Corcova hätte angeben können). Und wenn man Dir Deine Briefe nicht nachgeschickt hat, wieso hast Du mir von Corcova aus geschrieben, ohne sie dort vorgefunden zu haben, und wieso sagst Du mir in Deinem Brief nicht, daß Du gerade abgereist bist. Wenn ich noch heute in demselben Verhältnis argwöhnischer Zärtlichkeit zu Dir stünde wie früher – das jedoch der in mir durch Dein Leid ausgelöste Kummer völlig zerstört hat, indem er mich Dir gegenüber für ein anderes Schmerzempfinden, als das ich beim Gedanken an Deine Trauer verspüre, unfähig macht –, welch schöne Gelegenheit zu Verfolgungswahn würde mir das Zusammentreffen dieser verschiedenen Vorfälle geliefert haben.

Ich möchte Dich so gern über das, was so vorfällt, auf dem laufenden halten, aber ich lebe fast ausschließlich in meinen Büchern. Gestern abend habe ich bei den Noailles gegessen, was ich ziemlich häufig tue: außer der gewöhnlichen Tischrunde war der junge Guiche[2] anwesend, eine Tatsache, die an sich keine besondere Erwähnung verdiente, wenn nicht Lucien[3] neben ihn gesetzt worden wäre und durch diesen Umstand eine physische Verwandlung durchgemacht hätte, indem er nämlich ohne Unterlaß geredet hat, mit einer bei ihm ungewohnten Geläufigkeit und der Freude von Mme Bovary, als sie vor dem Spiegel ausrief: »Ich habe einen Liebhaber, ich habe einen Liebhaber.« Meinerseits betrachtete ich mit Melancholie den Krankheitskandidaten, den man neben den Bazillus (Snobismus) gesetzt hatte. Nun aber geschah folgendes (all das muß unbedingt unter uns bleiben und ist allein ein Versuch, mit Dir anders als in Traurigkeit zu reden, *denn ich möchte nicht mehr in Traurigkeit mit Dir reden, mein armer Kleiner*): Lucien stand unter dem Eindruck, sein Bruder[4] sei die Ursache, daß die Gramonts ihn niemals einlüden (*Libre Parole*[5] und Herzogin, geborene Rothschild[6]). Die Gewißheit drückte ihn nieder, erklärte aber das Nichteingeladenwerden. Gegen Ende des Essens hat der harmlose Guiche ihn gefragt: »Haben Sie einen Bruder?« In seiner Bestürzung hätte Lucien gern von dieser glücklichen Unkenntnis, dieser heiligen Einfalt profitieren und zu ihm sagen wollen: »Nein, ich habe keinen, und wenn Sie hören, daß ein Daudet Schlechtes von den Rothschilds und den Juden sagt, so steht das nicht in Zusammenhang mit mir.« Deine unerbittliche Cousine aber hatte die Frage gehört und ihn fixiert. So hat er nach einem Augenblick entsetzlich langen Zögerns geantwortet: »Ja.«

Noch ein anderes nichtssagendes Geschichtchen. Gregh tritt in den Stand der Ehe. Die »verlassene

Frau«, die noch nicht darüber Bescheid wußte, war bei Mme Baignères zu Besuch, zugleich mit einer Mme Sichel (für Dein privates Tout-Paris füge ich Dir hinzu: Sichel-Dulong, Witwe des Japan-Antiquitäten-Händlers, Freundin der Goncourts, Kinder an Schwindsucht gestorben). Da diese Sichel aus Krankheitsgründen lange Zeit nicht ausgegangen war, wußte sie nichts über die Liaison der verlassenen Frau (die damals noch nicht verlassen war) und des jungen *Dichters*. Sie sagt: »Es heißt, daß Gregh heiratet.« Kalter Schweißausbruch der alten Baignères, die unruhig wird, widerspricht, das Gegenteil versichert, ableugnet, das Gespräch auf ein anderes Thema zu lenken sucht. Mme Sichel sagt: »Übrigens verwundert es mich, er ist dermaßen häßlich, glatzköpfig, ordinär, usw.« Neue Beteuerungen des Gegenteils seitens Mme Baignères'. Die Sichel verrennt sich immer mehr und sagt schließlich noch: »Jedenfalls finde ich ihn nicht verführerisch« (Schweigen); als sie plötzlich ihrer Taktlosigkeit vor allen Anwesenden gewahr wird: »*Wenigstens nicht für ein junges Mädchen!*« Die Heirat meines Bruders ist auf den 2. Februar vorverlegt! Das ist unerträglich!

Dein

Marcel

P S Dein Bruder hat mir einen derart vortrefflichen Brief geschrieben, daß ich glaube, noch niemals einen ebenso unbewußt netten empfangen zu haben. Ich habe es den Noailles erzählt, die mir das überschwenglichste Loblied auf ihn gesungen haben.

Ich bitte Dich um Verzeihung, ans Ende meines Telegramms »liebevoll« gesetzt zu haben. Das war idiotisch. Und Dein »herzlich« hat es mich fühlen lassen. Verzeih mir. Wenn man die Menschen, die man liebt, traurig weiß, möchte man sie durch viel Zartheit den Kummer vergessen machen.

1 Ort in Rumänien, wo Antoine sich aufhält.
2 Armand, Herzog von Guiche, späterer Herzog von Gramont.
3 Lucien Daudet.
4 Léon Daudet, antisemitisch und national gesinnter Schriftsteller.
5 Hauptorgan der antisemitischen Reaktion, herausgegeben von Édouard Drumont.
6 Herzogin Agénor von Gramont, geb. Marguerite de Rothschild, Mutter des Herzogs von Guiche.

An den Prinzen Emmanuel Bibesco

Sonntag [1903]

Lieber Emmanuel,

wenn Sie *heute* abend (vor Viertel nach elf) vorbeikommen könnten, würden Sie mir eine große Freude machen, ich wäre sehr glücklich, Sie zu sehen. Da Sie ja ein so geheimnisvolles Wesen sind, dem man durch nichts beikommen kann – wen kann man schon ändern? – werden wir nicht über die unvorhergesehene Reise sprechen (vgl. le *Retour Imprévu*[1], von Regnard[2]), die Sie verheimlichten in der völlig unbegründeten Furcht, ich hätte Sie begleiten wollen. Auf jeden Fall, lieber Freund, wäre ich glücklich, Ihnen die Hand zu drücken, was mir immer seltener möglich ist wegen des betrüblichen Lebens, das zu führen ich gezwungen bin. Ich bitte Sie nicht darum, das Portal von Chartres auf der einen Hand und die Türme von Laon auf der anderen herbeizubringen, was nur ein Kinderspiel wäre für Ihre Titanenkraft, die ja auch sonst an derartigen heroischen Gewalttaten Vergnügen findet. Bringen Sie aber Ihre Gunst mit und Ihre Bereitwilligkeit zu erheitern.

Ihr

Marcel Proust

Haben Sie gestern gegen Mitternacht geläutet? Ich glaubte die Sechzehntelnote des ersten Tones zu erkennen, und es gibt wirklich kein musikalischeres Ständchen für mich als das, das Ihr Kommen ankündigt, aber ich fühlte mich außerstande, Ihnen zu öffnen, jedermann schlief, und ich habe kurz darauf das Wiederzuschlagen der Tür unten gehört, das mir ankündigte, was Ihr Gott [3] in Erinnerung an einen sehr schlechten Gedichtband *Verfehltes Glück* [4] genannt hätte. Bis heute abend also, recht früh (neun Uhr ...)

M. P.

1 Ersch. 1700.
2 Jean-François Regnard (1655–1709), frz. Dramatiker.
3 Georges de Porto-Riche (1849–1930), frz. Dramatiker.
4 *Le Bonheur manqué* (1889).

An Robert Dreyfus

[Ende Januar 1903]

Mein lieber Freund,

da wir nun einmal ausersehen sind, in komplizierten Beziehungen zueinander zu stehen: man hat jetzt bemerkt, daß von den Hochzeitsanzeigen meines Bruders ungefähr hundert (!) den Adressaten nicht erreicht haben. Ich hoffe, Du fällst nicht darunter und hast schon seit acht Tagen Brief und Karte. Um aber ganz sicher zu gehen, sage ich Dir noch einmal, daß wir Montag mittag, in Sankt-Augustin, mit Dir rechnen und danach: 6, Avenue de Messine, bei Madame Dubois-Amiot. Leider kann ich nicht an all diejenigen schreiben, die *vielleicht* nichts erhalten haben. Und wie viele werden deswegen auf mich böse sein!

Tausend Grüße

Marcel Proust

Wenn Du Daniel Halévy sehen solltest, könntest Du ihm dasselbe sagen, obwohl er seinen Brief erhalten haben muß.

An den Prinzen Antoine Bibesco

[Februar? 1903]

Mein lieber Antoine,

Soeben habe ich den Pelz an Dich zurückgehen lassen (denn ich nehme an, daß es sich um ihn handelt), aber ich kann es nicht tun, ohne Dir zuvor zu sagen, wie sehr ich von Deiner Liebenswürdigkeit bewegt, ja gerührt war, ohne Dir sodann einige Erklärungen über mein Verhalten zu geben, an welchem festzuhalten ich mich genötigt sah, indem ich ihn Dir zurücksandte.

Welchen Verdruß ich auch habe, wenn ich feststelle, daß Du nicht auf mich gehört hast, daß Du Dich über meine Bitten einfach hinweggesetzt hast, mir keinen Pelz zu schenken, den ich schlechthin nicht annehmen konnte, welche Mühe ich auch gehabt habe, ihn Dir zurückzuschicken – ich bedauere nicht gänzlich, daß

Du ihn mir hast schenken wollen, denn es wird mir als eine jener Erinnerungen lebendig bleiben, die am stärksten Deine außergewöhnliche Güte für mich verkörpern, die ganz unverkennbar Deine Liebenswürdigkeit von jeder anderen unterscheiden, die mich wie nichts anderes in der einzigartigen, fast poetischen Vorstellung bestärken, die ich mir von der Freimütigkeit Deines Herzens und den wunderbaren Einfällen Deiner Freundschaft gemacht habe. Ich bitte Dich daher zu glauben, daß das Zurückschicken des Pelzes wirklich sehr falsch von Dir interpretiert würde, wenn Du darin nur den schroffen Protest aus falsch verstandener Würde oder einem unsensiblen und beschränkten Ehrgefühl sehen würdest, das niemandem etwas verdanken möchte. Was aber schon prinzipiell eine solche Gabe unannehmbar macht – und was Du ebenso verstehst wie ich –, wird in diesem besonderen Fall von unwiderlegbaren Gründen verstärkt und verdeutlicht, die ich Dir wieder ins Gedächtnis rufe, falls ich sie Dir schon gesagt haben sollte. Als mein Bruder heiratete, wollte er mir ein Geschenk machen, und noch ein weiteres, da ich sein Brautführer gewesen bin. Er hat mir einen Pelz angeboten. Doch ich habe ihn abgelehnt. Was richtig dumm war, denn von meinem Bruder kommend war nichts natürlicher und einfacher. Du siehst, welche Beleidigung es für ihn wäre, wollte ich Deinen annehmen. Übrigens habe ich seit kurzem meinen Entschluß geändert und ihm gesagt, ich würde doch einen annehmen. Wenn ich Deinen nähme, würde sein Geschenk eben dadurch – nach nur wenigen Wochen – nicht mehr gebraucht werden. Auf wenig nette Weise würde ich ihn ausstechen. Schließlich, letzter zufälliger Grund, Du weißt, daß ich jetzt auf eigene Rechnung lebe und mit der getroffenen Regelung nicht zufrieden bin und mich dar-

über bei meiner Familie beklage, die deshalb verärgert ist. Mit der Annahme Deines Pelzes würde ich den Anschein erwecken, als erbäte ich von der öffentlichen Wohltätigkeit, was die Familien-Knauserei mir nicht zu leisten erlaubte, als wollte ich auf wenig würdige und anständige Weise gegen ein Budget protestieren, das mir aufwendiger zu gestalten vielleicht nicht von meinen Eltern abhängt.
Aus all diesen Gründen hoffe ich, daß mein Entschluß – der mich betrübt – Dir vernünftig erscheinen wird. Jedenfalls wird nichts ihn ändern können, ebensowenig meine Zärtlichkeit für Dich.

Marcel

An Marie Nordlinger

Ich habe gut gearbeitet
[1903?]

Teure Freundin,

die Urne [1] ist wunderschön! Die vier harpokratischen [2] Köpfe (der zugleich identische und vierfältige Schlaf) sind einzigartig, die symbolische Schlange verschließt bewundernswert die Urne und die Blütenblätter, die Blätter des Blattwerks und die Windungen der Schlangen sind wundervoll. Über alles liebe ich aber den Schmerz, so eng verbunden mit der teuren Asche, an welcher er haftet, seinen Mantel wie in *Middlemarch* [3], sein versunkenes und schmerzliches Träumen; und vor allem wirkt er nicht hinzugefügt, es ist nicht eine extra dort hingestellte Figur; seine so wundervoll gesetzten Beine schließen das dekorative Motiv der anderen Seiten aus, denn der Arme nimmt Platz ein; er ist kein Symbol, er ist da, lebend und wahrhaftig; sein Körper schließt alles andere aus, er wirkt nicht hinzugefügt, er ist einfach da an seiner Urne, in der Haltung, die einfach so sein muß, neuartig und dennoch natürlich, erdacht und doch notwendig; ebenfalls nichts von der landläufigen Schmerzdarstellung, eine echte Schöpfung von Ihnen, aber der Wahrheit teilhaftig und dadurch neue Wahrheitsaspekte vom Wesen des Schmerzes aufdeckend, und die Ausdrucksformen des Körpers und die Neigungen des Antlitzes, die wir annehmen, wenn wir vom Schmerz besessen sind, und die Sie von neuem geschaffen haben, indem Sie uns die Wahrheit mittels der dunklen Erinnerung unserer damals schmerzenden Muskeln fühlen lassen, an unserer dem Kummer und der Kälte preisgegebenen fleischlichen Abhängigkeit. Gleiches gilt für den geheimnisvollen Ausdruck der im Schlaf versunkenen Köpfe oder vielmehr des Schlafes (die Symbolbedeutung der Blumenverzierungen habe ich nicht genau herausfinden können).

Ich schreibe Ihnen dies alles von meinem Bett aus, wo ich seit acht Tagen krank liege und weder sprechen, noch essen, noch schlafen kann, usw., usw., und von wo ich kaum fünf Minuten lang diese schöne, Menschliches ausstrahlende Urne betrachtet habe, deren Form sogar eine Schöpfung Ihres Geistes ist. Großes Problem, jetzt zu wissen, ob sie geringer oder vollkommener als die Schale ist, die persönlicher und unpersönlicher zugleich war, aber weniger mächtig und seelenvoll. Ich kann es nicht weiter ausführen, da ich zu erschöpft bin. Ich habe gerade noch die Kraft zu unterschreiben.

Ihr Freund

Marcel

1 Selbstgefertigt, neues Geschenk für M. Proust.
2 Harpokrates (Horus als Kind), in Ägypten seit Ende des Neuen Reiches verehrt, Sonnen- und Fruchtbarkeitsgott; dargestellt als Kind im Schoß der Isis oder mit Finger im Mund. Griechen und Römer mißdeuteten diese kindliche Geste und machten ihn zum Gott des Schweigens.
3 Vgl. S. 93, Anm. 2.

An den Prinzen Emmanuel Bibesco

[1903?]

Mein lieber Emmanuel,

ich denke, es genügt, wenn ich Sie bitte, ein Brief solle *vollkommen vertraulich* sein, um nicht befürchten zu müssen, daß Sie ihn verbreiten, selbst wenn Sie mein Ersuchen von sich weisen. Ich warte daher gar nicht erst Ihre Antwort ab, daß Sie mir Verschwiegenheit geloben, sondern komme gleich zur Sache:

Sie würden mir einen großen Dienst erweisen oder vielmehr eine große Freude bereiten, wenn Sie mir erlaubten, jemandem einen großen Gefallen zu tun, indem Sie damit einverstanden wären, mir jeden Tag während zwei oder drei Wochen die Namen der Gäste jener Abendessen oder gar Abendgesellschaften mitzuteilen, die Sie besuchen. Diese Namen würden, mit oder ohne den Ihren, im *Figaro* aufgeführt werden, doch ich glaube, daß das Auslassen Ihres Namens den Nachteil haben würde, daß man vermuten könnte, die Veröffentlichung gehe von Ihnen aus, so daß es besser wäre, ihn zu belassen; auf alle Fälle wird nie jemand etwas davon erfahren. Ich weiß wohl, daß es Ihnen lästig sein muß, und wage nicht zu hoffen, daß Sie einwilligen wollen, aber es würde mir einen großen Dienst erweisen. Ich glaube, ich werde heute abend ausgehen und Sie vielleicht anrufen, wenn Sie mir aber sofort per Eilbrief einige solche Angaben senden könnten – für das erste Mal heute eine genügend große Anzahl über die zwei oder drei letzten Tage –, würden Sie mich entzücken. Selbst wenn Sie es später nicht fortsetzen sollten und wenn ich die Angaben noch vor dem Abendessen, ja, besser noch, vor halb fünf Uhr erhalten könnte, so wäre es das Nonplusultra. Bei dieser Gelegenheit fällt mir ein, daß ich Sie bisher immer über Ihre Feste ausgefragt habe und daß Sie nun glauben könnten, es wäre alles dafür gewesen. Aber durchaus nicht, mein lieber Freund. Das ist reiner Zufall. Wenn Sie bei Ihren Angaben Aufschneidereien, verkehrte Namen einschmuggeln würden, würden Sie mir natürlich so große Unannehmlichkeiten bereiten, daß ich hoffe, Sie werden es nicht tun.

Ihr

Marcel Proust

An den Prinzen Emmanuel Bibesco

[1903]

Lieber Emmanuel,

Dank für die liebenswürdige Pünktlichkeit Ihrer Antwort. Ich habe absolut nichts von Ihren Gründen begriffen, aber es steht mir nicht an, mich zum Richter aufzuwerfen, zumal jede Bitte die Möglichkeit einer Ablehnung in sich birgt, und Ihre Gründe werden sicher vortrefflich sein, obwohl unbegreiflich, da Sie ja der anständigste und beste aller Freunde sind.

Ich möchte nicht soweit gehen zu sagen, ich sei glücklich über Ihre Ablehnung, da ich bedauere, einem Freund nicht gefällig sein zu können, aber dennoch litt ich darunter, Ihre Freundschaft um etwas anderes zu bitten als die Glückseligkeit, die sie mir bereitet und für die ich Ihnen so dankbar bin.

Von Herzen Ihnen zugetan.

Marcel Proust

An die Prinzen Antoine und Emmanuel Bibesco

[Mitte Mai 1903]

Brief eines Abonnenten.

Lieber Antoine und lieber Emmanuel,

ich schreibe Ihnen, um Sie aufzufordern, ohne einen Augenblick zu verlieren, den *sublimen* Roman[1] von Boylesve[2] in der *Renaissance* zu lesen, desgleichen die so vortrefflichen Sachen von Barrès[3]. Kurz, es ist eine ausgezeichnete Nummer, und wenn Sie Constantin[4] sehen, beglückwünschen Sie meinerseits den neuesten meiner Duzfreunde. Wer dagegen hat bloß das unglaubliche Blatt abgefaßt, das diesem Heft beiliegt. Der erste Satz lautet so: »Die *Renaissance Latine* erlaubt sich, Ihnen ein Exemplar dieser Zeitschrift zu übersenden!« Ich denke, das soll heißen, ein Exemplar von sich selbst, da ja die *Renaissance Latine* Subjekt des Satzes ist, aber wie kann sie sich als »diese Zeitschrift« bezeichnen. Man fährt folgendermaßen fort: ». . . ein Exemplar dieser Zeitschrift, in der Hoffnung, daß diese Zusendung Ihnen ermöglichen wird, sich von der Richtung, die man »*ihr*« gab, sowie von dem Nutzen dieser Veröffentlichung ein Bild zu machen.« In einem Stück von Offenbach kommt ein Hochstapler vor, den man fragte: »Der Graf von Saint-Dominguez?« und er antwortete: »Sich selbst.« Ich denke, er hat diesen Appell abgefaßt. Alles was folgt, ist ebenso wunderbar, einschließlich: »Die Rubriken, die in dieser Zeitschrift *stehen*, werden von Herrn Léon Blum[5] *geführt*, usw., und jedes Heft schließt mit einer *reichlichen Bibliographie* und einer *üppigen* Zeitschriftenüberschau aller Länder lateinischer Rasse und Zivilisation.« An »Zeitschriftenüberschau aller Länder lateinischer Rasse und Zivilisation« nehme ich übrigens keinen Anstoß, da ich nicht Bertrand bin. Aber das übrige!

Schließlich kündigt man den Roman von Monsieur Marcel Mielvaque[6] an. Wenn eine Familie auf einer verlassenen Insel an Land geht – in den Büchern von Jules Verne, usw. – wird der Buchhalter Koch, der Rechtsanwalt Aufforster, der Arzt Matrose in Anbetracht der neuen Lebensbedingungen. Wenn Monsieur Marcel Mielvaque, als hilfreicher Freitag, sich als Romanschreiber versucht, liegt das vielleicht an einem Mädchen-für-alles-sein-wollen, ähnlich der Art und Weise, wie Constantin Zeitschriftendirektor geworden ist?

Abgesehen von diesen wenigen Vorbehalten eines nörglerischen Abonnenten, ist das vorliegende Heft einfach sublim (obwohl Ruskin darin von d'Humières[7] und Mme Bulteau[8] zugleich angegriffen wird) und überragt alle *Revues de Paris*, alle *Revues des deux Mondes*, den *Mercure*, einfach alles. Es ist bewundernswert, und man möchte nicht eine Zeile auslassen. Dies alles war übrigens nur ein Vorwand, um Ihnen, meine lieben Freunde, aufs herzlichste mein Lebewohl von Fontainebleau ins Gedächtnis zurückzurufen, wobei ich Ihnen rate, das Vorwort von *l'Insecte*[9] von Michelet[10] dorthin mitzubringen.

Marcel P.

1 *L'enfant à la balustrade.*
2 René Boylesve (1867–1926).
3 Maurice Barrès (1862–1926).
4 Constantin de Brancovan, Bruder der von Proust verehrten Dichterin Anna de Noailles und Vetter der Brüder Bibesco. Direktor der *Renaissance Latine.*
5 Léon Blum (1872–1950), Kritiker und Politiker. Sozialistischer Ministerpräsident während des *Front populaire.*
6 Schrieb u. a. Romane in der *Renaissance Latine.*
7 Vicomte Robert d'Humières, Freund Prousts.
8 Vgl. *Briefe zum Werk,* S. 91, Anm. 1.
9 Ersch. 1857.
10 Jules Michelet (1798–1874), Schriftsteller und Historiker.

An Illan de Casa-Fuerte

[Sonnabend 23. Mai? 1903]

Mein lieber Freund,

Ihre Depesche ist gestern, Freitag, angekommen, ich weiß nicht, um wieviel Uhr, Sie wissen, daß ich tagsüber schlafe, ich erhielt sie abends um halb sieben. (Seit Dienstag liege ich mit 40°, dann mit 39° Fieber zu Bett; erst heute gegen sechs Uhr ist meine Temperatur gefallen, und ich hoffe, morgen aufstehen zu können.) Also *gestern* abend halb sieben Uhr (Fieber 38 5) erhielt ich Depesche Casafuerte. Unmöglich, Brancovan[1] aufzusuchen, da ich ja nicht die Kraft hatte aufzustehen. Ich schicke sofort zu ihm, lasse ausrichten, ich möchte ihn wegen dringender Angelegenheit sprechen. Man bringt mir die Antwort, er sei ausgegangen und komme zum Abendessen nicht nach Hause. Ich habe jetzt das Gefühl, daß er, wenn ich ihm *schreibe*, sich weigern wird, den Gefallen zu tun (über dessen Absurdität ich mir erlauben werde, Ihnen mündlich meine Meinung zu sagen; der Hintergrund geht mich nichts an; doch war es selbstverständlich nicht meine Aufgabe zu diskutieren, sondern allein Ihren Freundesbefehl auszuführen, was ich auch getan habe).

Aus diesem Grunde lasse ich bei Antoine Bibesco anfragen, mit dem ich enger befreundet bin als mit Brancovan und der wiederum selbst vertrauter mit ihm ist. Ebenfalls ausgegangen. Jetzt schreibe ich an Bibesco, indem ich ihm alles erkläre, ihm Ihre Depesche überlasse, usw. Es war zehn Uhr abends. Man bringt meinen Brief zu Bibesco. Er war auch noch nicht wieder zu Haus. Da er weiß, daß ich tagsüber schlafe, hatte ich ihn gebeten, alles durch Brancovan erledigen zu lassen, ohne mir zu berichten. Damit endet der *Freitag*.

Als ich am *Sonnabend* erwache, diesmal ohne Fieber, frage ich nach meiner Post und finde kein Wort von Brancovan, kein Wort von Antoine Bibesco, sondern meine zweite Depesche Casafuerte. Was soll ich ihm antworten? Ich wußte nichts. Ich schicke (es war ungefähr halb sieben Uhr) zu Bibesco, im Augenblick, da man zu ihm gehen wollte, klingelt es, es war Emmanuel Bibesco (Bruder des erwähnten Antoine). Ich halte den Dienstboten, der fortgehen wollte, zurück und frage Emmanuel: »Nun, die Antwort?« – »Welche Antwort?« Aus Diskretion hatte Antoine ihn in nichts eingeweiht. Ich sage zu ihm: »Ist Antoine zu Haus?« – »Nein, aber er kommt um acht Uhr zum Abendessen.« – »Nun gut, so soll er mir sofort nach seiner Rückkehr Bescheid geben, ob Brancovan die Angelegenheit erledigt hat.« Ob nun Antoine später nach Hause kam oder nachlässig war, jedenfalls habe ich seine Nachricht erst um 9 Uhr erhalten: »Constantin hat getan, was Du wolltest.« Ich habe sofort eine Depesche ins Grand-Hôtel gesandt. Man hat sie mir vor zwei Stunden zurückgebracht, denn das Telegraphenamt war geschlossen. Ich habe Anweisung gegeben, man solle sie morgen früh gleich nach Öffnung aufgeben, morgen früh, d. h. Sonntag früh. Sie werden sie also Sonntag früh gegen neun Uhr in Venedig erhalten, noch lange vor diesem Brief.

Was diesen Brief anbetrifft, so wäre es sehr nett von Ihnen, mir den Empfang auf einer einfachen Postkarte zu bestätigen, denn ich bin sehr beunruhigt zu wissen, ob es wirklich Catoir in Ihrer Depesche heißen sollte. Denn Ihre beiden Depeschen sind dergestalt übermittelt worden, daß ich mich noch jetzt frage, ob ich auch nur ein Wort von ihnen richtig herausgekriegt habe. Das eigentliche Wunder ist aber, daß sie mich überhaupt erreicht haben. Die zweite trug folgende Adresse, um Ihnen einen Eindruck zu geben:

Monsieur Marcel *Procet*
45 rue de *Clicselles*

Wie kam man nur darauf, daß Clicselles Courcelles bedeutete und Procet Proust, das ist mir schleierhaft. Übrigens hatte man so viel Zweifel, daß der Telegraphenbote zu warten wünschte, um sich zu vergewissern, daß sie wirklich für mich bestimmt sei. Da ich schlief und man mich nicht aufwecken wollte, hat Mama die Depesche geöffnet, und als sie Ihren Namen sah, den sie oft in der Unterhaltung mit Sympathie und Bewunderung von mir hat aussprechen hören, hat sie die Depesche behalten und den Boten gehen lassen (es handelte sich um die zweite, folglich haben meine Eltern keine Ahnung vom Inhalt der ersten, und die zweite war belanglos).

Ganz der Ihre, lieber Freund.

Marcel Proust

1 Constantin de Brancovan.

An den Prinzen Antoine Bibesco

[1903]

Lieber Antoine,

die Gewohnheit, Dir alles zu sagen, muß Dein Privileg bleiben und darf sich auf keinen erstrecken, wer es auch sei. Lucien Daudet, Reynaldo, Yeatman usw. werden gleichfalls nichts davon erfahren. Du hingegen darfst keinesfalls zu Lauris, Billy oder Constantin davon sprechen.

Von neuem fühle ich mich unglücklich, mein lieber Antoine, und das Leben ist mir augenblicklich nicht hold. Verzeih mir.

Dein

Marcel Proust

An den Prinzen Antoine Bibesco

[1903]

Lieber Antoine,

ich schreibe Dir, um Dir mitzuteilen, daß mir fortwährend neue Geschichten über Frauen zu Ohren kommen, die Du hast vergewaltigen wollen.

Kurz, Deine Gewalttätigkeit ist einfach sagenhaft. Noch wichtiger ist, daß Du mich dieser Tage nicht nachmittags besuchst, denn ich würde Dich nicht empfangen, da ich zu müde bin. Niemals vor neun oder zehn Uhr abends. Schreib, wann Du abfährst. Auf Wiedersehen.

Marcel

An Georges de Lauris

Donnerstag [August 1903?]

Lieber Freund,

die beigefügten Auskünfte über die Bretagne habe ich erst umsonst erbeten, dann verlegt. Dem wenigen, das mir bekannt ist, füge ich noch folgende Hinweise hinzu. Begmeil ist ein Apfelgarten, der bis hinab zur Bucht von Concarneau reicht: die sanfteste, mildeste, wonnigste Gegend, die ich kenne. Auch denke ich, daß die Bucht von Morbihan sehr schön sein muß. Es ist einfach undenkbar, die Pointe du Raz nicht zu besuchen, Sie wissen, daß es historisch und geologisch buchstäblich »le Finistère« ist (das am weitesten ins Meer ragende Landende), der riesenhafte, immer von rauher See umgebene Granitfelsen beherrscht die Baie des Trépassés[1] gegenüber der Île de Sein. Es sind düstere, berüchtigte Orte, die man einfach kennen muß, von Fluch beladen. Ich gestehe aber, daß ich ihnen durchaus Penmarch vorziehe, das Sie nicht auslassen dürfen, eine Art Mischung von Holland, Indien und Florida (Harrison[2] dixit), ein Sturm dort gehört zum Großartigsten, was man erleben kann. Indem Sie Picard[3] bei Bertrand[4] nicht die Wahrheit gesagt haben, waren Sie für mich. lieber Freund, Anlaß vieler Unannehmlichkeiten. Da ich einen Weg suchte, ihm meine Aufrichtigkeit und Sympathie zu beweisen, habe ich mich nicht getraut, die Gelegenheit dazu vorübergehen zu lassen, die sich mir bot, als er mich darum bat, sein Sekundant zu sein. Und das bringt mir ein Zerwürfnis mit den Straus, den Le Bargy[5] und tausend andere Scherereien. Über Bertrand berichte ich Ihnen nichts Neues, da ich annehme, daß Sie mehr wissen als ich. Er (Bertrand) hat Paris verlassen[6], mir scheint, es war letzten Sonnabend vor einer Woche (es sind übermorgen vierzehn Tage), an jenem Abend habe ich mit Antoine[7] und ihm gegessen, und wir haben ihn ziemlich aufgekratzt in den Zug gesetzt. Als Antoine Paris verlassen hat, war er auf mich böse. Er ist, wie es scheint, in England. Ich möchte Sie gern sehen, lieber Freund. Bestellen Sie Henraux[8] schöne Grüße von mir; ich erlaube mir nicht, Sie zu bitten, meine besten Empfehlungen Ihren Eltern auszurichten, es ist ungerecht (daß ich sie nicht kenne), wo ich doch die »Bonmots« Ihres Herrn Vaters bewundere und verbreite. Wie traurig ist es zu sehen, daß Labori[9] aus der Humbert-Affäre[10] die Parodie der Dreyfus-Affäre macht, in der er selbst die Rolle des Generalstabs spielt mit absurden, immerfort versprochenen Geheimnissen. Nur aus einem Grunde bedauere ich, Dreyfus-Anhänger zu sein, weil ich dadurch den edlen und anständigen Albu betrübe. Wohl hat er mich gebeten, ich möge ihm die Affäre erklären, damit er meine Überzeugung teilen könne, ich habe aber nicht den Mut dazu. Ich hoffe, daß die Bretagne die sanften, reizenden Saiten in Ihnen zum Klingen bringt, die durch ein selten von der Natur bewirktes Wunder in Ihrer Intelligenz mit tiefen und herben Saiten verbunden sind. Wenn Sie zu mir sagen:

an dem und dem Tage bin ich in Paimpol oder auf der Insel Bréhat, usw., werde ich den Zug nehmen und zu Ihnen eilen (wenn ich dann noch in Paris bin). Nochmals herzliche Grüße an Henraux.

Ganz der Ihre.

Marcel Proust

1 »Bucht der Abgeschiedenen«.
2 Frederic Harrison (1831–1923), engl. Schriftsteller.
3 André Picard, Dramatiker.
4 Bertrand de Salignac-Fénelon.
5 Charles Le Bargy (1858–1936), Schauspieler.
6 Bertrand de S.-F. wurde Sekretär an der frz. Botschaft in Konstantinopel.
7 Antoine Bibesco.
8 Lucien Henraux.
9 Fernand Labori (1860–1917), Rechtsanwalt, verteidigte u. a. Alfred Dreyfus, Zola, Thérèse Humbert, Lemoine.
10 Thérèse Humbert, Frau eines früheren Abgeordneten, gab sich als Erbin einer amerikanischen Millionenerbschaft aus, die sie sich mit großen Summen bevorschussen ließ. Der Betrugsprozeß erregte die Pariser Öffentlichkeit in den Jahren 1902/3.

An Anna de Noailles

Montag [ungefähr Oktober 1903]

Verehrte gnädige Frau,

Sie sind unendlich liebenswürdig. Ich wäre entzückt, Mittwoch zu dinieren. Aber ich muß Donnerstag ausgehen (ich kann es kaum umgehen, ich habe die Angelegenheit bereits viermal verschieben müssen, weil ich immer krank gewesen bin). Und ich kann nicht zwei Tage hintereinander ausgehen, da ich nach jedem Ausgang mehrere Tage krank bin. Hin und wieder habe ich gegen dieses Leben, in dem jede Freude bezahlt werden muß, jene Art von »traurigem Widerwillen, ein Gefühl der Verarmung und Verzweiflung«, das die liebe, gute und feinfühlige Sabine[1] empfand, sobald sie die Möbel ihres Salons verschoben und ihren Diener beim Fegen sah. Zumindest möchte ich zurückgezogen leben, schöpferisch arbeitend in einem großen Kloster, dessen bewunderungswürdige, ganz in Weiß gekleidete Äbtissin Sie wären. Obwohl meine kirchenfreundliche Gesinnung – vorübergehend – abgeschwächt ist, weil ich gerade die Geschichte der Befreiung der Gemeinden wiederlas und neu vor Augen habe, was diese armen Bürger und enthusiastischen Bauern von all jenen Schweinen zu erleiden hatten[2]. Ich war davon um so mehr betroffen, als die schmerzlichste Geschichte, die auch, wie Sie sagen würden, in »staatsbürgerlicher« Sicht den stärksten Schauer verursacht, jene der armen Gemeinde Vézelay[3] ist, deren wundervolle Abteikirche ich vor einem Monat – auf Kosten wie vieler Asthmaanfälle! – ohne Groll und unbelastet bewundert habe, ohne von der Grausamkeit des Abtes Pons de Monboissier etwas zu ahnen. All das will ich aber vergessen wegen meiner Liebe zu den Kirchen, zu denen ich immer wieder zurückkehre »wie die Wespe zur aufgeblühten Lilie fliegt« und auch, weil jene Bürger wohl noch grausamer waren, wenn das vorstellbar ist. Zudem habe ich von Geschichte keine blasse Ahnung. Und ich habe gerade *Vieux Papiers, Vieilles Maisons*[4] und *Batz*[5] von Lenôtre[6] gelesen. Dennoch ist es ein starkes Stück, daß Clemenceau[7] sich als Anhänger der Schreckensherrschaft[8] gebärdet, jedenfalls nicht zugesteht, daß man sie vom Block[9] absondert. Gnädige Frau, Sie sind nicht mein Beichtvater, und ich weiß nicht, weshalb ich Ihnen nicht einen einzigen meiner absurden Gedankengänge erspare, und ich versuche, diesen vermessenen Erguß durch die leidenschaftlichste Hochachtung vergessen zu machen.

Marcel Proust

1 Anspielung auf die Heldin des Romans *La nouvelle Espérance* (1903) von Anna de Noailles.

2 D. h. vor Abschaffung der adligen und klerikalen Privilegien.

3 Im Département Yonne, in der Nähe von Auxerre, gelegen.

4 *Vieilles maisons, vieux papiers*, ersch. 1900/09.

5 *Un conspirateur royaliste pendant la Terreur: Le Baron de Batz*, ersch. 1896.

6 Louis-Léon-Theodore-Gosselin Lenôtre (1857–1935).

7 Georges Clemenceau (1841–1929), frz. Politiker und Historiker.

8 31. 5. 1793 – 27. 7. 1794.

9 Clemenceau verfocht diese These von der Unteilbarkeit der Revolution und ihrer Anhänger.

An den Prinzen Antoine Bibesco

[1903]

Lieber Antoine,

Du warst heute abend *allerliebst*. Trotz allem aber bist Du der Händler meiner Seele, und ich möchte viel lieber Dir alle Freundlichkeiten vergelten, um sie zurücknehmen und wieder so herausbekommen zu können, wie sie gewesen wäre, wenn ich sie nicht verkauft hätte, mit ihren nicht ausgeplauderten Geheimnissen, ihren nicht geschändeten Gräbern und Altären. Hin und wieder reckt sich vor mir das verblichene und vorwurfsvolle Gesicht dessen auf, »was hätte sein können und nicht ist«, das heißt das bessere Wesen, das ich verkörpert hätte, wenn ich nicht, um Dich zu unterrichten, koste es was es wolle, verkauft

hätte, was im Grunde niemand das Recht hat zu kaufen und was eigentlich allein der Teufel kauft. Aber ach! »It may not be mended and patched and pardoned and worked up again as good as new«.[1]
[...]
Dein

M. P.

1 »Es kann nicht ausgebügelt und geflickt und verziehen und wiederhergestellt werden, als sei es neu.«

An den Prinzen Emmanuel Bibesco

[1904]

Lieber Emmanuel,

Sie wissen sicher nicht, was Sie mir heute abend gegeben haben, oder wenn Sie es wüßten, sind Sie, wie Ödipus zu Theseus sagte, der Großmütigste aller Sterblichen. Der *Temple enseveli*[1] enthält Schätze, und es ist nur recht und billig, daß ich Ihnen das Buch zurückgebe, wie jemand, dem man ein Säckchen geschenkt hat, und der, als er beim Öffnen sieht, daß es Edelsteine enthält, sich nicht befugt glaubt, es sich anzueignen.

Wie wir uns auch immer entscheiden mögen, wem der *Temple enseveli* endgültig gehören soll, es ist jedenfalls nötig und einer Freundschaft gemäß, daß ich Ihnen das Buch zurücksende, daß Sie es mir daraufhin wiedergeben, daß ich es Ihnen abermals zurückschicke und daß es auf diese Weise jedem von uns, in einem unablässigen Austausch mit den Meditationen des anderen, den notwendigen Begriff einer herzlichen Gemeinsamkeit vermittelt.

Ich befürchte, Antoine[2] hat meinen Brief nicht gelesen.

Ich habe seine Antwort erhalten. Ich habe aber die Zukunft schon enträtselt, was ebensoviel wert ist wie in der Zukunft zu lesen, obwohl dieses zu jenem den Schlüssel nicht liefert. Ich danke Ihnen.

Ihr

Marcel Proust

1 Ersch. 1902, Essays von Maurice Maeterlinck (1862–1949), flämischer Schriftsteller frz. Sprache.
2 Antoine Bibesco.

An Louisa de Mornand

Freitag [1. Jan. 1904?]

Meine liebste Louisa,

vorhin bringt man mir ein Paket ... Da ich stets verbiete, mir Geschenke zu machen, erhalte ich auch niemals welche. Und ich hatte es nicht für notwendig gehalten, für meine liebe Louisa mein Verbot zu erneuern, denn wie soll ich ahnen, daß jemand, der das ganze Jahr über mir nur Aufmerksamkeiten entgegenbringt, auch noch auf die Idee verfällt, zu Neujahr an mich zu denken. Ich mache also das Paket auf, aber mit der Überzeugung, daß ein Irrtum vorliegt. Dann schlage ich ein Papier auseinander und habe nun ein derart hinreißend weißes Schmuckkästchen vor mir, daß in meinem Hirn schon der Gedanke keimt, den Irrtum auszunutzen und das Kästchen zu behalten oder mir ein gleiches zu kaufen, die Vorstellung, mich von diesem weißen, idealen Gegenstand zu trennen, war mir bereits unerträglich, derart fest hatte ich mich schon mit diesem reizenden Kästchen befreundet. Wenn Sie meinen, so schnell gehe es doch mit der Freundschaft nicht, so sagen wir eben stattdessen, daß ich neben starker Bewunderung schon eine unwiderstehliche Zuneigung ihm gegenüber empfand, die recht entschlossen war, sich sehr schnell in eine unauflösliche Freundschaft zu verwandeln. Und ich betrachte das Kästchen, ohne auf den Gedanken zu verfallen, daß ein so hübsches Ding etwas noch Hübscheres in sich bergen könne, derart schien es sich selbst zu genügen. Ein gewisser verborgener Knopf indessen (ohne anstößige Anspielung) schien mich unausgesetzt aufzufordern, ihn sanft zu drücken. Und wenn je ein Knopf (immer noch ohne Anstößigkeit) vielversprechender war, so hat keiner jemals so vollkommen sein Versprechen gehalten, indem er den Zugang in ein derartiges Paradies gewährt. Ich öffne ... und ich sehe etwas so Anbetungswürdiges, daß ich nicht verstehen kann, wie ich ohne es bislang habe leben können, und es wird mich nicht einen Schritt verlassen, ich verspreche es ihm. Sein kleiner Goldrahmen umschließt das hinreißendste Bild, das man sich vorstellen kann. Ich weiß nicht, ob alle Stunden glücklich sind, wie diese anmutige Person mit dem Optimismus der Schönheit es verkündet und vorhersagt oder doch wenigstens wünscht. Ob sie nun glücklich sein mögen oder nicht – jedenfalls sind sie alle schön, wenn der Zeiger, um sie anzuzeigen, über etwas hinstreicht, das eine Nuance reicher und wunderbarer ist als der radschlagende Pfau oder das sonnenbeschienene Meer. Die vier Goldlilien, die sich in den vier Ecken spreizen, sehen aus, als seien sie von diesem bezaubernden Schauspiel berauscht. Und ich kenne das Leben wahrhaftig und kann leicht aus den

Stunden, die es mir gewährte, schließen, daß nicht alle, die es mir noch schenken wird, glücklich sein werden. Nicht alle! Vielleicht keine! Glücklich! Erst nachdem ich viele Leute gefragt habe, die zu wissen vorgeben, was das Wort ›glücklich‹ bedeutet, konnte ich mir notdürftig eine vage Vorstellung von seinem Sinn machen. Wie die Stunden aber auch beschaffen sein mögen, die mich verwunden, bevor sie mich töten (Sie wissen vielleicht, daß ein lateinischer Spruch, den man auf Sonnenuhren anbrachte, etwa so lautete, ich übersetze ihn Ihnen ins Französische: alle verwunden, die letzte tötet), niemals werde ich müde werden, ihr mörderisches Vorbeiziehen zu bewundern, wenn ich sie über das meergrüne oder pfauenblaue (bei künstlichem Licht kann ich es nicht genau bestimmen) Email gleiten sehe und wie sie die tröstliche Devise, die schönen Goldziffern erreichen und überschreiten. Und nun die größte Freude von allen. Ich glaubte nicht, es sei für mich bestimmt ... ich sah zugleich, daß es sich um keinen Irrtum handelte, daß ich wahrhaftig der Besitzer des hinreißenden Kleinods war, und gleichzeitig erfuhr ich, das einzigartige Wesen, dem ich dies Geschenk verdanke, war ... meine liebe Louisa. Niemandem gegenüber konnte ich eine zärtlichere Dankbarkeit empfinden. Daher habe ich so viel Zeit darauf verwandt, ihr zu danken, daß ich jetzt weder Platz habe, ihr zu grollen, was doch noch viel notwendiger war, noch dafür, ihr meine Wünsche für ein glückliches, gesundes und gutes neues Jahr zu sagen, was ich, wie sie weiß, recht zärtlich und von ganzem Herzen tue.

Marcel

An den Prinzen Antoine Bibesco

Freitag abend [1904?]

Mein lieber Antoine,

gestern abend um zehn Uhr hast Du mir gesagt, daß Du mir unverzüglich den Vertrauensbruch mitteilen würdest, dessen ich mich nach Deiner Behauptung vor achtzehn Monaten schuldig gemacht habe – falls ich den Namen einer Frau herausbekäme, die Du vor weniger als zwei Monaten in »den Hals gebissen« hast. Du gabst mir soviel Zeit wie ich wollte und hast mir in diesem besonderen Fall zwei Wochen zugebilligt.

Nun habe ich soeben um sechs Uhr – ich war noch nicht angezogen – Dir telephonisch den Namen der betreffenden Dame mitteilen lassen, an den ich mich im Augenblick nicht mehr genau erinnern kann und der etwa Lang lauten muß; übrigens werde ich es Dir noch genau sagen können. Ich malte mir also aus, daß ich von Dir ein Briefchen erhalten würde, das mir den Vertrauensbruch mit ebenso großer Schnelligkeit mitteilen würde, wie ich dazu gebraucht habe, eine Indiskretion zu erhalten (wohlgemerkt: zu erhalten, nicht zu provozieren). Verblüfft, um neun Uhr noch nichts erhalten zu haben, ließ ich Dich anrufen, Du warst ausgegangen. Schließlich bin ich um halb elf bei Dir vorbeigegangen und habe Bescheid gesagt, ich wäre bis Mitternacht zu Haus zu erreichen. Nichts. Wenn Du Dich unter diesen Bedingungen nicht schleunigst aufraffst, ist der Krach perfekt. Weck mich aber bitte deswegen nicht auf.

Dein

Marcel

An Anna de Noailles

[15. oder 16. Januar 1904]

Verehrte gnädige Frau,

vorgestern habe ich Ihnen einen langen Brief geschrieben, um Ihnen zu danken (ich hatte Sie besuchen wollen, ich hatte telephoniert, Sie waren ausgegangen – und jetzt geht es mir erneut nicht sehr gut). Sie sind zu liebenswürdig, mir geschrieben zu haben, ich kann Ihnen gar nicht die Freude beschreiben, die ich darüber empfand. Lesen Sie bitte in der perfiden *Inconstance*[1] *latine*, in der undankbaren *Jactance*[2] *latine*, in der choquierenden *Inconvenance*[3] *latine*, die trotz alledem die bestgemachte Zeitschrift von Paris ist, die wunderbaren Seiten aus Walden[4]. Man hat den Eindruck, sie im eigenen Innern zu lesen, derart steigen sie vom Grund unserer persönlichsten Erfahrung auf. Das Ende einer Freundschaft ist eine traurige Angelegenheit und zwingt dazu, die alten Freunde durch neue zu ersetzen. Ich beginne Gabriel de La Rochefoucauld sehr liebzugewinnen. Wahrhaftig. Ich bin schier untröstlich darüber, feststellen zu müssen, wie wenig Menschen wahrhaft nett sind, wie man völlig umsonst sein Herzblut verschwendet. Der Artikel[5] über Comte[6] in der *Indécence*[7] *latine* erschien mir recht interessant. Die dreiviertelstundenlangen Gebete an Clotilde de Vaux[8] sind wahrlich eine erstaunliche Eingebung. Lucien[9] würde das eine Strafe des Himmels nennen. Doch wahrlich, mir scheint, daß alle diejenigen, die zu übermenschlich gewesen sind, die das Verbrechen von Prometheus oder Nebukadnezar begangen haben, wie Nietzsche gleich einem Tier enden oder wie Comte in einer widersinnigen Religion stranden müssen. Immerhin geht meine

Verehrung für die *Méconnaissance*[10] *latine* nicht so weit, die Verse[11] gut zu finden. Sie scheinen mir stupide, doch ich habe sie nur überflogen.

Leben Sie wohl, gnädige Frau. Absolutes Schweigen, was Horatio[12] anbetrifft.

Ihr ehrerbietiger Freund

Marcel Proust

1 ›Lateinische Unbeständigkeit‹, persiflierende Variationen über den Titel der Zeitschrift *La Renaissance Latine*, deren Direktor Constantin de Brancovan war; vgl. die Anm. 2, 3, 7 und 10.

2 ›Prahlerei‹.

3 ›Unanständigkeit‹.

4 Anspielung auf *Walden ou la vie dans les bois* von Henry David Thoreau (1817–1862), amerikanischer Schriftsteller, übersetzt von Prinzessin Edmond de Polignac, geb. Winaretta Singer, in Auszügen veröffentlicht in *La Renaissance Latine* vom 15. 1. 1904, S. 133–146.

5 *Auguste Comte, amoureux et mystique* von Georges Dumas, in derselben Nr., S. 112–132.

6 Auguste Comte (1798–1857), frz. Philosoph des Positivismus.

7 ›Unsauberkeit, Unziemlichkeit‹.

8 Geliebte A. Comtes.

9 Lucien Daudet.

10 ›Verkennung‹.

11 Vermutlich sind die *Poèmes* von Jean Renouard in ders. Nr., S. 147–151, gemeint.

12 Pseudonym, unter dem Proust u. a. im *Figaro* Artikel veröffentlichte.

An Marie Nordlinger

[15.–30. Jan. 1904]
Ich bin sehr krank

Dank für diese nicht balsamischen Balsaminen. Balsam um so mehr für mich, da er nicht duftet. Samenkörner, geistreiches Geschenk (»geistreich« im humoristischen Sinne des Wortes, den es wegen Ihrer verfluchten englischen Durchdringung[1] verliert) für jemanden, der Blumen liebt und Düfte nicht verträgt. Samenkörner, Blumen für die Phantasie, wie die Zwerg-Bäume von Bing[2] Bäume für die Phantasie sind. Die einen: Zukunft der Blumen; die anderen: Vergangenheit der Bäume – in einem kleinen Geschenk vereint. In den Whistler[3] selbst will ich nichts schreiben; das Exemplar hat Seltenheitswert, und es wäre frevelhaft, würde man auch nur das geringste hineinschreiben. Außerdem verträgt es nicht einen unbedeutenden Namen wie den meinen, da es wirklich das Buch eines zu großen Mannes ist. Andernfalls wäre ich der Cockney[4], der in der Kathedrale von Amiens eine Widmung in das Buch schreibt (siehe *The Bible*, IV)[5].

Ruskin und Whistler haben sich gründlich verachtet, weil ihre *Systeme* einander widersprachen. Es gibt aber nur eine Wahrheit, und diese nahmen sie alle beide wahr. In seiner Kritik an Ruskin sagt Whistler: *Sie sagen, ich hätte dies Bild in einigen Stunden gemalt. Doch das liegt daran, daß ich es mit der Erfahrung meines ganzen Lebens gemalt habe.* Nun schrieb zur selben Zeit Ruskin an Rossetti[6]: *Was Sie schnell schaffen, aus dem Augenblick heraus, Ihre flüchtigen Skizzen ziehe ich Ihren ausgearbeiteten Werken vor. Zudem benötigen Sie zum Ausarbeiten – sagen wir – sechs Monate; was Sie aber mit einem Strich entwerfen, ist das Ergebnis von vielen Jahren Traum, Liebe und Erfahrung.* Hiermit treffen die beiden Sterne mit einem vielleicht feindseligen, aber doch identischen Strahl denselben Punkt. Wir haben einen Fall von astronomischer Koinzidenz.

Dank Reynaldo[7] (alles, was ich jemals vollbracht habe, verdanke ich immer Reynaldo) bin ich eines

Abends Whistler begegnet, und er hat mir gesagt, daß Ruskin absolut nichts von Bildern verstünde. Das ist möglich; doch seine Irrtümer beschrieben und vergegenwärtigten jedenfalls, selbst wenn er über die Bilder anderer fabuliert, wunderbare Bilder, die man als solche lieben muß. Und wir wollen beide uns bemühen, sie in Frankreich in Form von gewissenhaften und begeisterten Nachbildungen [8] vorzulegen und heimisch werden zu lassen.

Herzlich Ihnen zugetan,

Marcel Proust

Können Sie Coco [9] umgehend ausrichten lassen, daß sein Spazierstock sich wieder angefunden hat und sich bei mir befindet.

1 Im Original ›spirituel‹; engl. ›spiritual‹ hingegen heißt ›geistlich, kirchlich‹.

2 Siegfried Bing, für den Marie Nordlinger arbeitete.

3 James McNeill Whistler (1834–1903), amerik. Maler. Es handelt sich um sein Buch *The gentle Art of Making Enemies* . . . (ersch. 1890)

4 Echt Londoner Stadtkind.

5 Ruskins *The Bible of Amiens,* Kapitel IV.

6 Dante Gabriel Rossetti, engl. Maler.

7 R. Hahn, Vetter von M. Nordlinger.

8 D. h. in ihren gemeinsamen Übersetzungen, vgl. *Briefe zum Werk*, S. 61–217.

9 Frédéric de Madrazo.

An Anna de Noailles

Mittwoch [abend], eben nach Hause gekommen

[20. Januar 1904]

Verehrte gnädige Frau,

Sobald man sein Abitur bestanden hat, bemerkt man, daß man drei Viertel der Dinge vergessen hat zu sagen, die man wußte. Kaum hatte sich die Tür in der Avenue Henri-Martin [1] erneut hinter mir geschlossen – da ich die elektrische Beleuchtung im Treppenhaus nicht auszulöschen verstand –, als ich die Gewißheit gewann, daß die improvisierte Verteidigung meines Verhaltens, die ich vorgebracht hatte (um auf den vagen Vorwurf in Ihrer Haltung zu antworten), in irrsinniger Weise unvollständig war. Und die übersehenen Fehler meines Gegners und mein verdienstvoller Langmut tauchten mit jeder Minute wieder vor mir auf. Zu Hause angelangt wandte ich mich wieder dem Kelch der *Briefe Constantins* [2] zu, wie ein Betrunkener dem Getränk, von dem er besessen ist. Im letzten steht ein Satz, dessen ganze Bitternis ich beim ersten Lesen nicht genügend ausgekostet hatte, und der beiläufig und scheinheilig die Maßnahme, die mich der Kritikerstellung enthebt, als in *meinem Interesse* getroffen hinstellt. Ich kopiere wörtlich (dieser Brief ist von Dienstag, gestern, datiert): »Sie haben an mir gezweifelt, ich bin Ihnen nicht böse deshalb. Ich wäre glücklich, wenn Sie so häufig wie möglich an der Zeitschrift [3], die ich leite, mitarbeiten würden. Ich glaube indessen, daß es aus vielen Gründen *vorzuziehen ist, daß Sie nicht die Verantwortung für eine regelmäßige Rubrik auf sich laden, die Ihnen viel Mühsal, Arbeit und Ärger verursachen würde.*« Das ist ganz im Sinne des: »Ihre Bedenken offenbaren zuviel Zartgefühl«[4], aus der Fabel von La Fontaine. Wie kommt es aber, daß Constantin dieselben Bedenken nicht bereits im vergangenen September gehabt hat, als er mir diese »regelmäßige Rubrik« antrug, und warum läßt er sie sich erst im Januar einfallen? Denn eine Mitarbeit, die sich darin erschöpft, Artikel zu verfassen und auf ihre Annahme zu warten, steht einem jeden zu, der Artikel macht und einschickt, selbst wenn er die Zeitschrift gar nicht kennt, ein Recht, von dem seine Freunde in der Tat *a priori* nicht ausgeschlossen sind. (Obwohl dieser Brief vom Dienstag datiert ist und ich ihn auch erst Dienstag empfangen habe, nehme ich an, daß er schon Montag geschrieben wurde, da ja unser Zerwürfnis seit Montag besteht und er zu mir sagte, als ich ihn sah: »Wenn Sie nach Hause kommen, werden Sie einen Brief von mir vorfinden.«)

Gnädige Frau, verzeihen Sie diese letzte Sturzflut »ohnmächtiger Wut«. Das Lächerliche des Papiers (kein anderes war in Reichweite), auf dem ich Ihnen schreibe, verleiht meiner Klage obendrein noch einen Anflug von Prozeßsüchtigkeit: »Möge es dem Tribunal gefallen usw.« Haben Sie nochmals Dank, mich zu dieser Ihnen so ungelegenen Stunde empfangen zu haben, unter den Blüten jener antiken Schleier, Sie, die Sie »im Körper Iphigeniens das Herz Vergils«[5] besitzen. Ich habe Sie in so guter körperlicher Verfassung angetroffen und war so glücklich zu bemerken, welche Widerstandskraft Sie besitzen, daß Sie nach einer breiartigen Angina (nein, ich weiß das rechte Wort nicht) so wohlauf sind. Ich hoffe, daß diese Veränderung der Gewohnheit, das Aufstehen, usw. nicht Ihren Schlaf, Ihr Wohlbefinden, Ihren Appetit, kurz, die Mechanik Ihrer Gewohnheiten, wie Saint-Simon sagt, gestört hat. Ich habe wohl gespürt, daß Sie mich zwei oder drei Mal als Tölpel empfunden haben (als ich gefragt habe, ob ich telephonieren könne, ob man das Treppenhaus erleuchten könne, als ich sagte, ich verstehe nicht, das Licht auszumachen), und ich habe darunter gelitten.

Leben Sie wohl, gnädige Frau, ich bewundere Sie in ehrfurchtsvoller Verehrung.

Marcel Proust

1 Wohnung von Madame de Noailles seit ihrer Heirat bis 1910.
2 Constantin de Brancovan, Bruder von Mme de Noailles.
3 *La Renaissance Latine.*
4 Fabeln VII, 1 *Les Animaux malades de la Peste,* Vers 35.
5 Anspielung auf einen Vers des Gedichts *La Terre* in *Le coeur innombrable* (1901).

An den Prinzen Antoine Bibesco

[1904]

Mein lieber Antoine,

(Du siehst, daß ich Dir nicht in jenem verärgerten Ton schreibe – übrigens *sollte man sich nur über belanglose Dinge ärgern* – und ferner finde ich, daß diese Zwischenfälle zu häufig vorkommen, als daß sie jedesmal eine derart große Verausgabung an Nerven- und Gefühlskraft rechtfertigen würden.) Ich wollte Dir einige *ultima verba* sagen, wodurch die Auseinandersetzungen dieser Art auf immer beendet sein werden. Ich habe heute die Strafe erhalten, welche die Rachegöttin demjenigen vorbehält, der die Möglichkeiten des Schicksals hat überschreiten wollen:

1. Im Glauben, eine Freundschaft außerhalb der gewöhnlichen Grenzen und Vorbehalte schließen zu können.

2. Weil er für seinen Freund hinsichtlich des Versprechens, anderen das Geheimnis zu wahren, usw., usw., die allerheiligsten Abmachungen gebrochen hat.

Der Umstand, Dir opfern zu müssen, was vorher der beständig fortdauernde Zug meines Charakters war, nämlich die Unmöglichkeit, Schlechtes weiterzusagen, weil Du des öfteren behauptet hast, darin liege der einzige Freundschaftsbeweis, den ich Dir noch nicht gegeben hätte.

Hélas! devais-je en croire une amante insensée? [1]

Kaum hatte ich also, um bei »Andromache« zu bleiben, mit der Schmach, einen Schwur zu brechen, einen Freund zu verraten, mein Gewissen Dir zu opfern, diesen Beweis erbracht, hast Du mich unverzüglich dafür mit einer ungeheuer machiavellistischen Antwort gestraft, was der allertragischsten Situation gleichkommt. Deshalb hat Racine sie nur durch den folgenden sublimen Vers ausdrücken können, den ich auf mich beziehen würde, wenn mir jetzt nicht alles egal wäre:

Grâce aux dieux mon malheur passe mon espérance [2]

Praktische Schlußfolgerung: wenn es Dir recht ist, werden wir auf jenen unmöglichen und grausamen Pakt verzichten, der mir bereits soviel Böses zugefügt hat. Ich wähle einen merkwürdigen Augenblick, um ihn aufzukündigen, da ich Dir ja schon tausend Enthüllungen gemacht habe, Du dagegen nicht eine einzige; ich hätte wahrlich einen anderen Zeitpunkt wählen sollen als diesen jetzt, da ich alles, Du aber nichts gegeben hast. Ich verkaufe meine Aktien im ungünstigsten Moment. Gleichviel! Wir wollen die Sache auf immer begraben. Keineswegs aber unsere

Freundschaft. Ich werde nicht die Spur weniger nett zu Dir sein. Schluß aber mit vertraulichen Mitteilungen, Bündnissen, ewigen Schwüren.

In alter herzlicher Freundschaft

Marcel

Ich könnte Dir meinen Brief unwiderlegbar »begründen«; das ist aber unnötig, nicht wahr?

1 »Ach, durfte ich einer wahnsinnigen Geliebten Glauben schenken?« Racine, *Andromaque* V, 3.

2 »Dank den Göttern übersteigt mein Unglück meine Hoffnung.« *Andromaque* V, 5.

An den Prinzen Antoine Bibesco

[1904]

Lieber Antoine,

Du hast Fehler. Ich glaube, wenn Du Dich ändern könntest (nicht in Beziehung zu mir, aber Deinen zukünftigen Freunden gegenüber), würde das sehr wertvoll für Dich sein, zunächst, weil Du dadurch besser, vollkommener, feinfühliger würdest, dann aber auch im Hinblick auf Dein Fortkommen. Ändere nichts in der Beziehung zu mir, man verbessert nicht etwas In-sich-Abgeschlossenes, man schafft vielmehr etwas Besseres, indem man aus der Erkenntnis der vergangenen Fehler profitiert. Schließ neue Freundschaften und verfall nicht wieder in dieselben Irrtümer (eine solche Entwicklung wird sicher auch mir nochmal dienen).

Dein

Marcel

An Anna de Noailles

[Ende Februar–März 1904]

Verehrte gnädige Frau,

ich schreibe Ihnen nicht mehr, um Ihnen davon zu sprechen, was ich Ihretwegen beständig im Sinn habe, da ich zu sehr fühle, wie gleichgültig es Ihnen sein muß. Die Huldigungen hingegen, denen gegenüber Sie etwas weniger teilnahmslos sind, möchte ich Ihnen unverzüglich kundtun. Heute abend habe ich mit Montesquiou gegessen, der mit einer fast krankhaften Überspanntheit in der Stimme gesagt hat, mit unterstreichenden Gesten, die man nachahmen müßte: »Die *Exhortation* [1] ist nicht nur erhaben, wunderbar, hinreißend, *es ist das Schönste, was ich jemals las;* ich bin durch meinen maßgeblichen Geschmack und das Ausmaß meiner Bildung in der Lage zu beurteilen, daß es wirklich *das Schönste ist, was geschrieben worden ist.*« Und daraufhin fing er an, sie von *Anfang bis Ende zu rezitieren*, wobei er immer wieder ausrief: »Welch Genie, welch Genie!« Und als er mit mir auf die Straße trat, blieb er plötzlich stehen, erhob die Arme gen Himmel und murmelte: »Der Himmel hatte an jenem Abend eine unbeschreibliche Farbe« [2], wobei er die Vorübergehenden aufhielt und mir eine schreckliche Grippe verschaffte, und wie elektrisiert von der Macht der Erschütterung, die jener Satz in ihm auslöste, stampfte er derart mit den Füßen auf den Boden, daß seine Absätze abbrachen, und warf sich dabei nach hinten über. Das ist noch nicht alles. Vorher hatte er vor unseren Gastgebern über »La prière devant le soleil« [3] gesprochen. Und im Orakelton verkündete er: »Ich werde Ihnen *ganz genau sagen, was es ist: es ist das Schönste, was man seit Antigone geschrieben hat.* Welche Feinfühligkeit! *Es ist schöner als Sophokles.«* Als er von den »von Zärtlichkeit überfließenden Armen« sprach, sagte er, es sei ein schönerer Mythos als der heidnische Mythos der Milchstraße, und er hat wunderbar rezitiert, ich muß besonders hervorheben, daß er den edlen »Pont Euxin«[4] zu der rührenden provinziellen Sonnenuhr in Kontrast setzte. Dann sagte er noch, ihm seien Ihre Verse unbekannt gewesen, die ich in der »Bible d'Amiens« zitiert hätte, er fände sie schöner als alles, usw.

Liebe Freundin (verzeihen Sie, verehrte gnädige Frau), glauben Sie bitte nicht, ich fände es hervorragend, daß man all dieses sagt; es ist nur der unvermeidliche Widerhall Ihrer göttlichen Sprachpoesie in jedem menschlichen Ohr, das sie wahrzunehmen versteht. Es erfüllt mich aber jedesmal mit einer solchen Freude, einen Augenblick der Entspannung zu haben, wenn ich meine eigene Bewunderung schweigen lasse, um eine vorübergehend brüderliche Stimme die folgende Strophe aufnehmen zu hören, was mir zeigt, daß wir einstimmig über Sie urteilen und denselben Lobgesang auf Sie anstimmen, ohne uns vorher verständigt zu haben – daß ich liebe, es Ihnen zu wiederholen mit einer vergleichbaren Raserei von zärtlicher Inbrunst. Hat man Ihnen gesagt, daß ich Sie vorgestern angerufen habe (am einzigen Tage, an dem ich habe aufstehen können, ich weiß nicht mehr, welches Datum wir hatten), um Sie zu fragen, ob ich Sie besuchen dürfe, um Ihnen für Ihren sublimen Brief zu danken (den ich Ihnen zurückgeben werde, denn mir scheint, daß gewisse auf mich bezügliche Sätze von einer über mich hinausgehenden Allgemeingültigkeit sind, Raub einer Schönheit, die ich mir nicht aneignen will und die Sie veröffentlichen müssen)! Wenn Sie Hermant[5] sehen, sagen Sie ihm doch bitte, daß er mir eine große Freude bereiten würde, wenn er in einem seiner Artikel, selbst wenn es an den Haaren herbeigezogen erscheint, zehn Wörter über meine Bible d'Amiens einflechten könnte, denn das würde zum Verkauf einiger Exemplare beitragen, wovon ich persönlich zwar nichts habe, aber es wäre mir lieb, wenn die großzügige Tat meines Verlegers[6], mich zu verlegen, ihm nicht allzu schwere Verluste beschert. Da ich alle zehn Jahre ein Buch schreibe, braucht Hermant nicht einen Präzedenzfall zu befürchten. Ich nehme aber an, daß seine Artikel – zu gut gebaut, als daß ihre Struktur den Einschub eines Fremdkörpers vertrüge – sich diesem Gewaltakt verweigern werden, selbst wenn man unterstellt, er hätte auf Grund der Freundschaft zu mir den Wunsch, was ich nicht weiß. Wenn es Ihnen indessen lästig ist, es ihm zu sagen, so kann ich es sehr gut selbst tun und ebenso gut nicht tun, denn es wird zu nichts führen. Ich werde Ihnen schreckliche Dinge erzählen, sobald ich Sie sehen werde. Wahrscheinlich werde ich Hermant um eine noch lästigere Gefälligkeit bitten, der er sich aber, wie ich hoffe, nicht entziehen wird. Ich will nämlich meinen Verleger zum Abendessen einladen, doch kann ich augenblicklich kaum mehr als zwei Personen zugleich zu mir bitten. Und so möchte ich gern, daß die zweite Hermant sei. Lassen Sie es ihn aber bitte nicht wissen – denn ich bin noch nicht sicher, ob der andere zusagt, der übrigens reizend ist, ein Freund von Régnier[7]. Ich will Ihnen sofort die schreckliche Geschichte erzählen, aber *Grabesschweigen*. Ich habe zu Montesquiou gesagt, ich verberge mich nicht hinter Horatio. Was hat aber nun Montesquiou fertiggebracht: da er, wie er sagte, den Autor nicht habe ausfindig machen können, habe er *von jenem Artikel einen Extradruck anfertigen lassen*, nachdem er, wie er hinzufügte, bloß in der Zeichensetzung einige Verbesserungen vorgenommen habe. Ich habe nichts zu sagen gewagt, da ich fürchtete, mich zu verraten, wenn ich Einwände gemacht hätte. Was aber halten Sie von diesem Meisterstreich: *Schweigen, Schweigen, Schweigen.*

Ihr ergebener

Marcel Proust

Haben Sie irgendeine Nachricht von Ihrem schweigsamen und nomadischen Vetter, meinem wankelmütigen Freund – oder der zumindest mein Freund war – Antoine Bibesco?

1 Novelle von Anna de Noailles, ersch. in *La Renaissance Latine* vom 15. November 1903, aufgenommen in den Band *Les Innocentes* (1927).

2 Freies Zitat aus *L'Exhortation*. Der Satz lautet exakt: »Die Luft, der Himmel hatten eine unbeschreibliche Farbe: eine Farbe aus Schweigen und Ewigkeit.«

3 Das Gedicht wurde in den 1907 erschienenen Band *Les Éblouissements* aufgenommen.

4 *Pontus Euxinus*, im Altertum Name für Schwarzes Meer.

5 Abel Hermant (1862–1950), frz. Schriftsteller.

6 Alfred Vallette, Direktor des *Mercure de France*.

7 Henri de Régnier (1864–1936), frz. Dichter.

An Marie Nordlinger

Mittwoch abend [1904 ?]

Teure Freundin,

welch hübschen Brief haben Sie mir geschrieben, welch hübscher Bogen! Übrigens werde ich es Ihnen auch noch mündlich sagen, denn am ersten Abend, da es mir wieder gut geht, vielleicht sogar schon heute abend, Donnerstag, werde ich Ihnen ein Zeichen geben, nicht etwa, um zum Arbeiten zu kommen, sondern für ein Plauderstündchen, was vielleicht weniger vernünftig ist, aber noch angenehmer . . . für mich. Weniger erfreut als Ihre hübschen Gedanken und hübschen Sätze hat mich an Ihrem Brief etwas wie eine vage Andeutung einer tiefen Traurigkeit, die Sie nicht aussprechen, an die Sie beim Schreiben vielleicht nicht einmal denken, die aber Ihren Brief wie ein unentrinnbarer Horizont zu begrenzen und zu verdunkeln schien. Ich kenne Ihr Leben so wenig, daß es wohl Kummer enthalten kann, von dem ich nichts weiß. Doch selbst Unbekanntes bekümmert mich. Sie haben ein Gedächtnis ohnegleichen. Ich, der ich mich wegen dieser schauderhaften Asthma-Medikamente an nichts vom Vortage erinnere, beneide Sie, daß Sie eine so genaue Erinnerung an die Tage von Venedig[1] bewahren. Doch auf welchen Ausdruck (Ausdruck der Sprache . . . oder des Antlitzes) spielen Sie an? Ich fühle, daß Ihr Brief selbst ein bezauberndes Gitterwerk über etwas Dunklem ist, das ich nicht sehe.

Teure Freundin, ich wünschte, daß Sie sich am Leben gütlich tun, wie an der Schale[2] schwer von Kirschen und gellend vom Hahnenschrei, und nicht, daß Sie schwermütig an einer Urne weinen, die nur Klagen in sich bergen kann.

Ihr

Marcel

1 Anspielung auf die Reise nach Venedig, die Proust mit seiner Mutter, Reynaldo Hahn, Marie Nordlinger und deren Tante im Mai 1900 unternahm.

2 Schale und Urne waren Geschenke von Marie Nordlinger.

An Louisa de Mornand

Dienstag abend [12. Juli 1904]

Meine liebe Louisa,

ich habe vorhin Ihre Depesche erhalten und sofort beantwortet. Da L ...[1] heute abend nicht gekommen ist, kann ich Ihnen nicht mit absoluter Genauigkeit antworten. Es gibt da einen ganzen Roman von Briefen, die er von einem Freund aus Vichy empfangen hat. Er hat mir geschrieben, um mich um Rat zu fragen. Durch ein Mißgeschick habe ich seinen Brief zu spät erhalten, während jener Zeit war er auf dem Lande, er hat mich erst gestern abend furchtbar spät wieder aufsuchen können und hat mir nichts vom Erhalt einer Depesche erzählt. Da wir nun aber über nichts anderes gesprochen haben, er sehr über die Verzögerung der Briefe verärgert war und es mir etwas ankreidete (als ob es meine Schuld wäre), da er nicht wußte, wie klar und präzis er in seinem Brief sein könnte, da er also, kurz gesagt, sehr aufgeregt war, wie gewöhnlich voller Herzlichkeit, Unruhe und Zuneigung, halte ich es für ausgeschlossen, daß er mir gegenüber die Depesche nicht erwähnt hätte, falls er sie erhalten hätte. Wie ist es aber möglich, daß er sie nicht erhalten haben kann? Ich gestehe Ihnen, daß mich dieser Punkt beunruhigt. Ich finde, er ist in tausenderlei Hinsicht ungeheuer unvorsichtig! Jedenfalls hat er gut daran getan, Ihnen zu schreiben, was er Ihnen gestern geschrieben hat, und Sie täten gut daran, es noch zu übertreiben. Auf jeden Fall brauchen Sie selbstverständlich keinerlei Unruhe zu haben. Hoffentlich verstehen Sie den Grund der Verspätung recht. Übrigens werde ich mich noch genauer ausdrücken, denn ich weiß, daß man sich aus der Entfernung über die einfachsten Dinge aufregt. Sonntag morgen habe ich um zehn Uhr einen Brief von ihm erhalten, der einen an ihn gerichteten Brief aus Vichy enthielt, dazu einen weiteren Brief, worin er mich fragt, ob er Sie davon in Kenntnis setzen soll, mit welchen Worten, usw. Gegen Mittag ist er selbst gekommen, um mit mir darüber zu sprechen, doch hat man ihm dummerweise gesagt, ich schliefe wieder. Da er aufs Land fahren wollte, hat er mir einen Brief für Sie dagelassen, mit der Bitte, ich möchte ihn lesen und Ihnen eingeschrieben zuschicken, wenn ich ihn gut fände (denn er fürchtete einerseits, Sie zu beunruhigen, anderseits seine Pflicht zu vernachlässigen, wenn er Ihnen gar nichts sagte). Ich bin aber erst nach 6 Uhr aufgewacht, zu spät, um einen Brief eingeschrieben aufzugeben, anderseits fand ich seinen Brief nicht sehr gelungen. Er war zu alarmierend gehalten. Erst Montag abend ist er wieder bei mir vorbeigekommen. Daher die Verzögerung. Nun hat er mir am Montag abend auch nichts von der Depesche gesagt. Das ist der Punkt, der mich beunruhigt. Ich habe ihm vorhin, nach Erhalt Ihrer Depesche, selbst ein Telegramm gesandt mit der Bitte, doch heute abend bei mir vorbeizukommen, da ich ihm etwas mitzuteilen hätte. Er ist aber nicht gekommen, es ist halb zwei Uhr morgens, er wird also heute nicht mehr kommen. Vielleicht war er vor dem Abendessen nicht mehr bei sich zu Haus. Ich sehne mich sehr nach Ihnen, meine liebe Louisa, und ich hatte erwogen, Ihnen unverhofft einen kleinen Besuch in Vichy abzustatten. Um aber einerseits am Abend wieder zurück sein zu können, könnte ich nur bis Nevers oder Charité-sur-Loire fahren, und es hieße, Ihnen ein sehr ermüdendes Stück Reise zumuten, wollte man Sie bitten, dorthin zu kommen. Anderseits erfordert selbst Nevers noch sieben oder zehn Eisenbahnstunden innerhalb eines Tages, und ich bin schon in einem solchen Zustand, nachdem ich mich entschlossen habe, Donnerstag nach V ...[2] zum Essen zu fahren, daß ich deshalb unter unerhörten Schwierigkeiten mit dem Auto dorthin fahren werde, was in anderer Beziehung äußerst beschwerlich sein wird – aus Angst, die fünfundzwanzig Minuten Bahnfahrt könnten mich in einen zu heftigen Anfall stürzen. Hierbei geht es aber nur um fünfundzwanzig Minuten, während ich bei der Reise nach Nevers Angst habe, danach einen Monat krank zu sein wie nach meiner Rückkehr von Evian. Wenn ich natürlich durch mein Kommen Ihnen irgendeinen Dienst erweisen könnte, wäre ich nur zu glücklich hinzueilen. Wenn es jedoch nur wegen des – unendlichen – Vergnügens geschähe, Sie zu sehen und mit Ihnen zu plaudern, so werde ich es, glaube ich, lieber bis zu Ihrer Rückkehr aufschieben. Indessen verlangt es mich so sehr danach, Sie zu sehen, daß es durchaus möglich ist, daß ich nächste Woche, wenn ich mich an einem Morgen nicht zu erschöpft fühle, den Zug nach Vichy nehme, es würde aber nicht sehr vernünftig sein. Trotzdem ist es gut möglich, daß ich es tue, solche Sehnsucht habe ich nach meiner lieben Louisa. Dieselbe liebe Louisa wird so nett sein, zu niemandem über die Dinge zu reden, die in diesem Brief zur Sprache kommen (es sei denn zu Ihrer lieben Mama, wenn Sie möchten, doch sobald man erst einmal Ausnahmen macht ...). Das einfachste wäre, ihn zu vernichten. Ich kann Ihnen nicht viel Neuigkeiten von L ... geben. Ich habe ihn nur gestern gesehen und Ihnen alles geschrieben, worüber wir in den fünf Minuten, die er blieb, gesprochen haben. Ich weiß, daß auch er in V ... diniert hat, doch leider ißt er Donnerstag, wenn dort ein pikfeines Diner gegeben wird, nicht noch einmal dort, aber ich hätte lieber mit ihm allein dort gegessen ... Ich kann Ihnen gar nicht sagen, wie nett L... gestern abend während seines Besuchs über Sie gesprochen hat. Ich hätte etwas darum gegeben, daß Sie hinter der Tür jenes Eßzimmers gestanden hätten, in das Sie so oft gekommen sind und so barmherzig sich in seiner stikkigen Hitze schmoren ließen, um Ihrem armen kranken Marcel den Trost Ihres liebevollen Lächelns zu bringen. Sie wären so glücklich gewesen, all das zu hören, was er sagte. Meine liebe Louisa, ich verlasse Sie mit der Bitte, mir dies unaufhörliche Schwatzen zu verzeihen, und umarme Sie zärtlich.

Ihr

Marcel Proust

Sie haben doch gestern schon zwei lange Briefe von mir erhalten, nicht wahr? mit diesem hier sind es drei, hinzu kommt noch mein Telegramm von vorhin. Ich werde allmählich unruhig! Und ich möchte, daß Sie die genaue Zahl meiner Briefe wissen, damit Sie feststellen können, ob alle angekommen sind.

1 Louis, Marquis d'Albuféra.

2 Château de la Vallière, Besitzung des Herzogs von Gramont, bei Mortefontaine (Oise) gelegen.

An Georges Linossier

[Mitte August-September 1904?]

45, rue de Courcelles

Werter Herr Doktor Linossier,

ich weiß nicht, ob Sie sich daran erinnern, daß mein Vater, Doktor Proust, mich in glücklicheren Tagen Ihnen vorgestellt hat und ich mir erlaubt hatte, Ihnen meine außerordentliche Bewunderung auszudrücken, die ich für Ihr Buch, die *Hygiène du dyspeptique*[1], empfand.

Diese Bewunderung ist der Anlaß (und zugleich Ihnen gegenüber meine Entschuldigung) meines zudringlichen Verhaltens, bei Ihnen vorstellig zu werden: wenn ich einen ebenso einfallsreichen und tiefen Geist wie den Ihren kennen würde, würde ich Ihnen die Lästigkeit ersparen, Sie um Rat zu fragen. Dieser Rat wird übrigens zwangsläufig sehr beschränkt sein müssen, denn ich begreife sehr wohl, daß es Ihnen aus der Entfernung unmöglich ist, sich zu konkreten Einzelfragen zu äußern. Und hinsichtlich des Versuchs, Sie zu besuchen, ist zu sagen, daß ich ein zu eigenartiges Leben führe, als daß ich daran denken könnte, Sie zu stören, da ich nur über die Abendstunden verfügen kann.

Hier nun einige Fragen, die Sie vielleicht beantworten können.

Es scheint, daß ich (vom ärztlichen Standpunkt aus) zu mancherlei Befund Anlaß gebe, obwohl man sich – ehrlich gesagt – über die genaue Ursache noch nie klar war, womit man es genau genommen zu tun hat. Doch bin ich vor allem und unbestreitbar sehr asthmatisch. Anfangs war es durch Heuschnupfen hervorgerufenes Asthma, es entwickelte sich ziemlich schnell zu einem Sommerasthma, schließlich zu einem fast ganzjährigen Asthma. Und als Folge von zu reichlichen Mahlzeiten komplizierte sich mein Zustand dahingehend, daß sich wohl asthmatische Symptome zeigten, ihre Ursache aber, wie man mir versicherte, im Magen- und Darmbereich zu suchen sei. Diese Ursache ist heute seit langem ausgeschaltet, obwohl sie bei der kleinsten Unvorsichtigkeit wieder auftreten kann. Alle vierundzwanzig Stunden nehme ich eine Mahlzeit zu mir (und nebenbei erlaube ich mir, Sie zu fragen, ob Sie im Hinblick auf die Nahrungsmenge folgende Mahlzeit für vierundzwanzig Stunden für ausreichend halten: 2 Eier à la crème, 1 ganzen gebratenen Hühnerflügel, 3 Croissants, 1 gekochtes oder gebratenes Kartoffelgericht, Weintrauben, Kaffee, 1 Flasche Bier), und das einzige, was ich während der vierundzwanzig Stunden noch zu mir nehme, ist 1/4 Glas Mineralwasser vor dem Schlafengehen (neun oder zehn Stunden nach meiner Mahlzeit). Wenn ich ein ganzes Glas trinke, wache ich infolge einer Beklemmung auf, zumal, wenn ich statt des Mineralwassers etwas Nahrung zu mir nahm.

Hinsichtlich des Magens selbst füge ich hinzu, daß ich niemals Magenschmerzen oder -beschwerden habe, unter der Voraussetzung, daß der Bauch durch eine Unterhose ausreichend zusammengehalten wird. Die einzige Art meiner Beschwerden besteht in der Beklemmung, im Asthma. Darin liegt für mich der Vorzug dieser eigenartigen Ernährungsweise. Denn früher, als ich mehrere Mahlzeiten zu mir nahm und zwischen den Mahlzeiten trank, hatte ich fortwährend Magendrücken, Schluckauf, Beschwerden aller Art, die jetzt nicht mehr vorhanden sind.

Der Rat nun, um den ich Sie bitten möchte, besteht in folgendem: Zwecks Änderung meiner schlechten

Lebensgewohnheiten hat man mir geraten, mich einer jener psychotherapeutischen Kuren zu unterziehen, die aus Isolierung des Patienten bestehen, strenger Bettruhe, Überernährung, Heilung durch überzeugendes Zureden.

Ich wollte Sie nur fragen, ob Sie prinzipiell und ganz allgemein glauben, daß eine solche Kur für mich unbedenklich ist, oder ob Sie der Ansicht sind, daß überreichliche Kost meinen Zustand verschlimmern könnte. Ob Sie zwischen den verschiedenen Heilstätten dieser Art, sei es in Frankreich, sei es im Ausland, Unterschiede machen, ob Sie zum Beispiel wissen, daß in einer bestimmten die Überernährung mit erhöhter Vorsicht verabfolgt wird und daß nicht *à priori* alles der Überzeugung geopfert wird, alle Magenstörungen seien nervösen Ursprungs: Sie wären sehr liebenswürdig, wenn Sie mir auch hierüber Ihre Meinung sagen würden. Ich brauche nicht extra zu betonen, daß die Auskünfte, die Sie mir geben werden, streng vertraulich für mich sind.

Ich bitte Sie außerdem darum, nicht zu sagen, daß ich Sie um Auskunft gebeten habe (zumindest hinsichtlich des relativen Werts der verschiedenen Heilstätten), damit es nicht so aussieht, als hätte ich schon im voraus diejenige Heilstätte beargwöhnt, in die ich möglicherweise schließlich gehen werde. Vielleicht werden die folgenden Angaben Ihnen erlauben, sich ein genaueres Bild meines arthritischen Zustandes zu machen. In meinem Urin tritt ein Übermaß an Harnstoff, Harnsäure, ein Mangel an Chlorid auf. Die Analyse weist außerdem noch unwägbare Spuren von Albumin und Zucker aus, aber ich glaube, das war nur ganz vorübergehend. Seit Jahren uriniere ich ausgesprochen spärlich. Nach zwölf Tagen Milch-Diät erreichte ich innerhalb vierundzwanzig Stunden kaum eine halben Liter. Zwar nahm ich die Milch in Form von fast kochendem Milchkaffee, der mein gewöhnliches Schwitzen noch erheblich steigerte, und ich brachte es kaum fertig, einen Milchverbrauch von 1 $^{1}/_{2}$–2 Liter innerhalb vierundzwanzig Stunden zu überschreiten.

Sobald ich ein anderes Leben führe, gelingt es mir durchaus, zwei Mahlzeiten einzunehmen. Dann kann ich mich aber nahezu nicht mehr schlafen legen wegen der großen Stundenzahl (acht), die ich nach einer Mahlzeit außerhalb des Bettes (oder auf einer Chaiselongue) zubringen muß. Und außerdem habe ich bei dieser Lebensart (ohne daß ich eindeutig zu behaupten wüßte, es liege an der größeren Anzahl Mahlzeiten) immer etwas mehr Atembeschwerden, erhöhten Blutandrang im Kopf, ich fühle mich weniger gut als bei meiner absonderlichen Lebensführung, die mein gewöhnliches Leben darstellt und von der ich Ihnen eingangs sprach.

Oft – und ungenügend – gehe ich aufs WC und immer uriniere ich mehrmals. Wenn Sie glauben, daß es mir nützlichen Aufschluß geben könnte, würde ich meinen Stuhl einmal untersuchen lassen. Ich weiß aber nicht, wie das sich bewerkstelligen läßt, und er sieht außerdem, je nach meinem Befinden, ziemlich unterschiedlich aus. Er wird häufig von Schleimabsonderung begleitet, was mir, wie ich glaube, eher gut bekommt. Einmal ungefähr alle vierzehn Tage nehme ich während des Abendessens eine Abführpille Leprince, die mich in den folgenden vierundzwanzig Stunden sieben-, achtmal oder noch mehr aufs WC gehen läßt. Solange das Abführmittel noch nicht seine Wirkung getan hat, fühle ich mich eher bedrängt, dann erleichtert, und manchmal schafft es mir von neuem etwas Beschwerden, wenn seine Wirkung zu lange anhält. Niemals mache ich große Darmspülungen, weil sie mir unerträgliche Schweißausbrüche verursachen.

Verehrter Herr Doktor Linossier, ich habe diesen Brief im Glauben begonnen, er werde nur einige Zeilen umfassen. Wenn ich gewußt hätte, daß ich Sie so vieles fragen würde, hätte ich Sie um gar nichts gebeten. Beim Schreiben kam mir diese und jene Einzelheit in den Sinn, die mir geeignet schien, Sie genauer zu informieren, Ihnen für Ihre Ratschläge stichhaltigere Anhaltspunkte zu liefern. Ich fühle mich über eine Aufdringlichkeit beschämt, die ich jetzt viel stärker empfinde, als ich anfangs geglaubt hatte. Ich bitte Sie deshalb vor allem, mich zu entschuldigen und meiner beschämten und dankbaren Hochachtung versichert zu sein.

Marcel Proust

1 Ersch. 1900 in der Reihe *Bibliothèque d'hygiène thérapeutique*, die Adrien Proust herausgab.

An Fernand Gregh

22. August 1904

Mein lieber Fernand,

als ich nach den auf dem Schiff verlebten Tagen [1] (ist Dir das Segeln gut oder schlecht bekommen?) nach Paris zurückkehrte, habe ich *La Renaissance Latine* vorgefunden und war von dem Artikel [2], der sich mit Dir befaßt, peinlich berührt. Es wäre taktvoller von mir, Dir nicht davon zu sprechen, und offen gestanden wäre es auch weiser – derart unwichtig ist die Angelegenheit in jeder Hinsicht. Ich weiß aber auch, in welch empfindlichem Reizzustand sich bei Dir die harmonische Umhüllung Deiner Sensibilität, Deiner Vorstellungskraft und Deines Herzens befindet, und ich bin in Sorge, daß dieses alberne Geschwätz Dich geärgert haben könnte; und ich habe mir gesagt, daß vielleicht das liebevolle Gedenken von jemandem, der sich über die Angelegenheit aufgeregt, dann aber deren völlige Bedeutungslosigkeit begriffen hat, Dir einigen Trost spenden könnte. Der Artikel als solcher wird eine gute Reklame sein, denn die Leute nehmen nichts wahr, und außerdem wäre es noch nötig »zwischen den Zeilen« zu lesen, was wirklich zuviel verlangt wäre. Was nun die Leute betrifft, die zu lesen verstehen, welchen Einfluß mag wohl ein solcher Artikel ausüben, in dem die Schönheit der Parnassiens (das heißt wesensmäßig eine bevorzugte Schönheit, die Schönheit gewisser Dinge und eben nur dieser, folglich die Nicht-Schönheit der Dinge an sich, des Lebens an sich) verglichen wird mit der Schönheit zu leben, mit Deiner Vorstellung von Schönheit. Der Artikel kann doch nur die bedeutende Stellung erkennen lassen, die Du errungen hast, und zugleich die Schwäche der Argumente, bei welchen diejenigen genötigt sind Zuflucht zu suchen, die sich anmaßen, sie Dir streitig zu machen. Ich bedaure diesen Artikel nur aus folgendem Grund. Constantin [3] hatte mir seinerzeit die Literaturkritik seiner Zeitschrift versprochen, nicht nur versprochen, sondern spontan angeboten. Ohne mich auch nur zu verständigen, hat er sie an jemand anders vergeben, und wir haben uns deswegen gänzlich verkracht, denn ich hatte diese Art zu handeln nicht stillschweigend ertragen können. Später haben wir uns wieder vollkommen ausgesöhnt, denn er hat sich seitdem sehr feinfühlend benommen, und ich habe das Vergangene vergessen. Als ich aber die absurde Art gewahrte, mit der mein »Usurpator«[4] von Dir spricht, habe ich zum ersten Mal bedauert, nicht das Recht zu haben, an seiner Statt die Feder zu führen. Reg Dich also bitte nicht über etwas Blödsinniges auf, vergeude nicht Deine Nervenkraft, ich versichere Dir, es ist so gut wie nicht geschehen. Kurz – wenn ein Mißklang in diesem Konzert von Lobesstimmen von Nutzen war, in diesem »Liebesmurmeln, das von Deinen Wegen aufsteigt«, so ist dieser im ganzen angenehm und von wirklichem Nutzen für Dich (welch ein Stil!). Ich bin zu leidend, um Dir länger darüber schreiben zu können, ich denke aber, daß Du meine Gedanken verstanden hast.

Dein

Marcel Proust

1 Vom 9.–15. August 1904 nahm Proust an Bord der Hélène, die Paul Mirabaud, dem Schwiegervater von Robert de Billy, gehörte, an einer Kreuzfahrt im Ärmelkanal teil.

2 Besprechung des Gedichtbandes *Les clartés humaines* (1904) von Fernand Gregh.

3 Constantin de Brancovan, Direktor der *Renaissance Latine*.

4 Gaston Rageot, Kritiker der *Renaissance Latine*.

An Georges de Lauris

[Ende August–September 1904]

Mein lieber Georges,

verzeihen Sie mir, wenn ich Ihnen nur kurz danke. Ich bin leidend und mit so viel Briefen im Rückstand. Sie sind zu nett, ich danke Ihnen von ganzem Herzen, ich will versuchen, rasch die verschiedenen Punkte Ihres Briefes zu beantworten.

1. Ich bin schon sehr lange wieder in Paris, nicht acht Tage bin ich fort gewesen, ich werde sehr bald wieder abreisen, falls Sie mir rechtzeitig Bescheid geben, werde ich entzückt sein, Sie wiederzusehen. Wenn Sie mir nicht vorher Bescheid geben, haben Sie trotzdem große Chancen, mich gegen zehn Uhr abends anzutreffen.

2. Sie haben unrecht, wenn Sie glauben, ich sei wankelmütig. Die Erinnerung an das Vergnügen, Sie zu sehen, mit Ihnen zu plaudern, bleibt mir immer ebenso lebendig, ebenso köstlich. Freilich hatte ich eine Zeitlang auf eine noch engere Freundschaft gehofft. Als ich Sie aber bei der Hand nahm und drei- oder viermal Schritt für Schritt auf den Pfad geleitet habe, der zu »dem Weg meines Herzens« führt, sind Sie mit schwindelerregender und gleichsam instinktiver Schnelligkeit umgekehrt, sobald ich Sie sich selbst überlassen habe, um zu sehen, ob Sie diesen Weg einschlügen. Besser als irgend jemand weiß ich, daß in der Tiefe unseres Instinkts jene Abneigung nervöser Pferde vor einem bestimmten Weg schlummert, eine jener abergläubischen Bauernängste vor einer bestimmten Wegkreuzung. Doch habe ich natürlich vom Tage an, da ich endgültig die Hoffnung aufgegeben habe, Sie den Weg einschlagen zu sehen, dadurch auf einen Teil Ihrer selbst verzichtet, was notgedrungen auch den Rückzug eines Teils von mir zur Folge hatte. Sie wissen jedoch, daß der größte und beste Teil meiner selbst Ihnen verblieb (wenn überhaupt ich etwas Gutes besitze) (ich bemerke plötzlich, daß man diesen Brief wunderbar in einem bestimmten Sinn interpretieren könnte ..., eine kleine Bemerkung lediglich zu Ihrer Erheiterung, mit der Bitte, meine Briefe nicht herumzuzeigen, deren Sinn – jenem bewußten Sinn genau entgegengesetzt – nur Sie richtig verste-

hen können). Den Artikel des *Figaro* [1] habe ich Ihnen nicht geschickt, weil ich ihn sehr schlecht fand. Zufällig bin ich am Tage vor seinem Erscheinen nach Paris zurückgekehrt, und da ich es nicht wußte, habe ich ihn nicht korrigiert, und er enthält ungefähr drei Druckfehler pro Zeile. Übrigens würde ich ihn selbst fehlerlos noch abscheulich finden. Sehr intelligente Leute haben mir geschrieben, sie seien sehr davon gerührt gewesen, ich frage mich, wieso den Leser rühren kann, was den Autor kalt gelassen hat. Der ganze Artikel ist geschickt gemacht, entbehrt aber der Wahrheit. Er ist mit falscher Poesie überladen. Zwei Sätze daraus finde ich hübsch, völlig entstellt gedruckt haben sie aber gar keinen Sinn mehr. Ich bin nicht Ihrer Meinung. Diese unbedarften, jeden ästhetischen Verständnisses unfähigen Frommen, die wahren, letzten Katholiken, die eines Tages aussterben, die *Pithekanthropoi* [2] Javas, zu denen man Gelehrte in den Wald schickt, sie zu untersuchen, und die man zu uns in den Jardin des Plantes bringt, solange es noch welche gibt – es ist aufregend und stimmt melancholisch zu beobachten, wie sie sich ganz unbefangen ihrer charakteristischen Ausgelassenheit hingeben in diesen geheimnisvollen Bauwerken, in denen sie ihre Finger in Weihwasserbecken tauchen, und die selbst die Gestalt des Marterinstruments dessen haben, den sie beweinen, anflehen und verherrlichen. Was würden wir nicht dafür geben, die von Madame Dieulafoy [3] heimgebrachten Skulpturen von den Bogenschützen des Darius-Palastes belebt zu sehen. Ich bin nicht wie Sie, ich finde es nicht zu schwer, dem Leben Sinn zu geben, und wie ausgelassen und trunken würde ich sein, wenn mir unsterbliches Leben sicher wäre. Wie können Sie wirklich nicht etwa ungläubig sein, denn daß etwas wünschenswert ist, bedeutet ja noch nicht, daß man daran glaubt – ach, im Gegenteil – aber zufrieden dabei sein (ich meine nicht die geistige Befriedigung, eine traurige Wahrheit einer angenehmen Lüge vorzuziehen). Alle diejenigen, die man verlassen hat, die man noch verlassen wird – wäre es nicht schön, sie unter einem anderen Himmel, in den vergebens verheißenen und umsonst erhofften Gefilden wiederzufinden! Daß endlich Mögliches zur Wirklichkeit wird!

Ganz der Ihre, lieber Freund.

Marcel

1 *La Mort des Cathédrales,* ersch. am 16. 8. 1904.
2 Affenmenschen. Auf Java u. in China gefundener Frühmensch.
3 Jeanne Dieulafoy, geb. Magre (1851–1916), Forschungsreisende und Schriftstellerin, heiratete 1870 den Archäologen Marcel Dieulafoy. Sie trug Männerkleidung.

An Reynaldo Hahn

[Freitag abend, 9.? September 1904]

Lieber Herr von Binibuls,

ich bin heute abend nicht gekommen, weil Sie es ja nicht wollten. So bin ich ausgegangen, hierauf ein Asthmaanfall. Sagen Sie mir also, ob Sie mich *Sonntag abend* haben wollen (wobei Sie mir zugestehen müssen, erst Montag zu kommen, falls es mir zu schlecht geht). Da aber Briefe sonntags tagsüber nicht ausgetragen werden, schicken Sie kleines Telegramm – damit ich weiß. – Geweint, als ich von den Schmerzen meines Buncht las. Wie sehr möchte ich das Übel[1] quälen können, das Sie foltert. Als Clovis[2] die Leidensgeschichte Christi hörte, sprang er auf, ergriff seine Streitaxt und rief aus: »Wenn ich mit meinen tapferen

Franken dort zur Stelle gewesen wäre, hätte sich das nicht ereignet, oder ich hätte wenigstens Deine Leiden gerächt!« Ich aber kann nicht einmal das sagen, denn ich hätte nichts verhindern können und wüßte nicht, wen ich strafen sollte, nicht einmal die alte P., »die auf ihrem Kopf Federbüsche trägt, die auf Leichenwagen am Platze wären und sogar Orden, ein Mittelding zwischen dem Leibgardistenkreuz und dem blauen Band der Marienkinder« (Robert de Montesquiou). Sie wissen sicherlich, daß er ein Buch[3] beendet hat, das in zwei Abschnitte gegliedert ist: I. die Schönheit, die ihr adliges Alter zu verbergen weiß: die Gräfin Castiglione. II. die Häßlichkeit, die ihre Abgelebtheit zur Schau trägt: die alte P., ein Werk, von dem er neulich durch einen Brief im *Siècle*[4] einen Vorgeschmack gegeben hat. – Als in St. Moritz jemand ein kostbares kleines Fernrohr verloren hatte, sagte er, es müsse entweder Madame de Rothschild – oder Madame Lambert – oder Madame Ephrussi – oder Madame Fould gehören. Doch am nächsten Tage sagte er: »Ich hatte noch zu hoch hinaus gewollt, da es Herrn Untermayer gehört, unter Mayer, weniger als Herr Mayer[5]. Stellen Sie sich das bloß vor.« – Lieber Bininuls, ich würde was drum geben, daß der Schrein meines Gedächtnisses reichhaltiger wäre, um Sie zu zerstreuen. Aber ich weiß nichts mehr. Doch dies eine noch. Meyer ist wie berauscht. Allen regierenden Fürsten, zumindest aber allen Herzögen »zeigt er seine Hochzeit[6] an«. Seine Trauzeugen werden die Herzöge von Luynes und von Uzès sein. Er ist Barrès begegnet und hat zu ihm gesagt: »Ich fahre nach Versailles, soll ich meinen Vetter Ludwig XIV. von Ihnen grüßen?« Der alten Brancovan[7] hat er geschrieben, er werde in Zukunft für alle Fitz-James sorgen und werde den *Gaulois* dem Bruder seiner Braut vermachen, dem er noch zu seinen Lebzeiten dort eine Position einräumen werde. Noch andere Verrücktheiten dieser Art. Er, früher noch viel jämmerlicher, erzählte nun sein Duell, indem er sein berühmtes Parieren wie folgt entschuldigte: »Was wollen Sie denn, ich glaubte, ich hätte es mit einem Edelmann zu tun und fand mich stattdessen *einer Art Verrücktem gegenüber, der mich hätte töten können.«* (Ein würdiger Ausspruch für Herrn Jourdain[8], diesen anderen Bürger als Edelmann, der ebenso an seinem Leben hing.) Bisher sagte er über dasselbe Duell: »Bis darüber Gras gewachsen ist, werden mindestens zehn Jahre nötig sein – oder ein Krieg.« Aber Sie kennen das sicher alles. Bei Larue[9] (daher ein Asthmaanfall nach dem anderen) hat man so hübsche Musik gebracht, daß jedermann hingerissen war. Es war:

»Puisque ici bas toute âme[10]

Und Antoine Bibesco sagte, es habe mit den Trios von Mozart (?) Ähnlichkeit.

[ohne Unterschrift]

1 Reynaldo litt an Mandelbräune.
2 Fränkischer König (465–511).
3 *La divine Comtesse*, erst 1913 veröffentlicht.
4 Pariser politische Tageszeitung. Das Interview Montesquious erschien am 22. 8. 1904.
5 Arthur Meyer (1844–1924), Journalist und Besitzer des erzkonservativen Organs des Faubourg Saint-Germain, *Le Gaulois*. Diese Tageszeitung fusionierte später mit dem Konkurrenzblatt *Le Figaro*.
6 Der sechzigjährige A. Meyer heiratete die 24 Jahre alte Marguerite de Turenne, Enkelin des Herzogs Fitz-James. Es war ein Gesellschaftsskandal, vgl. *Gil Blas* und *Le Figaro* vom 9. 10. 1904.
7 Prinzessin Rachel de Brancovan.
8 Titelheld der Komödie Molières *Le Bourgeois Gentilhomme*.
9 Vornehmes Restaurant, Place de la Madeleine.
10 *Träumerei* von Reynaldo Hahn, nach Versen von Victor Hugo.

An Marie Nordlinger

Sonnabend [24. September 1904]

Teure Freundin,

was soll ich Ihnen sagen? Ich führe das kläglichste Leben, hundertmal schlimmer als da Sie mich sahen, und ich bin mir – vom nächsten Tage ganz zu schweigen – nicht einmal der nächsten Minute sicher. Trotzdem hoffe ich, morgen nach Versailles zu fahren, doch ohne jede Gewißheit oder auch nur Wahrscheinlichkeit. Ich möchte hingegen lieber nicht mit Ihnen sprechen, bevor Sie nicht Herrn Bing[1] gesehen haben. Denn in meiner völligen Inkompetenz in Bezug auf jene Dinge fürchte ich, Sie zu beeinflussen, und das sicher nicht aus Sachkenntnis. Ich weiß nicht, wann Mama zurückkommt[2]. Ich schreibe ihr jeden Tag, hüte mich aber, ihr zu sagen, daß Sie hier sind, aus Angst, sie zur Rückkehr zu bewegen. Wenn Sie indessen sie sehen müssen, benachrichtigen Sie mich umgehend, denn in diesem Fall würde sie mir vorwerfen, ihr nicht Bescheid gesagt zu haben. Andernfalls sage ich ihr nichts, da sie erst seit fünf Tagen frische Luft schöpft und sie keinesfalls, einmal zurückgekehrt, wieder fortfahren würde. Doch sagen Sie mir selbstverständlich, ob ihre Anwesenheit von Nutzen oder dringlich ist[3].

Nein, Ihren Brief aus Lüttich habe ich nicht erhalten. Und Sie, haben Sie den meinen in Hamburg erhalten? Ich freue mich sehr darauf, Sie wiederzusehen, und wünschte etwas sicherer zu sein, es schon dieser Tage zu können.

Von ganzem Herzen Ihr

Marcel

Der Gedanke, daß Sie Ihren Besuch in Abwesenheit von Mama als »ungehörig« empfinden, erscheint mir hinreißend, und ich habe sehr lachen müssen. Wenn Sie noch der junge Mann wären und ich das junge Mädchen. Und dabei bin ich doch schon in Auteuil allein bei Ihnen gewesen. Es wäre nur zu dumm, wenn Sie kommen und ich im Bett liege oder es irgendeine andere Art unnützer Störung gäbe.

1 Anspielung auf ihr Reisevorhaben in die USA, wo sie im Auftrage von S. Bing eine Ausstellung japanischer Drucke organisieren sollte.

2 Jeanne Proust war am 20. September zur Erholung nach Dieppe gefahren.

3 Marie Nordlinger arbeitete an einer Büste für das Grabmal von Doktor Proust auf dem Père-Lachaise.

An einen Freund

[um September-Dezember 1904?]

Lieber Freund,

Die Komödie nimmt ihren Fortgang. Antoine Bibesco (Herrscher über Geheimnisse und ihr Schänder), den ich bat – wie ich mich gar nicht mehr erinnere (wem habe ich aber nicht zugerufen: Eurydike! Eurydike!) – nach Ihrer Adresse zu forschen, schrieb mir – indem er sich für die Verspätung entschuldigte –, er hätte an die Vogüé geschrieben, um sie zu erfahren.

Ihr Besuch hat mich äußerst krank gemacht, und heute abend, erstickend und röchelnd, verwünsche ich Sie, daß Sie gekommen sind. Ganz im Ernst: Wiederholen Sie Ihren Besuch nicht!

Sehr herzlich Ihnen zugetan.

Marcel Proust

An Armand de Guiche

[Mittwoch, 23. November 1904]

Lieber Freund,

Dank für Ihre Postkarte, auf die ich mir erlaube etwas länger zu antworten. Welch eine Keckheit, einfach zu verfügen, die Kirche von Moret sei mir unbekannt! Ich kenne ihr Bild von Sisley, das schönste Werk, das er geschaffen hat. Über Fontainebleau gibt es Großartiges zu lesen. Ich wage nicht, Ihnen im Augenblick Lektüre zu empfehlen, obwohl es wunderschöne Lektüre gibt, die man zu zweit lesen kann, aber nach Ihrer Rückkehr werde ich es tun.

Seit Ihrer Abreise sind sehr seltsame Dinge geschehen, die ich Ihnen später erzählen will. Lieber Freund, achten Sie auf Ihre M. Sie beginnen einem M zu ähneln. Sie wissen sehr wohl, daß ihre Daseinsberechtigung, ihr Reiz, ihr ursprüngliches Entzücken darin begründet sind, daß sie genau mit einem M identisch sind. Ihretwegen bin ich über dieses kalte Wetter betrübt, das Sie daran hindert, »de l'arrière saison le rayon jaune et doux« zu genießen, um so mehr, als Baudelaire sagt, man solle ihn genießen, »le front posé sur des genoux« [1]. Ich selbst empfinde die Kälte als einen noch stimmungsvolleren Rahmen für das Glück. Das der Kälte wegen in sich zusammengezogene Glück, genötigt, sich zu verengen, ins eigene Herz sich zurückzuziehen, ich finde, es erfährt so seine höchste Steigerung. Zwar habe ich diese Erfahrung bisher nur bei der Traurigkeit gemacht. Aber das läuft überall aufs gleiche hinaus.

Die Zeitungen waren Ihretwegen des Lobes voll. Gilt Ihnen aber mein Lob nicht mehr? Und da es ja feststand, daß man von Ihnen reden werde [2], warum hat man nicht lieber mir die Sorge um Ihre Presse anvertraut als Leuten, die Sie »blaß, mit einem sanften Lächeln« sehen. Ich habe Sie niemals weder so blaß noch so sanft gesehen. Ihren Herrn Bruder hätte ich im Gegenteil für sanfter gehalten. Noch niemals habe ich Sie aber – wie der sportliche Redakteur – aufs Pferd steigen sehen.

Hat Madame la Duchesse de Guiche überhaupt eine Vorstellung von all den hübschen Dingen, die Sie über sie sagen können, wenn sie nicht zugegen ist? Madame Lemaire hat mir geschrieben (da allem Anschein nach eine Zeitung unter den Hochzeitsgeschenken aufgeführt hat: Monsieur Marcel Proust, Etui, gemalt von Madeleine Lemaire): »Mein lieber Marcel, offensichtlich habe ich für Sie, für die Hochzeit des Herzogs von Guiche, ein Revolver-Etui bemalt. Wie wenig Mühe hat mir das doch gemacht!«[3] Ich weiß nicht in welcher Zeitung das stand, der *Gaulois*, den ich durchsah, sprach nicht von diesem prachtvollen Geschenk. Welch ausgefallenes Geschenk-Verzeichnis dagegen: Monsieur Verdé Delisle, Bild, betitelt: *Eintritt in den Pferdestall.* Ist das witzig? Und das Bild von Madame de Pourtalès, das »Mademoiselle de la Robertsau« zugeschrieben wird. Wenn Sie an Loche schreiben, versäumen Sie bitte nicht, ihm herzliche Grüße von mir auszurichten. Ich werde ihn wahrscheinlich vor Ihnen sehen, aber ich liebe diesen Grußaustausch. Er spricht mit einer Zärtlichkeit von Ihnen, die wirklich etwas Rührendes hat. An Ihrem Geburtstage hat Madame Greffulhe[4] mir himmlische Verse ihrer Tochter gesagt. Ich besitze sie aber nicht. Ich finde jedoch Gefallen daran, nochmals mir vorzusprechen: »Und da ein Entwurf sein Alter niemals ändert« und dergleichen Wunderdinge mehr. Ich habe zu Madame Greffulhe gesagt, daß Sie Ihre Heirat als eine Möglichkeit (dies natürlich nur einer der Gesichtspunkte) betrachtet haben, in den Besitz ihrer Photographie zu gelangen. Sie hat daraufhin so hübsch gelacht, daß ich versucht war, es ihr zehnmal nacheinander zu wiederholen. Ich würde etwas darum geben, wenn meine Freundschaft mit Ihnen mir dieselbe Vergünstigung verschaffte. Was Ihre eigene Photographie betrifft, so finde ich es wenig nett, sie versprochen und nicht gegeben zu haben, und ebenso die Photographie des Porträts von Mathieu[5]. Ich habe an Albu(féra) geschrieben, er solle wegen asolian[6] endlich in den sauren Apfel beißen. Ich hoffe, er wird sich nicht in das wollüstige Meer stürzen, in dem die Sirenen singen, denn er hält sich gerade dort auf. Ich hoffe, es war nicht indiskret, Ihnen zu schreiben. Ich sehnte mich nach Ihnen. Und ich betrachtete die absurde Postkarte als eine Ermächtigung.

Ganz der Ihre

Marcel Proust

1 Die Verse lauten richtig:
»Ah! laissez-moi, mon front posé sur vos genoux,
Goûter, en regrettant l'été blanc et torride,
De l'arrière-saison le rayon jaune et doux!«

2 Von der Hochzeit des Herzogs von Guiche mit Élaine de Greffulhe.

3 Coco de Madrazo hatte im Auftrage von Proust das Revolver-Étui mit undurchsichtiger Wasserfarbe bemalt.

4 Mutter der jungen Herzogin von Guiche.

5 Graf Mathieu de Noailles, Schwager des Herzogs von Guiche.

6 Vermutlich Anagramm für Louisa, Geliebte Albuféras.

An Louisa de Mornand

Freitag [25.? Nov. 1904]

Meine liebe Louisa,

ich bin so krank, daß ich nicht weiß, wie ich Sie besuchen soll. Ich kann Sie nicht einmal fragen, ob *Sie* damit einverstanden wären, mich zu besuchen. Denn als ich vorhin auf dem Père-Lachaise war, habe ich mich dort erkältet und weiß nicht, ob ich morgen aufstehen kann. Kurz, Montag muß ich einen Arzt aufsuchen (ich bin vernünftiger als Sie), und vielleicht wird sich mein Leben so zum Guten wenden und mir gestatten, diejenigen, die ich gern habe, häufiger zu besuchen. – Sie wären sehr nett, wenn Sie mir sofort einige Zeilen schickten mit Angabe der Stadt, wohin ich telegraphieren kann, der genauen Adresse und des Tages. – Und es wäre ebenfalls lieb von Ihnen, wenn Sie diesen Auskünften Nachrichten über Ihre teure Gesundheit beifügten, die Sie mit keinem Wort erwähnen. Sagen Sie mir auch noch, ob Mademoiselle de Mornand in *Maman Colibri* [1] eine ebenso vorzügliche »Louisa« war, wie sie es im wirklichen Leben ist, und ob das Publikum derselben Ansicht war wie Ihre Freunde.

Ihr

Marcel

Reynaldo Hahn hört nicht auf, von Ihrem Talent zu sprechen, und das habe ich von verschiedenen Seiten gehört.

1 Schauspiel in 4 Akten (1904) von Henry Bataille (1872–1922), Dramatiker und Dichter. Louisa spielte die Rolle des Zimmermädchens ›Louise‹.

An Armand de Guiche

Montag abend [19.? Dezember 1904]

Lieber Freund,

ständig muß man Ihnen danken, denn Sie sind immer liebenswürdig. Das schöne Photo habe ich erhalten, voller Ähnlichkeit, sehr wertvoll, die Erinnerungen eines Vergeßlichen zu fixieren. Ich hoffe, daß Sie bald zurückkehren. Allerdings werde ich vielleicht schon verreist sein.

Ganz der Ihre

Marcel Proust

Falls Sie Loche meine Grüße noch nicht ausgerichtet haben, täten Sie gut daran, es zu unterlassen. Dieselben liefen nämlich Gefahr, gleich den Sternstrahlen bei ihm anzukommen, die uns erreichen, wenn die Leuchtkraft des Sterns schon erloschen ist (Herzog von Guiche, der Sie mit vierzehn Doktor der Naturwissenschaften waren, mit neunzehn Mitglied des Instituts, usw.: entspricht meine Astronomie den Tatsachen?) Übrigens hoffe ich, daß es sich nochmals nur um eine Wolke handelt, die augenblicklich die erwähnte Freundschaft verdunkelt – bis zu ihrem endgültigen Erlöschen. Es ist aber eine ziemlich dicke Wolke. Vor allem möchte ich nicht, daß Sie glauben, ich wolle meine Unbeständigkeit vorteilhaft verbrämen. Loche gegenüber empfand ich ein solches Verlangen nach Beständigkeit, daß ich in meinem Verhältnis zu ihm von geradezu wanzenhafter Anhänglichkeit bin. Ich wünschte, Sie könnten mich sehen. Aber er ist derart widerlich zu mir, daß es kaum noch so weitergehen kann. Und ich versichere Ihnen, daß ich voll Melancholie zu mir sagen werde: »Noch eine ausgepreßte

Zitrone« (Barrès), zumal sie mir dermaßen geschmeckt hat.

Albu[1] wiederholt die Reise des *Itinéraire*[2]. Hoffen wir, daß der Reisebericht, den er heimbringt, eher demjenigen Chateaubriands als dem Juliens[3] ähnelt. Sie werden mir sagen, Sie wüßten nicht, wer Julien sei. Da aber das Postscriptum dieses Briefes bereits so lang ist wie ein gewöhnlicher Brief, verschiebe ich diese Erklärungen auf ein andermal. Inzwischen wird Albu die Rundreise von Odysseus und Hannon[4] beendet haben und [Fortsetzung fehlt]

1 Louis, Marquis d'Albuféra.

2 Anspielung auf Chateaubriands *Itinéraire de Paris à Jérusalem et de Jérusalem à Paris en allant par la Grèce et en revenant par l'Égypte, la Barbarie et l'Espagne*, Paris 1811.
Wie Guiche war auch Albuféra auf Hochzeitsreise.

3 Kammerdiener Chateaubriands, dessen *Itinéraire de Paris à Jérusalem* gerade vor kurzem (1904) posthum veröffentlicht worden war.

4 Name mehrerer karthagischer Heerführer.

An Geneviève Straus

Dienstag abend [20. Dezember 1904[1]]

Verehrte gnädige Frau

das Hören Ihrer Stimme eben hat mir viel Freude und auch Kummer bereitet. Einmal weil ich sie traurig und müde fand, körperlich müde, doch auch nervliche Abgespanntheit verratend, wodurch zum Ausdruck kam, daß Ihre Stimme müde ist, daß Sie in sich die nervlichen Reserven angegriffen fühlen, die der Stimme gebieten. Déjerine[2] würde Sie davon befreien, wenn er Sie einen Monat isolieren würde, ich verstehe aber gut, daß Sie nicht dazu bereit sind, da ja ich schon mich nicht dazu entschließen kann. Allerdings weiß ich, daß ich auch danach all meine Krankheiten behalten würde, während Sie, die Sie sonst keine anderen haben, wieder wie neu geboren und geheilt sein würden. Es ist für Sie in anderer Hinsicht schwieriger als für mich, der ich seit langem von allem entwöhnt bin, gleich den Leuten, die beim Eintritt ins Kloster ihre Lebensweise fast nicht zu ändern brauchen, da sie bereits klösterlich war (das ist nur ein Vergleich und will weder besagen, daß ich keusch sei, noch weniger, daß Sie nicht ... mit Schrecken halte ich inne). Kurz, ich hätte aber nicht wie Sie ein volles Leben zu opfern. Ich sage nicht, ein angenehmes! Leben, weil ich beim Klang Ihrer armen, bewunderungswürdigen Stimme deutlich fühle, daß das Leben, an das sich jene Stimme wendet, Ihnen recht entzaubert und anstrengend erscheinen muß. Allein, sobald Sie sich erholt hätten und geheilt wären, würde das Leben seinen Zauber zurückgewinnen und Ihnen keine Last mehr sein. Das alles macht mir viel Kummer, weil ich nicht wußte, daß Sie abgespannt waren. Reynaldo hat mir nur gesagt, weil er Sie bei den Widals[3] sah, daß Sie Schmerzen an den Augen hätten (die andere so haben leiden lassen). Und da alles, was Sie sind, mir am Herzen liegt – angefangen von den schönen Nägeln Ihrer Hände, die zum Schönsten auf der Welt gehören, bis zu allem anderen, und alles mich dermaßen bewegt, daß ich seelisch in Mitleidenschaft gezogen bin, wenn Ihnen ein Finger weh tut –, war ich beunruhigt, daß Sie Augenschmerzen haben. Und Sie sprechen zu hören, macht mir auch deshalb das Herz schwer, weil für mich, dem jede Freude versagt ist und der so zurückgezogen lebt, diese Stimme, die all das heraufruft, was mir am teuersten und reizvollsten ist – wohl meinem Ohr erreichbar, aber von einer Frau ausgehend, die ich weder sehen noch besuchen kann –, zu starke Tantalusqualen bedeutet, alle Musik der Okeaniden[4] aus dem verlorenen Paradies, die Sie kennen und sich vorstellen können.

Entendez-vous ces voix charmantes
Par ici, par ici vous qui voulez manger
Le lotus parfumé? C'est ici qu'on vendange
Les fruits miraculeux dont votre coeur a faim.[5]

Ich aber kann diesen Lockungen nicht folgen. Um mich Ihrer noch ein wenig zu erfreuen, bleibt mir nur die Einbildungskraft und die Erinnerung. Hin und wieder konsultiere ich Ärzte, die mir zu Luftveränderung raten, ich fahre aber trotzdem nicht, doch jeder Besuch, den ich ihnen abstatte, kostet mich ganze Wochen Bettruhe. Diesmal jedoch, scheint mir, werde ich nach meinem Ausgang weniger lange krank sein. Vielleicht werde ich zu Weihnachten einen Tag auf dem Lande verbringen. Danach werde ich Sie fragen, an welchem Tage ich zum Abendessen kommen kann. Wenn ich nur irgend etwas tun könnte, verehrte gnädige Frau, das Ihnen Freude bereitete, sei es einen Brief von Ihnen nach Stockholm oder Neapel tragen oder ich weiß nicht was – so würde mich das sehr glücklich machen.

Ihr ergebener Freund

Marcel Proust

1 Datum des Poststempels.

2 Jules Déjerine (1849–1917), Neurologe.

3 Doktor Fernand Widal erkannte die Bedeutung salzloser Diät bei gewissen Krankheiten; vgl. *Recherche*, Bd. II, 298 (Éd. de la Pléiade).

4 Töchter des Okeanos, Meernymphen.

5 »Hört ihr diese berückenden Stimmen?
Hierher, hierher, die ihr den duftenden
Lotus essen wollt! Hier erntet man die
Wunderreichen Früchte, die euer Herz begehrt.«

An den Prinzen Antoine Bibesco

[1905?]

Mein lieber Antoine,

anstatt über die Abänderung der Karte Europas zugunsten Deines Vaterlandes zu sinnen, tätest Du viel besser daran, Stücke zu schreiben.

Das englische Empire und die Grenzen Norwegens haben sicher weniger Bedeutung als die Stücke Ibsens oder Shakespeares. Doch ist man außerstande, sich an die Stelle anderer zu versetzen; und vielleicht hast ja auch Du recht. Jedenfalls sollst Du wissen, daß Du felsenfest auf mich zählen kannst. Ich habe gerade an Calmette geschrieben, Dein Artikel [1] wird erscheinen, obwohl Rumänien keine Aktualität besitzt. Wird man aber jemals in Deinem Vaterlande erfahren, was Du für es tust?

Herzlichst

Marcel Proust

1 Worin A. Bibesco die Belange Rumäniens verteidigt.

An Bertrand de Salignac-Fénelon

[1905?]

Mein lieber Bertrand,

wenn Du wüßtest, eine wie große Freude mir Deine Briefe oder auch nur Deine Karten bereiten, würdest Du Dir Mühe geben, sie einigermaßen leserlich zu schreiben, damit sie nicht vor meinen Augen mit einer Art von Spott das aufreizende Mysterium eines unlösbaren und köstlichen Geheimnisses entfalten. In Deinen beiden letzten Karten habe ich nicht ein einziges Wort entziffern können. Wenn Deine T immer die Bedeutung von M und Deine P immer die eines O hätten, würde man sich leicht auf diese Eigentümlichkeiten einstellen können. Du bist aber ebenso unfähig, Deinen literarischen wie Deinen anderen Launen treu zu bleiben. Wenn Du schreibst, bist Du nur noch ein Zeichner, allerdings kann ich die Formen nicht erkennen.

Lieber Bertrand, wenn ich sicher wäre, wenn ich Dein ausdrückliches Versprechen besäße, daß Du mir die Karten zurückschicken wirst, würde ich Dir die beiden letzten zusenden, damit Du so gut sein möchtest, mir mitzuteilen, was sie mir sagen wollten. Ich habe jedoch zu große Angst, daß Du sie mir nicht zurückgibst, ich werde sie aufheben wie Dinge, die in unbekannten Schriftzeichen bizarre Aufschriften tragen, die mir dadurch wertvoll sind, daß sie durch Dich zu mir gelangt sind, der ich kein Künstler bin und nicht das Recht zu reden habe, um nichts auszudrücken, und dessen Wissen keinen Reiz besitzt.

Ich schreibe Dir ganz einfach so leserlich, wie ich es vermag, daß ich Dir danke, an mich gedacht zu haben, und daß ich Dich sehr gern habe.

Marcel

An Geneviève Straus

[Anfang März 1905?]

Verehrte gnädige Frau,

haben Sie bitte die unendliche Liebenswürdigkeit, den Unsegen abzuwenden, der mich von Ihnen fernhält, und bereiten Sie mir dadurch eine unermeßliche

Freude. Kommen Sie am nächsten Montag gegen 4 Uhr, um Madame de Guerne[1] und Reynaldo[2] zu hören, die Duos miteinander singen werden, und zum Teetrinken. Es werden äußerst wenig Leute kommen, und ich wäre hocherfreut! Mir ist so, als kehre Monsieur Straus[3] um diese Zeit vom Gericht zurück, so daß es überaus liebenswürdig und ehegemäß von Ihnen wäre, wenn Sie sich um 4 Uhr bei mir träfen und mir durch diese große Ehre zugleich große Freude bereiteten. Sie werden etwas essen oder Sie werden nichts essen, Sie werden etwas trinken oder Sie werden nichts trinken, Sie werden reden oder schweigen, und wenn Sie sich langweilen, kommen Sie mit mir in ein Zimmer nebenan. Und wenn ich Ihnen lästig bin, werde ich Sie allein lassen. Es ist mir peinlich, Sie wegen einer solchen Geringfügigkeit zu behelligen. Es war mir aber unmöglich, ein Abendessen zu arrangieren. Ich habe mich also mit dem Tee abgefunden, wobei ich mir jedoch ausbedungen habe, daß es kein Sonnabend sein dürfe, damit Sie als Einwand nicht Ihren Besuchstag haben. Habe ich Aussichten? Machen Sie sich nicht die Mühe, mir zu antworten . . ., nehmen Sie lieber statt dieser die Mühe auf sich, zu kommen . . . und zu bleiben.

Ihr ergebener Freund

Marcel Proust

1 Marie-Thérèse, Comtesse de Guerne, geb. de Ségur.
2 R. Hahn.
3 Émile Straus war Rechtsanwalt von Beruf.

An Anatole France

[Sonnabend, den 4. März 1905]

Verehrter Meister,

ich habe Ihnen für eine erlesene Geistesgabe zu danken. Ich war krank. Verzeihen Sie mir, Ihnen noch nicht geschrieben zu haben, weshalb ich nichts Schöneres kenne als *Sur la pierre blanche*[1]. Ich will es dieser Tage nachholen. Heute möchte ich Ihnen nur sagen, daß Sie mir eine große Ehre, eine zu Herzen gehende Freude erweisen würden, wenn Sie übermorgen nachmittag, Montag, recht pünktlich um vier einhalb Uhr zu einer Tasse Tee kommen würden, um in kleinem Kreise Musik zu hören. Ich weiß, daß Sie derartigen Zusammenkünften nicht viel abgewinnen können, ein Grund, weshalb Ihr Leben keineswegs unglücklich ist: wie Hippolyte Dufresne »gehen Sie nicht in Gesellschaft[2]«. Deshalb bitte ich Sie nur schüchtern und ohne viel Hoffnung wie der Dichter, der sich an den Stern wandte

mit dem Gefühl, daß er zum Unendlichen gehört.

Wenn Sie trotz allem kämen, würden Sie sehen, wie die Mozartschen Sätze »ihre weißen Säulenreihen und Rosengirlanden in die Luft zaubern«[3] und mich entzücken.

Empfangen Sie, verehrter Meister, den Ausdruck meiner ehrerbietigen Bewunderung.

Marcel Proust

Um Ihnen die ganze Wahrheit zu sagen und nicht Gefahr zu laufen, Ihnen zu mißfallen: wahrscheinlich werden ein oder zwei Akademiemitglieder anwesend sein, die zwar nicht gerade Nationalisten sind, aber doch zu jenen Liberalen gehören, die »Privilegien für sich in Anspruch nehmen«[4]. Sie brauchen sich aber nicht in ihrer Nähe aufzuhalten, und wenn Ihnen ihr Anblick mißfällt, werde ich mit Ihnen Tee trinken, während sie Musik hören oder mit Ihnen Musik hören, während sie Tee trinken. Mein ganzer Sinn steht danach, mich an Ihre Fersen zu heften. Was die Akademiemitglieder angeht, so wären sie entzückt, Sie zu sehen, aber ich weiß, daß Sie dieses Entzücken nicht teilen.

1 Von Anatole France, erschienen 2. Februar 1905.
2 A. France, *Oeuvres complètes illustrées*, Paris 1928–35. Bd. XIII, S. 508.
3 Ebda., S. 511.
4 Ebda., S. 541.

An Prinz Léon Radziwill

Dienstag morgen [7. März 1905 ?]

Mein lieber Loche,

ich will Ihnen das Folgende so liebenswürdig schreiben, daß Sie fühlen, es ist von keinem feindseligen oder auch nur bitteren Gefühl, vor allem aber von keinem Groll diktiert. Erlassen Sie mir das Vorbringen meiner Beschwerde-Punkte. Sie sind schwerwiegend und berechtigt. Ich will Sie nicht mehr sehen, ich will nicht mehr, daß wir uns schreiben, daß wir miteinander zu tun haben. Sobald die Freundschaft, die ich für Sie empfand, erloschen ist, werde ich entzückt sein, Ihnen wieder zu begegnen, vorausgesetzt, daß es auch Ihnen angenehm ist, denn Freundschaften wie die unsrige leben niemals wieder auf. Doch wieviel Zeit wird dazu nötig sein. Es wird von neuen Freundschaften abhängen, die ich machen kann. Ich weiß nichts darüber.

Ich wollte lediglich eine Bitte an Sie richten. In bezug auf diese Artikel-Geschichte, die sich zu einem Räubermärchen auswächst, habe ich neulich Ihnen gegenüber die Vermutung geäußert, Guiche habe vielleicht das Material dazu geliefert. Ich glaubte das nicht. Ich sagte es Ihnen, um mit Ihnen alle Möglichkeiten zu erwägen. Es wäre mir schmerzlich, wenn Sie es Guiche erzählten. Ich schätze ihn, mag ihn gern, und das könnte ihn daran zweifeln lassen.

Ich wollte Ihnen noch anderes ans Herz legen, was man aber nicht leicht schreiben kann. Zuerst hatte ich erwogen, nach Le Havre zu fahren, um Ihnen dies alles zu sagen. Dann wären Sie jedoch nett zu mir gewesen, ich hätte die Aufkündigung meiner Freundschaft zurückgezogen, meine Freundschaft wäre wieder aufgelebt und damit auch meine Misere. Und nach einer gewissen Zeit wäre man wieder am gleichen Punkt angelangt. Es ist besser – sofort Schluß zu machen. Niemand würde von all dem etwas verstehen. Deshalb würde ich auch niemandem etwas davon erzählen. Wenn man mich fragen sollte, weshalb ich Sie nicht einlade (da ich einige kleine Abendessen geben will), werde ich sagen, ich wüßte, daß Sie von Ihrer Familie, Ihrer Geliebten, Ihrem Schloß und Ihrem Regiment sehr in Anspruch genommen seien (ich benötigte die Adresse von Du Breuil).

In einigen Tagen werde ich Ihnen nicht etwa Ihr schönes Tintenfaß zurücksenden, das ich sehr gern behalte, sondern dessen Deckel. Die ironischen Verse: »Welch Wohltat ist ein echter Freund ... Er spürt, was Ihr bedürft, im Innern Eures Herzens auf. Er erspart uns die Scham, es ihm selbst offenbaren zu müssen«[1], bereiten mir zu viel Pein, sie beständig so vor Augen zu haben.

Ich wünschte, Sie würden all das tun, was ich nicht tue und tun müßte, vor allem aber, daß Sie arbeiten. Ich bin sicher, daß Sie wirklich gute Dinge zuwege bringen würden.

Ich war Ihr ganz aufrichtiger Freund.

Marcel Proust

1 La Fontaine, *Fabeln* VIII, 11 *Les deux amis.*

An Louisa de Mornand

Nacht von Dienstag auf Mittwoch
[18. zum 19. April 1905]

Meine liebe Louisa,

ich begreife nichts mehr und bin wirklich etwas bestürzt. Als ich heute abend in der Zeitung las, daß morgen die Premiere von *L'Armature*[1] stattfindet, in der Sie, wie ich wußte, eine kleine Rolle haben, bin ich so aufgestanden, daß ich Sie empfangen könnte, falls Sie nichts anderes vorhätten, und habe meine Concierge zum Vaudeville-Theater geschickt, da es bereits zu spät war (1/2 9), Sie noch zu Haus anzutreffen, um Sie zu fragen, ob Sie die Güte hätten, mich heute, Dienstag abend (gestern abend, ich schreibe Ihnen in der Nacht von Dienstag auf Mittwoch), gegen elf Uhr zu besuchen. Meine Concierge ist mit der Nachricht zurückgekommen, im Vaudeville habe man ihr gesagt, Sie seien nicht im Theater und würden für die ganze Spielzeit nicht wiederkommen!

Sind Sie denn ernstlich krank? Haben Sie bitte die Liebenswürdigkeit, mir die zwei folgenden Punkte zu beantworten:

1. Ob Sie täglich ausgehen, zu welcher Stunde am Abend und wo ich anrufen lassen kann (z. B. gegen neun Uhr), um Ihnen zu sagen, ob ich aufstehen konnte und Sie folglich kommen können.

2. Wenn Sie aus Krankheitsgründen nicht ausgehen, ob ich Sie spät an einem Abend besuchen kann, indem ich Sie erst einige Stunden vorher benachrichtigen würde, da ich ja immer nur im letzten Augenblick zu sagen vermag, ob ich in der Lage sein werde, aufzustehen und auszugehen. Sehen Sie bitte zu, daß ich Ihre Zeilen morgen, Mittwoch (heute, wenn Sie mein Briefchen empfangen), noch nachmittags erhalte, damit ich, falls ich mich zufällig morgen wohlfühle (es geht mir seit einigen Tagen besser), Sie entweder empfangen oder besuchen kann. Wenn ich morgen nicht kann, versuche ich es Donnerstag.

Herzlich Ihr

Marcel

1 Schauspiel in 5 Akten von Eugène Brieux (1858–1932), nach dem Roman von Paul Hervieu.

An Louisa de Mornand

Mittwoch mitternacht
[19. April? 1905]

Meine liebe Louisa,

ich war heute abend auf gut Glück aufgestanden, um Sie zu erwarten, doch wie traurig es auch immer für mich ist, Sie nicht zu sehen, so war es diesmal vielleicht besser so, denn ich holte sehr schwer Atem. Ich kann Ihnen nicht im voraus sagen, wann ich in der Lage sein werde auszugehen, ich verspreche Ihnen aber, daß mein erster Ausgang Ihnen gelten soll. Seit einem Monat bin ich einmal ausgegangen (vor acht Tagen), doch ich werde es auf meine eigene Kappe nehmen, bis zur Rue Edmond-Valentin[1] zu gelangen. Selbstverständlich wird es abends sein, ich kann keinesfalls am Tage ausgehen. Und Sie können sich nicht vorstellen, wann ich aufstehen muß, damit ich um 11 Uhr bei Ihnen sein kann! Es tut mir sehr leid, daß Sie krank sind. Ich liebe Sie dermaßen, daß ich wünschte, in Ihnen und um Sie herum seien immer Gesundheit, Glück, Freude und Ruhm. Mit meiner eigenen Gesundheit finde ich mich sehr gut ab, doch wenn es um Menschen geht, die ich gern habe, bin ich nicht so stoisch eingestellt, und der Gedanke, daß ein schönes und junges Wesen wie Sie leidet, ist mir wegen meiner tiefempfundenen Zärtlichkeit für Sie sehr schmerzlich. So kündige ich Ihnen also meinen unverzüglichen Besuch an. Empfangen Sie mich aber bitte an dem Tag, da es mir paßt, denn Sie wissen, wie rar meine guten Minuten sind, ich nutze sie aus, darauf folgen lange Tage, an denen ich mich nicht mehr rühren kann, vor allem jetzt, da der verhängnisvolle Frühling seinen Einzug hält und schon der Duft einer Rose genügt, mich krank zu machen.

Herzlich der Ihre.

Marcel

1 Wohnung von Louisa de Mornand.

An Robert de Montesquiou

Donnerstag [27. April 1905]

Lieber Herr de Montesquiou,

es stünde mir schlecht an, wieder auf die Zusammenkunft zurückzukommen, die Sie mit soviel Majestät sofort »aufgehoben« haben. Ich habe mich an eine andere Fabel erinnert, in der Jupiter beim Festsetzen der »Rangordnung« jedem seiner Größe gemäß den Platz zuweisen wollte und zu dem dreisten Sterblichen sagt:

»Ihr also werdet Ameise sein.«

Ferner wahrt noch der *Jupiter* in vierfacher Lebensgröße von Gustave Moreau ausgezeichnet das Größenverhältnis. »Eine Zeder riecht nicht die Rose am Fuße ihres Stammes[1].« Ich nehme an, daß siebzig die Zahl der Streiche bezeichnen soll, die ich Ihrer Meinung nach noch auf Lager habe. Ich kann Ihnen gar nicht genug für Ihren hinreißenden Brief danken, der mich noch besser jene erstaunlichen Verse schätzen läßt, indem er sie durch den aktuellen Bezug erst an den gebührenden Ehrenplatz stellt – Verse, in denen der Ton der *Fabel* in allen Stilarchaismen und auch die Farbigkeit des Orients wunderbar gewahrt sind: die *Fabeln* La Fontaines, illustriert von Gustave Moreau[2]. »Salomon erhob sich« ist erstaunlich. Das war in der Tat alles, was zu tun sich aufdrängte, und ich bewundere, mit welcher Souveränität Sie sich stets aneignen, was man gemeinhin – zu zaghaft – »die schöne Rolle« nennt, indem Sie die Geste ausführen, die notwendig ist, um sich zu erheben, ganz König, Weiser und Prophet, riesenhaft aufragend selbst über die größten Taten der anderen, die so zu Ameisen werden. »Ihr also werdet Ameise sein.« Ich verneige mich vor der notwendigen Metapher, die mich »gemeines Insekt, Abschaum der Erde« Soliman zu Füßen wirft, der Herrliche mehr denn je. Und da ich mich entschuldigte, nachdem er sich erhoben hatte, und, den herkömmlichen Sinn dieser Abschiedsformel verkennend, ihn nötigte »stehen zu bleiben«, und noch ein weiteres meiner siebzig Bataillone ihm in den Weg legte, weshalb es nicht ratsam ist, mich zu sehr herauszufordern, damit ich nicht beweisen muß, daß diese Zahl noch weit hinter der Wahrheit zurückbleibt – sende ich Ihnen, lieber Herr de Montesquiou, meine vorzüglichste Hochachtung.

Ihr inniger Bewunderer

Marcel Proust

1 Victor Hugo, *Booz endormi*, v. 59.
2 Pariser Maler (1826–1898).

An Geneviève Straus

Freitag [28. April 1905]

Verehrte gnädige Frau,

[...] An einem der Tage, als ich ausging, habe ich nach einem Konzert mit angehört (es ist nicht sehr anständig, aber wir sind beide krank), wie Mme de X... unbeabsichtigt unanständige Äußerungen tat, wie jedesmal wenn ich sie sprechen höre. Sie fand, man habe die Stücke schlecht gesungen. »Meine Liebe, ich werde mir das von Plançon[1] machen lassen (ich nehme an, es sollte heißen: mir vorsingen lassen), es wird ein wahrer Genuß sein. Nächsten Donnerstag um zehn Uhr. Dies Liebhabern zur Kenntnis.« Ein Sog der Menge hat mich ein wenig entfernt, und ich hörte nichts mehr, doch ich wurde von neuem in ihre Nähe getrieben und habe folgendes mitangehört: »Meine Liebe, was wollen Sie machen, Madeleine hat gern eine gute Küche, ich dagegen biete meinen Gästen lieber gute Musik. Sie zahlt ihrem Koch zweitausend Franken, ich dagegen lasse sie lieber Künstlern zukommen. Es handelt sich um dieselbe Summe. Madeleine möchte, daß man sie ihr in den Mund steckt, ich habe lieber, daß man sie in mein Ohr tut. Jedem nach seinem Geschmack, meine Liebe, wir sind doch frei, denke ich.« Ich weiß nicht, ob Sie den Artikel[2] im *Écho de Paris* gelesen haben, in dem F...[3] gesagt hat, wie glücklich er gewesen sei, mit Primoli[4] bei Calvé zu Abend zu essen, in der Meinung, diesem damit etwas Angenehmes und Schmeichelhaftes zu sagen. Und er fügt hinzu: »Dieser völlig kahlköpfige Greis mit seinem langen, weißen Bart läßt mich unweigerlich an einen Heiligen Vater von nachsichtiger Würde denken.« Ich weiß nicht, ob Primoli nun derart entzückt darüber gewesen ist, ebenfalls weiß ich nicht, ob meine Augen schon so alt sind, daß sie nur noch durch den trügerischen Vorhang altgewohnter Bilder etwas wahrnehmen, aber es scheint mir, sein Bart ist blond, selbst wenn er etwas weiß zu werden beginnt, und Primoli ist durchaus kein ehrfurchtgebietender Greis. Ich bin ganz erledigt von den Briefen Montesquious. Jedesmal, wenn er eine Lesung hält, ein Fest gibt, usw., usw., gestattet er mir nicht, daß ich krank bin, und es hagelt vorher Aufforderungen, Drohungen und Besuche von Yturri[5], der mich aufwecken läßt, und nachher Vorwürfe wegen meines Wegbleibens. Ich glaube, man würde noch gesund werden, wenn nur »die anderen« nicht wären. Die Erschöpfung aber, die sie verursachen, das fortdauernde Unvermögen, ihnen die Schmerzen verständlich machen zu können, die mitunter während eines Monats Folge der Unvorsichtigkeit sind, die man beging, um das zu tun, was ihnen als großes Vergnügen erschien, all das bedeutet den Tod.

[...]

1 Pol Plançon, Sänger.
2 Ersch. am 23. April 1905 unter dem Titel *Le Trottoir roulant*.
3 Albert Flament, Schriftsteller.
4 Graf Joseph Primoli.
5 Sekretär von Robert de Montesquiou.

An Geneviève Straus

Sonntag [7. Mai 1905] [1]

Verehrte gnädige Frau,

daß Sie mir geantwortet haben, verstößt gegen die »Spielregel«. Tun Sie es nicht mehr, ich würde nicht mehr wagen, Ihnen zu schreiben. Ich weiß nicht, wie ich diesen Brief an Sie zustande bringen werde. Weil ich so viele Nächte lang bei elektrischem Licht ohne Lampenschirm gearbeitet habe, fühle ich plötzlich (nicht erst heute abend, schon seit acht Tagen) eine außerordentliche Schwächung der Sehkraft, die bislang ausgezeichnet war, und nur mit Mühe kann ich beim Schreiben meine Buchstaben erkennen. So kann ich so gut wie gar nichts schreiben. Wenn ich einen Augenarzt ausfindig mache, der bereit ist, mich einmal um elf Uhr abends zu empfangen, werde ich ihn konsultieren. Ich hoffe übrigens, daß es auch so vorübergehen wird. Als ich zu jener Stunde [2] X. besuchte, bin ich in ein mit grauenhafter Gesellschaft vollgestopftes Empfangszimmer gekommen, wo man wie auf dem Hühnerhof gackerte. Es handelte sich um einen sehr höflichen Wortwechsel zwischen Madame G... und einer großen Frau mit gelben Haaren, einer Art Hühnerkönigin, die, ohne auf das zu hören, was Madame G... ihr sagte – wie letztere in ähnlicher Lage nicht auf sie gehört hätte –, immer von neuem ansetzte: »Nein, nein, Madame, den *Psst*[3] gegründet zu haben (es handelte sich um Forain[4]), wenn man alles den Straus verdankt, wenn man ihnen sein täglich Brot verdankt, wenn man ohne sie nicht einmal zu zeichnen verstünde ...« Ich glaube, Madame G... war derselben Meinung, aber da ihr Gegenüber ohne zuzuhören zeterte, machte sie den Eindruck, als sei sie anderer Meinung, was nicht der Fall war. Sie hob von neuem an: »Nein, Madame, ich wiederhole es, wenn man diese Niederträchtigkeit begeht, wenn man ohne die Straus nicht einmal satt geworden wäre, usw. ...« Nach diesen einleitenden Sätzen erwartete ich etwa folgenden Schluß: »Wenn man das getan hat, ist man der allerletzte Mensch« oder etwas ähnliches. Nichts dergleichen: »Wenn man eine solche Gemeinheit begangen hat, wenn man sein Brot den Straus verdankt, usw., wissen Sie, was man dann ist, Madame? Nun, ich fürchte nicht, es auszusprechen, Sie werden den Ausdruck vielleicht etwas drastisch finden, – dann ist man ein *Hampelmann!*«

– Nach einer derartigen Einleitung fand ich den Ausdruck doch eher farblos. Die Dame war aber offensichtlich nicht der Auffassung. Sie schien so entzückt davon zu sein, daß sie drei- oder viermal mit frivoler Miene wiederholte: »Er ist ein Hampelmann, er ist ein Hampelmann«, aufstand und von dannen ging. Ich habe X... nach dem Namen jener Dame gefragt, er sagte mir: Madame U... (?), und da er spürte, daß ich sie nicht gerade zu bewundern schien, fügte er mit gewichtiger Miene hinzu, als wolle er mich hypnotisieren: »Eine der besten Freundinnen von Madame Straus.« Ich hatte eher den Eindruck, daß sie einer alten Nervensäge und alten Kokotte glich, nicht aber einer Ihrer besten Freundinnen. Ich habe aber nichts gesagt. Übrigens richtete sie beim Weggehen einige recht verbindliche Worte an mich. Nun etwas anderes, was Sie angeht (im Grunde ist es das einzige, was Interesse findet, wie Goncourt zu sagen pflegte), ich glaube, daß ich Ihnen schon erzählt habe, daß ich nicht bei Montesquious Lesung gewesen bin und er deshalb wütend war, was zur Folge hatte, daß er unter dem Vorwand, zwischen meiner kleinen Handschrift und seiner Parallelen zu ziehen, sich mit Salomo und mich mit einer Ameise verglich. Da mich dieser Vergleich etwas in Harnisch brachte, hatte ich ihm geantwortet, er versuche immer, sich die Glanzrolle zuzuschreiben (ich hatte ihm außerdem auch Schmeichelhafteres als dies gesagt), worauf er antwortete: »Wie kommen Sie nur darauf, daß ich mir die Glanzrolle aneigne? Ich brauche sie mir nicht anzueignen: *ich besitze sie.*« Um mich schließlich zu trösten, daß ich seine Lesung nicht gehört habe, hat er mir angekündigt, er werde jetzt zu der und der Stunde bei mir eine halten; nun sollte es schon in einem Monat oder ich weiß nicht wann stattfinden. Nun soll aber diese so feierlich angekündigte Geschichte (die daran schuld ist, daß ich nicht mehr schlafen kann, seit ich davon weiß, übrigens habe ich ihm gesagt, es sei unmöglich) nur *drei* Zuhörer haben. Allen voran: Madame Straus. Ich habe ihm geschrieben, Sie seien nicht in Paris, und es sei deshalb das beste, Ihre Rückkehr abzuwarten, da Sie in der Tat nicht zu ersetzen sind. Ich weiß noch nicht, was er mir antworten wird. Da ich in meinen Beziehungen zu den G . . . niemals Glück habe und stets Klatscherei entsteht, wäre es mir lieb, wenn Sie ihnen gegenüber nicht die Unterhaltung U . . . erwähnen würden, obwohl diese in keiner Weise etwas Abfälliges enthält, aber was ich auch sage, bekommen sie immer in den falschen Hals. Ebenso lieb ist mir Schweigen, da es wenigstens nicht zu Interpretationen Anlaß gibt. Ich habe zu erwähnen vergessen, daß an der Unterhaltung ein geistreicher Mann beteiligt war, den mir X . . ., der mir völlig zur Familie seiner Frau übergegangen zu sein scheint, mit den Worten vorgestellt hat: »Mein Onkel, Monsieur H . . .« Beim Konzert [5], wo ich gehört hatte, wie Madame de X . . . sich so wundervoll ausdrückte, hatte ich eine Art Koloß in Frauenkleidern erblickt, mit falschen, auf der Stirn zurechtgelegten Schmachtlocken, eine Art Spinnenkönigin, eine Art rote Ameise, gespielt von Baron [6], mit einer Parade-Donnerstimme: Madame B . . . So etwas nennt man ›ein schönes Alter‹. Vielleicht überragen Sie oben auf Ihren Bergspitzen durch Ihre Teilnahmslosigkeit zu sehr das gemeine Leben, als daß Sie auch nur die Spur einer Freude empfänden, wenn Sie erfahren, daß Madame de Pourtalès [7] Reynaldo gebeten hat, er möge Madame Lemaire ausrichten, daß nichts ihr [8] unangenehmer sei, als etwa mit Familie Arthur Meyer [9] bei ihr zusammenzutreffen (Ihr Turenne [10] hat von Madame de Pourtalès die Zusicherung erhalten, sie werde entgegen ihren Versprechungen die Meyers nicht empfangen, sie zittert davor, ihnen irgendwo zu begegnen). [. . .]

Empfangen Sie, gnädige Frau, meine ehrerbietigen, innigen Grüße.

Marcel Proust

1 Datum des Poststempels.
2 D. h. 11 Uhr abends.
3 Satirisches Wochenblatt, gegründet 1898 von Forain und Caran d'Ache. Tendenz nationalistisch-kath.
4 Jean-Louis Forain (1852–1931), frz. Maler und Zeichner, Schüler von Degas.
5 Vgl. den Brief vom 28. April 1905.
6 Louis Bouchenez, genannt Baron (1838–1920), frz. Schauspieler.
7 Gräfin Edmond de Pourtalès, geb. Mélanie de Bussière.
8 D. h. Mme de Pourtalès.
9 Direktor des *Gaulois*.
10 Graf Louis de Turenne d'Aynac; vgl. den Brief vom 9. September 1904 an R. Hahn, S. 166 f.

An Maurice Duplay

[Mai 1905]

Mein lieber Maurice,

ich wollte Dir schon eher wieder schreiben über Dein Buch [1] und die Rezensionen. Hier der Grund, weshalb ich es nicht getan habe. Herr de Montesquiou beabsichtigt, mir ein Fragment seines neuen Buches[2] vorzulesen, und hat mich gebeten, sieben Personen dazu einzuladen, die er mir genannt hat. Ich habe ihm erneut geschrieben und gebeten, einige andere Namen hinzufügen zu dürfen, darunter Dich, und in diesem Augenblick erhalte ich seine Antwort, in der er alles in Bausch und Bogen ablehnt mit der Begründung, es würde den Charakter seiner Lesung verändern, usw., usw. ... Im Grunde bin ich entzückt darüber, denn wenn ich Dich eingeladen hätte, würde ich Dich, glaube ich, noch am selben Tage angefleht haben, nicht zu kommen. Schon wage ich nicht, Dir in Anwesenheit eines Dritten zu begegnen. Dazu noch bei einer Gedicht-Lesung! Ich glaube, unser unbändiges Lachen hätte den grausamsten Skandal heraufbeschworen, den man sich nur vorstellen kann. Ich wollte nur seine Antwort abwarten, um Dir alles auf einmal mitzuteilen. Seine Weigerung verschafft mir ungeheure Erleichterung, da ich jetzt ohne Deine Teilnahme weniger Angst habe, einen Lachanfall zu bekommen. Aber auch so wird es mich packen. Das Büchlein[3]: ich finde es großartiger als nach der ersten Lektüre. Tausend Sätze verraten den großen Schriftsteller, die tapferen Männer, auf ihren Betten wie auf Grabmälern ausgestreckt liegend, Fenster aus Gold und Amethyst, hundert großartige Einzelheiten. Ich kümmere mich keinen Deut um die Tendenz, die schön und wahrscheinlich verkehrt ist, aber das macht überhaupt nichts. Selbst die Thesen von Rousseau, Flaubert, Balzac und so vielen anderen sind wahrscheinlich unrichtig. Und wenn der Absolutismus und der Klerikalismus nicht die einzigen Stützen Frankreichs sind, hat das etwa zur Folge, daß der *Landarzt*[4] ein weniger schönes Buch ist und die Romane von Barbey d'Aurévilly ... Hattest Du, jetzt vom moralischen Standpunkt aus, ein Recht, das zu sagen? Ich glaube ja, gehe aber nicht so weit, diesen Gesichtspunkt zu untersuchen. Mein Gefühl spricht in diesem Punkt sogar noch mehr zu Deinen Gunsten. Ich bin aber zu müde, um es Dir im einzelnen darzulegen. Seltsam bleibt jedenfalls, daß wir beide, die wir eher gutmütig veranlagt sind, das Regiment so verschieden erlebt haben, Du als eine Sträflingsanstalt und ich als Paradies. Was will das aber besagen? Daß der Sonnenuntergang existiert, hindert nicht den Sonnenaufgang, ein wunderschönes Schauspiel zu sein, die Wahrheit in einem anderen Augenblick; ein Maler kann nicht alles zugleich malen, und potz Donnerwetter,

Du hast doch hiermit schon genug gemalt. Lucien Daudet hat Dein Buch trotz dessen These für die Kaiserin Eugénie[5] kaufen müssen. Wenigstens sprach er davon, als er mich verließ. – Was die Rezensionen betrifft, so möchte ich nicht, daß Du glaubst, ich sei nicht gefällig, denn ich schwöre Dir, das trifft nicht zu. Bedenke aber folgendes: als ich die *Bible d'Amiens* übersetzt hatte, glaubte ich, meine Literaturfreunde würden sich ein Bein ausreißen. Das Vorwort war Léon Daudet gewidmet, der im *Gaulois*[6], im *Echo*[7], usw. schreibt, ich habe ihm zu verstehen gegeben, daß eine Besprechung mir Freude bereiten würde. *Niemals ein Wort, keinerlei Anspielung,* nicht einmal meinen Namen hat er in den Artikeln zitiert, in denen er Hinz und Kunz erwähnt. Sag es nicht weiter, aber ich habe es eben noch nicht verdaut. Auch an Hermant[8] habe ich mich gewandt und ihm sagen lassen, es würde mich sehr freuen. Bei jedem seiner Aufsätze sah ich bereits, wie das Thema nach jenem Wort verlangte: die *Bible d'Amiens*. Gleichfalls kein Wort! Schlimmer noch, er hat in einem Aufsatz im *Gil Blas*[9] von Ruskin gesprochen und sich kein Wort entschlüpfen lassen, weder über Marcel Proust noch über die *Bible d'Amiens*. Was sagst Du dazu? Nicht, daß ich keine ausgezeichneten Besprechungen gehabt hätte. Aber *alle* stammten von mir unbekannten Leuten, fielen mir aus heiterem Himmel in den Schoß, unvorhergesehen, entgegen aller Erwartung. Was soll ich Dir nach dieser Erfahrung noch groß sagen? Wenn ich mit Hermant und Daudet, die ich am besten kenne, darüber spreche, werden sie keinen Finger rühren. Außerdem ist es auf Grund des Themas noch komplizierter. Schick Dein Buch an Brancovan[10], ohne ihn um eine Besprechung zu bitten, und sage ihm dazu, daß Du ihn mit mir zusammen gesehen hättest, und er wird gerührt sein. Währenddessen werde ich ihm sagen lassen, es sei verblüffend, das wird den Anschein haben, es geschähe ganz von ungefähr, er wird vielleicht eine Besprechung bringen, obwohl es dort[11] keine wirkliche Literaturkritik mehr gibt. Allen Künstlern, mit denen ich zusammentreffen werde, werde ich sagen, es sei großartig, ich werde zu erreichen versuchen, daß sie es lesen, das ist der einzige Weg, der hilft. Außerdem will ich versuchen, daß man in der *Humanité*[12] und in den *Essais*[13] davon spricht. Wenn Du zufällig von diesen beiden bereits Zusagen haben solltest, sag es mir, denn dann wäre es nicht nötig, daß ich mich abmühe, diese Briefe zu schreiben. Du weißt gar nicht, welche Sehnsucht Du in mir erweckst, Deine schöne, von Trauben überladene Flußlandschaft zu sehen.

Dein

Marcel

1 *La Trempe: l'école du héros.* (1905)
2 *Professionnelles beautés.*
3 Vgl. Anm. 1.
4 *Le médecin de campagne* von Balzac.
5 Witwe von Napoleon III.; Lucien Daudet war zeitweise ihr Privatsekretär.
6 Ultra-konservative Pariser Tageszeitung.
7 *Écho de Paris,* Tageszeitung kath.-konservativer Tendenz.
8 Abel Hermant.
9 Pariser Tageszeitung der linken Mitte.
10 Constantin de Brancovan.
11 D.h. in der *Renaissance Latine,* deren Direktor C. de Brancovan war.
12 Organ der Sozialistischen Partei, 1904 von J. Jaurès gegründet.
13 *Les Essais,* literarische Zeitschrift.

An Louisa de Mornand

Sonntag, neun Uhr morgens
[um Mai 1905]

Meine liebe Louisa,

nachdem ich von Mitternacht bis neun Uhr morgens gearbeitet habe (ich bin mit meinem Band ungeheuer im Rückstand), fühle ich mich so ausgepumpt, so elend, daß ich nicht die Kraft habe, Ihnen länger zu schreiben. Ich schreibe Ihnen dann morgen, um Ihnen zu sagen, an welchem Tag wir uns treffen könnten. Ich wollte gerade anrufen, um mich nach Ihrem Befinden zu erkundigen, als ich Ihre Zeilen empfing. Ich bin unbeschreiblich traurig, daß Sie noch leidend sind. Ich hoffe, Sie sind in einigen Tagen ganz wiederhergestellt.

Herzlich Ihnen zugetan.

Marcel

An Robert de Montesquiou

Montag [29. Mai 1905]

Lieber Herr de Montesquiou,

ich fahre fort, Ihre Anweisungen peinlich genau zu befolgen. Um nun aber zu einem Abschluß zu kommen, mache ich Ihnen folgenden Vorschlag:
Madame de Brantes
Meine Cousine Madame Thomson (Frau des Marineministers)
Die Goyau's
Calmette

und als besonders dringliche Bitte meinen Freund Robert de Billy. Wenn Sie nicht einverstanden sind, machen Sie sich nicht die Mühe, mir zu antworten. Was jetzt kommt, ist aber sehr viel schwerwiegender: Sie haben Lucien[1] nicht ausgewählt. Sei es nun, daß er davon erzählen hört, sei es, daß er zufällig vorbeikommt, um mich zu besuchen – es ist jedenfalls gut möglich, daß er kommt. Sehr oft empfange ich ihn nicht, dann bin ich aber krank. Anläßlich dieser Einladung würde er Mäntel im Flur hängen sehen, es wäre also kränkend, ihn abzuweisen, und ich möchte einen Freund wie ihn nicht verletzen. Wenn Sie ihn also auf keinen Fall dabei haben wollen, sagen Sie es mir, ich werde ihn dann benachrichtigen, er solle nicht kommen, wie ich es schon bei meinen anderen Freunden getan habe. Doch habe ich nicht gewagt, bei ihm ebenso zu verfahren, da ich ihn mit Ihnen so befreundet weiß. Er ist doch so intelligent und reizend, würde er nicht ausgezeichnet dazupassen? [...]

Ihr ergebener

Marcel Proust

1 Lucien Daudet.

An Louisa de Mornand

[Ende Mai – Anfang Juni 1905]

Meine liebste Louisa,

Sie sind ein Mensch, der immer noch wunderbarer ist, als man geglaubt hatte. Sie haben mir einen Brief geschrieben, ganz durchdrungen von aller nur denkbaren Schönheit; er enthält noch zusätzlich eine Schönheit, die schöner ist als alle anderen, weil Sie gar nicht wissen, daß Sie Schönheit in diese einzigartigen – und zugleich so schlichten Seiten haben einfließen lassen. Wenn Sie nicht so natürlich wären, würde ich zögern, Ihnen zu sagen, daß Sie derart einzigartig sind, damit Sie nicht eingebildet werden. Ich weiß aber, daß Sie das niemals werden. Was muß ich da hören – Sie sind gestern an meiner Haustür vorbeigegangen? Und ich glaubte, Sie lägen mit halbgeschlossenen Augen im Dunkeln ... Es ist, als ob der Blinde sich nach dem Befinden des Gelähmten erkundigen kommt. Es war mir eine große Freude, daß ich Sie wieder genesen weiß. Lag es vielleicht daran, daß ich nach einem Tag mit hohem Fieber in der letzten Nacht mich besser gefühlt habe? Vorhin begann alles wieder von neuem. Heute abend dagegen fühle ich mich wieder besser. Doch wie lange wird es anhalten? Man hat mir gesagt, im Stück[1] von Prévost wären Sie von strahlender Schönheit. Wenn Sie mit ihm plaudern, können Sie ihm meine Empfehlungen ausrichten. Von ganzem Herzen sende ich all meine zärtlichsten Gedanken.

Marcel

1 *Demi-Vierges*, Komödie in 3 Akten, in der Louisa die Rolle der Betty spielte.

An Geneviève Straus

[3. Juni 1905?]

Meine allerliebste Madame Straus,

so häßlich sie auch sein mögen, ich möchte Ihnen von meiner Abendgesellschaft die Blumen senden. Wegen der sie begleitenden Gedanken hoffe ich, Sie nehmen sie nicht ungnädig auf.

Ihr ergebener Freund

Marcel Proust

An Louisa de Mornand

[gegen Juni-Anfang Juli 1905]

Meine liebe Louisa,

welch schönen, welch hübschen Brief haben Sie mir geschrieben. Wie eine Kostbarkeit werde ich ihn aufheben. Wenn Sie wüßten, wie oft ich ihn wiederlese, wie ich ihn bewundere, wie er mich rührt! Während eines Augenblicks, den Sie dem Getriebe, dem Wogen und Schäumen von Paris entzogen haben, blickten Sie auf den Grund Ihres wieder ruhig und klar gewordenen Herzens und haben dort alte, voneinander unabhängige Bilder wahrgenommen. Diesem Erlebnis verdanke ich Ihren Brief, und das hat mich so bewegt. Ich existiere für Sie nur in dem Maße, als ich an süßen und schmerzlichen Augenblicken Ihres Lebens Anteil genommen habe. Ich bin der Knappe, der anläßlich eines bedeutenden geschichtlichen Ereignisses das Pferd hielt oder neben dem Wagen stand. Man kennt nicht einmal seinen Namen. Aber auf allen »Ansichten« des Ereignisses ist er unweigerlich zu sehen, denn der Zufall oder das Schicksal hat ihn dort hingestellt. In ähnlicher Weise läßt uns unsere Erinnerung oft »Ansichten« von historischen Ereignissen unseres eigenen Lebens sehen, die nicht immer ganz leicht zu erkennen sind, ein wenig gleich jenen, die man auf der Muschelkappe eines Federhalters, einem Seebäder-Souvenir, auszumachen sich abmüht. Aber auf diesen Ansichten von glücklichen oder tragischen Tagen, welche die Erinnerung uns sehen läßt, und die noch heute unser Schicksal mitbestimmen, bemerken wir unweigerlich die Nebenfigur, den am Geschehen beteiligten Komparsen, den Marcel Proust, dessen Erinnerungsbild sich für uns unversehens mit derselben Farbe tränkt, die das ganze Bild prägt. Dieser Komparse verlangt gar nicht mehr und freut sich still über diese Glückssträhnen der Freundschaft, über seinen Anteil, der ihm nach dem Bibelspruch nicht genommen werden kann. Was nun mich beschäftigt, meine liebe Louisa, und für mich weniger in der Frage: »Werde ich Louisa dieser Tage sehen können?« als in dieser anderen enthalten ist: »Werde ich Louisa bald, nach den Ferien, regelmäßig und häufig sehen können?« taucht keineswegs vereinzelt in meinem Bewußtsein auf. Es ist nur ein für mich allerdings ganz besonders besorgniserregender Aspekt jener anderen Frage, auf die ich endlich eine Antwort finden muß: »Werde ich bis zu meinem Tode ein Leben führen, das selbst Schwerkranken erspart bleibt, von allem beraubt, von Tageslicht, frischer Luft, jeglicher Arbeit, jeglichem Vergnügen, kurz von jeglichem Leben. Oder werde ich ein Mittel finden, diesen Zustand zu ändern?« Ich kann die Antwort nicht länger aufschieben, denn nicht nur meine Jugend, mein ganzes Leben verrinnt ... Und in dieser Hinsicht neige ich eher dazu, die Lösung, die mir erlaubte, Sie oft und leicht zu sehen, nicht durch eine Unbesonnenheit hinauszuzögern, die etwa darin bestünde, Sie in meinem gegenwärtigen Zustand zu besuchen, wobei es mich als Mann außerdem sehr stört, daß Sie mich mit einem langen, ungepflegten Bart verkleidet erblicken würden. Würde ich aber den Mut haben, Ihnen nicht Lebewohl zu sagen? Im Hinblick auf ein häufiges und regelmäßiges Wiedersehen wäre es vernünftiger, Ihnen schriftlich ›auf ein baldiges Wiedersehen‹ zuzurufen. Aber wie immer ist es wahrscheinlich, daß ich das am wenigsten Vernünftige tun werde.

Herzlich der Ihre.

Marcel

An Fernand Gregh

2. Juli 1905

Mein lieber Fernand,

[...] Deine politischen Ansichten überzeugen mich überhaupt nicht. »Die Tradition der französischen Politik«, wer sagt uns denn, ob das Anti-Klerikalismus ist oder etwas anderes? Ebenso verhält es sich mit dem »Erbfeind«. Gewisse Historiker kommen daher und sagen: Man solle sich nicht täuschen, es sei nicht Deutschland, sondern England. Und ihre Ansicht ist originell, denn man hatte bisher das Gegenteil behauptet. Hernach, sobald man die Wahrheit dieser Idee erschöpfend behandelt hat, sagt man wieder das Gegenteil. Jedenfalls ist es bereits gewagt, die Vergangenheit zu studieren im Hinblick auf ein besonnenes Handeln in der Zukunft. Daß man sie aber studiert, um aus ihr charakteristische Verhaltensnormen herauszulösen, um sich danach zu richten, ist der engstirnigste Nationalismus. Wozu soll es übrigens gut sein, unsere Zeit (Du) und ich meine Kräfte – Schreiben bedeutet eine derartige Anstrengung für mich – an Dinge zu vergeuden, die als Beschäftigung allein der Dämon der Perversität uns schmackhaft machen kann, denn sie liegen außerhalb der Domäne unseres eigentlichen Wesens. Jedenfalls können wir ruhig weiterhin, ich Leroy-Beaulieu [1] und Du Aulard [2] vorziehen, ohne daß uns das sehr voneinander entfernt. Ich gebe zu, daß Ruskin und auch die Archäologie mich etwas vergiftet haben. Ich gestehe, daß ich lieber in einem Kloster Mönche vorfinde, welche die Musik der Benediktiner wieder einführen, als einen Liquidator, der alles vernichtet. (Z. B. Saint-Wandrille [3] – und auch überall sonst.) Ich finde es gut so, daß Arbeiter in den Fabriken sind, Matrosen auf den Schiffen und Mönche in den Klöstern. Dank für Deinen Besuch, über den ich mich sehr gefreut habe. Vor allem antworte mir nicht. Politik ist mir im Grunde egal. Ich ärgere mich etwas über all die adligen Sozialisten, die ich sehe. Du jedoch kannst mich gar nicht ärgern. Ich hoffe, Du kannst das gleiche von mir sagen.

Ganz der Deine,

Marcel Proust

[...]

1 Henri, Jean-Baptiste, Anatole Leroy-Beaulieu (1842–1912), frz. Historiker.

2 Alphonse Du Aulard (1849–1928), frz. Historiker.

3 Kloster, aus dem die Mönche während der großen Säkularisierungskampagne 1901 vertrieben wurden. Erst 1930 durften sie zurückkehren.

An Georges de Lauris

[Sommer 1905?]

Lieber Freund,

ich war sehr niedergeschlagen, als ich erfuhr, daß Sie krank gewesen sind. Meine Zuneigung für Sie (noch bestärkt, wenn ich so nette Briefe von Ihnen erhalte wie den vorgestrigen) und die Fähigkeit, körperlichen Schmerz mir vorzustellen, bewirken, daß der Gedanke an Ihre Angina, Ihr Fieber, Ihre Mutlosigkeit, Ihre Ortsveränderung, Ihre Diätvorschriften mich äußerst unglücklich macht. Glauben Sie mir, daß ich mir jede Stunde Ihres schlechten Schlafes vorgestellt und mit durchlitten habe, seit Sie mir geschrieben haben. Sie werden mir vielleicht entgegenhalten, daß es doch sehr viel netter gewesen wäre, wenn ich mich etwas beeilt hätte, Ihnen zu schreiben. Aus folgendem Grunde habe ich es nicht getan. Seit einiger Zeit bin ich sehr viel leidender und nach jedem Ausgang mehrere Tage bettlägerig. Beim letzten Mal, vor vierzehn Tagen, bin ich aufs Land gefahren und habe acht Tage mit Fieber und Bronchitis das Bett gehütet (das lag vor Ihrer Angina oder wenigstens vor der Nachricht, die Sie mir davon gaben). Ich habe Ihren Brief, glaube ich, Mittwoch morgen erhalten, seit langem hatte ich für den Abend eine Einladung zum Diner bei den Clermont-Tonnerre angenommen, und da ich wußte, daß ich danach selbst bei bester Vorsorge während mehrerer Tage nicht würde ausgehen können, setzte ich all meine Hoffnung darauf, gleich nach Tisch einen Augenblick verschwinden zu können, um Ihnen guten Abend zu sagen, während die Herren in den Rauchsalon gehen würden. Leider blieben alle Gäste beisammen, weil es ein ganz kleiner Kreis war, und mein Vorhaben erwies sich als unmöglich. Bis ich jetzt wieder im Gleichgewicht bin und mich aufschwingen kann, werden Sie genesen sein. Und wie gern hätte ich Sie doch besucht, noch dazu in der Rue Washington, wo ich endlich Ihrer Familie hätte vorgestellt werden können. Sie haben eine gute Idee gehabt, dort zu bleiben. Ich zweifle nicht an Pierres Pflege, glaube aber trotzdem, daß diejenige Ihrer Frau Mutter noch sanfter sein muß. Sagen Sie mir, ob Sie irgend etwas benötigen, ob Sie ein Buch wünschen, einen Hustensaft.

Ich denke die ganze Zeit an Sie.

Marcel

An André de Fouquières

[um Sommer 1905?]

Lieber Freund,

ich werde Ihnen einen sehr dummen Brief schreiben, da Sie aber sehr nett sind, werden Sie sich nicht über ihn lustig machen. Als ich Sie verließ, war ich sehr beunruhigt bei dem Gedanken, daß Sie traurig sind, und ich sagte mir: »Wenn es sich nun zufällig um eine Geldverlegenheit handelte.« Lieber Freund, ich bin ein armes Haus, ich habe nur eine kleine Pension, die Mama mir gewährt und die immer schon am zweiten jeden Monats verpraßt ist, doch schließlich – und obwohl Sie sicher reicher sind als ich, so haben doch oft die Reichsten die größten Geldbedürfnisse – wenn Sie zufällig in einer kleinen Geldverlegenheit wären (meine Annahme ist vielleicht absurd) und eine kleine Summe benötigten, so glaube ich, ich könnte es recht gut fertigbringen, sie Ihnen zu geben, und es wäre mir ein sehr wohltuender Gedanke, in einem wie immer auch geringen Maße dazu beigetragen zu haben, Ihre Sorgen zu vermindern, und daß meine Freundschaft, sei es auch in so bescheidenem Maße, Ihnen ein wenig von Nutzen war. Nun handelt es sich vielleicht leider um viel schwerwiegendere Dinge, wie z. B. Herzensangelegenheiten. Doch auch in diesem Fall bin ich nicht ganz machtlos, ich bin ein wunderbarer Vermittler!

Wenn mein Brief unsinnig ist, antworten Sie mir nicht, und auf jeden Fall bitte ich Sie um eines: die Angelegenheit muß vollkommen vertraulich unter uns bleiben.

Ganz der Ihre.

Marcel Proust

An Anna de Noailles

[Anfang August 1905]

Verehrte gnädige Frau,

nur ein Wort, um Ihnen dies mitzuteilen: ich habe mir unlängst eine Bronchitis zugezogen, die mir im Verein mit meinem Asthma Schmerzen verursacht. Ohnedies hätte ich Ihnen bereits geschrieben, um Ihnen zu sagen, daß ich neulich morgen, als ich Sie getroffen habe [1], seit achtundvierzig Stunden nichts gegessen und innerhalb vierundzwanzig Stunden kein Viertelstündchen geschlafen hatte, weshalb ich so müde war, daß ich weder sprechen noch Ihre Nähe wahrnehmen konnte, so daß meine Worte vermutlich wenig mit den Gedanken übereingestimmt haben, die ich ständig für Sie hege. Die Art des scharfen theologischen Streites, den Ihre Frau Mutter[2] zu Füßen des Altars mit Ihnen begonnen hatte, erfüllt von chimärischen Ängsten wie bei allen religiösen Vorstellungen, desgleichen voller Empfindlichkeiten, und die wunderlichen Unterschiede, die sie zwischen recht ähnlichen Pferden machte – all das hat mich schließlich derart durcheinandergebracht, daß mich zum ersten Mal seit drei Wochen selbst die quälende und unendlich schmerzhafte Erinnerung an die Herzogin von Gramont[3] verließ. Was ich aber sagen wollte ist, daß Ihre Bücher für mich keineswegs erledigt sind, nachdem ich sie geliebt habe, sondern daß sie mich weiterhin ohne Unterlaß beschäftigen und in meinem Innern immer wirksam sind, und zwar in einem Maße, daß ein bestimmter Ihrer Gedanken, an den Sie nicht mehr denken – mit der Unbekümmertheit dessen, der verstanden hat, ihm eine unsterbliche Form zu geben (ich meine es im Sinn organischer Arten) –, das »intime Zwiegespräch« aller meiner Stunden ausmacht. Obwohl es sich so verhält, habe ich Ihnen nichts gesagt, als ich *Sie* endlich sah.

An eben demselben Tage habe ich unseren lieben »Arzt wider Willen«[4] Brissaud[5] aufgesucht, den man fast schlagen muß, bevor er sich bequemt, über Medizin zu sprechen. Er war schöner und liebenswürdiger denn je. Aber leider kann man die Ärzte nur am Tage aufsuchen. Und jeden Ausgang bei Tage bezahle ich mit einem Monat Fieber. Und ich frage mich, ob das Gute, das sie mir erwiesen haben ... Brissaud hat mir am Schluß sehr zu Sollier[6] geraten. Ich muß Ihnen davon erzählen. Ich werde ein Buch über die Ärzte schreiben[7]. Gern hätte ich erfahren, wo sich Ihre Schwägerin[8] aufhält, denn ich möchte ihr schreiben, da ich ihr neulich nicht die Hand habe drücken können. Ich erinnere mich an die Zärtlichkeit ihrer Mutter für sie. Der Gedanke, daß ihre Mutter gewußt – oder geglaubt – hat, daß sie sie auf ewig verlassen, in alle Ewigkeit niemals wiedersehen werde, ist eine Vorstellung, die mich ganz von Sinnen bringt[9].

Ihr ergebener Bewunderer

Marcel Proust

Dieser Brief erwartet natürlich keine Antwort, sondern ein wohlwollendes und verständnisvolles Schweigen. Ich hoffe, die Prinzessin[10] ist mir nicht mehr böse, denn sie warf furchterregende Blicke auf mich. Wenn sie auch die Überlegenheit des Pferdes aus Stein über ihr eigenes oder über das Pferd des Trauerwagens als sektiererisch verabscheute und in Abrede stellte, waren Sie es doch – denn ich habe nur unzureichend den ersten Beweggrund erkennen können – die Sie zumindest voll Teilnahme ihrer Gedankenwelt gegenüberstanden, Sie widersprachen ihr und kannten sie, während ich wie der Ochs vorm Tor den Unterscheidungen gegenüberstand, die das Streitgespräch ermittelt hatte, und nur unbeholfen ein Automobil anbot, kurzum völlig unglückselig und verwünscht. Dabei verehre ich die Prinzessin so sehr und bringe es immer nur dazu, ihr von Grund auf zu mißfallen.

1 Auf der Beerdigung der Herzogin von Gramont, geb. Marguerite de Rothschild.

2 Prinzessin Rachel de Brancovan.

3 Vgl. Anm. 9.

4 Anspielung auf Molières Komödie *Le Médecin malgré lui.*

5 Édouard Brissaud (1852–1909), frz. Bakteriologe und Anatom.

6 Paul Sollier, Direktor des Sanatoriums in Boulogne-sur-Seine.

7 Proust hat in der Tat mehrere Ärzte-Satiren in die *Recherche* eingebaut.

8 Marquise Hélie de Noailles, geb. Corisande de Gramont, Schwester des Herzogs von Guiche.

9 Gemäß dem streitbaren Glauben der Prinzessin Rachel de Brancovan ist im Jenseits keine Kommunikation zwischen Mutter und Kind zu erhoffen, wenn sie verschiedenen Religionen angehören. Proust befand sich in einer analogen Situation, da auch seine Mutter Jüdin war.

10 Prinzessin Rachel de Brancovan.

An Robert de Billy

[September 1905]

Mein lieber Robert,

nur ein paar Zeilen, um Ihnen zu sagen, wie unglücklich ich bin. Zwei Stunden nach meiner Ankunft in Evian, wohin ich gereist war, um von dort aus meine Kur durchzuführen, hat Mama (sie hatte mich begleitet) schreckliche Urämie-Anfälle erlitten, die sich durch ihre Rückkehr nach Paris unter abscheulichen Umständen über die Maßen verschlimmert haben. Ich bin überaus unglücklich, wie Sie sich denken können. Wenn Herr Mirabaud[1] bei Ihnen ist, richten Sie ihm bitte meine Grüße aus und sagen Sie ihm, daß ich oft aus der Tiefe meiner gegenwärtigen Herzensangst an die herrlichen Tage, die ich mit ihm auf seiner *Hélène*[2] verbrachte, wie an ein verlorenes Paradies denke.

Von ganzem Herzen Ihr

Marcel Proust

1 Paul Mirabaud, Schwiegervater Robert de Billys.
Vgl. S. 163, Anm. 1

2 Hochsee-Jacht, auf welcher Proust vom 9.–15. August 1904 eine Kreuzfahrt im Ärmelkanal mitmachte.

An Louisa de Mornand

Donnerstag [19. od. 26. Okt. 1905]

Meine liebe Louisa,

ich sage Ihnen recht verspätet, daß Ihre wundervollen Zeilen mich sehr bewegt haben und daß ich Ihnen dafür dankbar bleibe. Doch in meiner gegenwärtigen Niedergeschlagenheit können Briefe den fliehenden Gedanken erst nach geraumer Zeit folgen. Damit will ich nicht etwa sagen, daß die von meinem zu Ihrem Herzen wandernden Gedanken nicht von Zärtlichkeit und Dankbarkeit erfüllt sind. Ich bin glücklich gewesen – wenn ich dies Wort in meiner Herzensangst überhaupt noch gebrauchen kann –, daß Ihr Name so glorreichen Widerhall fand, in den Zeitungen von so viel Lob begleitet war anläßlich der Erstdarstellung Ihrer Rolle im Vaudeville. Sie wissen, welchen Platz Sie in meinem Herzen einnehmen.

Ihr ehrerbietiger und dankbarer Freund

Marcel Proust

An Louisa de Mornand

[letzte Monate 1905?]

Meine liebe Louisa,

nachdem Ihre Köchin gegangen war, sagte meine Haushälterin zu mir: »Ich habe Ihnen zu sagen vergessen, daß die Köchin auszurichten vergaß, daß Fräulein Mornand die Rolle von Fräulein Marthe Régnier vertritt; sie war noch einmal heraufgekommen, es mitzuteilen!« Jetzt klärt sich alles auf, Louisa! Die Loge, in die ich gehen sollte, war also nicht Ihre Bühnenloge, wie ich verstanden hatte. Vielmehr im Saal, damit ich Sie hören könnte! Welch hinreißende Aufmerksamkeit! Sie sind ein Engel, ich bin Ihnen unendlich dankbar. Trotz allem hätte ich nicht hingehen können, weil ich wegen meiner Trauer nicht ins Theater gehe. Da Ihre Köchin aber schon gegangen war, schicke ich meinen Wagen, um Ihnen dafür zu danken, daß Sie an mich gedacht haben, jetzt da ich die ganze Feinfühligkeit Ihrer Absicht und das ganze Ausmaß Ihres Anerbietens begreife. Sicher wäre ich glücklich gewesen, meine liebe Louisa endlich in einer ihr würdigen Rolle und, wie ich sicher bin, einen verdienten Erfolg ernten zu sehen. (Erzählen Sie mir bitte davon.) Es gibt mir einen grausamen Stich durchs Herz, davon nur ein indirektes Echo zu haben. Wie glücklich werde ich an dem Tage sein, da ich selbst Ihnen Beifall spenden kann. Bitte, Berichte von dieser Aufführung.

Von ganzem Herzen Ihr

Marcel

An Reynaldo Hahn

[1906]

Mein lieber Ritterling,

Ihre außerordentliche Stilprätention wird Ihnen sicher noch zum Verderben. Der Heilige Augustinus hat es gesagt: »In den schönsten Früchten wachsen die Würmer heran, und der Stolz pflegt sich gerade den hervorragendsten Köpfen zu verbinden.« Und Bourdaloue spricht »von jenen Köpfen, die nicht nur über ihr *anmaßendes Anderssein* nicht erröten, sondern nicht einmal über ihre *überspannte Eigenbrötelei*, in der sie sich sonnen, wenn sie schreiben, ja sie gehen so weit, Danksagungen an Gott zu richten, daß sie nicht wie die übrigen Menschen seien: *Gratias tibi ago, quia non sum sicut ceteri hominum*[1].« Gibt es überhaupt etwas Entzückenderes als den Unterschied, den Sie herausstellen (den ich kaum wahrnehme) zwischen »einer Sterblichen, von Göttern besessen, und ... (man erwartet jetzt etwas völlig anderes, ja sogar etwas Entgegengesetztes) ... und einer jungen vertrauten Göttin«. Das erinnert – abgesehen von der Anmut – an den unsterblichen Ausspruch des Herzogs von Mouchy[2], den Sie aufgefangen – oder erfunden haben: »Wieso denn, nur dreizehn Francs! Das ist unmöglich. Ich hätte dreizehn Francs und fünfzehn angenommen!« Zwischen der Sterblichen, von Göttern besessen, und der jungen vertrauten Göttin erscheint mir der Unterschied nicht viel größer, oder vielmehr, ich kann nicht ganz begreifen, worin er überhaupt bestehen soll, aus dem einfachen Grunde, weil, wenn ich noch erraten kann – und selbst das sicher sehr mangelhaft –, was eine Sterbliche, von Göttern besessen, sein mag, ich absolut nicht weiß, was die Klassiker und die »Gelehrten auf us« Ihres Schlages unter einer »jungen vertrauten Göttin« verstehen. Dies alles sind Feinheiten, die einem Reynaldo und einem Sainte-Beuve angemessen sind, Euch großen Philologen und Mythologen. Ist es aber nicht eine ziemliche Unverschämtheit, den ganzen Unterschied darin bestehen zu lassen, worin die gewöhnlichen Sterblichen nur eine Vorliebe für haarspaltende und preziöse Gelehrsamkeit sehen, welche an die jenes

Arsène von La Bruyère denken läßt, »der von der höchsten Warte seines Geistes die Menschen betrachtet und, aus der Entfernung, in der er sie erblickt, sich kaum die Muße nimmt, einige markante Aussprüche zu tun«[3]. Ich für mein Teil, armer Bininuls, sehe in alldem Spielerei und Unsinn. Ohne Zweifel ist Ihre Ausdrucksweise bewunderungswürdig, sie hat Flügel, entwischt, jedoch wie das spöttische Rebhuhn bei La Fontaine, das

prend sa volée, et rit
De l'homme qui confus, des yeux en vain la suit.[4]

Dieser Mensch, über den Ihre davonfliegende Ausdrucksweise sich lustig macht, bin ich, und ich bin es auch, der ihr noch immer mit den Augen folgt, mit Entzücken und Unwillen. Kurzum, lassen wir jetzt diese junge vertraute Göttin auf sich beruhen, eine Bezeichnung, die um so verkehrter ist, als ich überhaupt nicht von der Prinzessin von Poix gesprochen hatte, sondern von der Prinzessin von Polignac. Sie verfallen aber erneut in Haarspalterei und Anmaßung ohne Grenzen, wenn Sie mir vorzuhalten wagen, ich hielte die Lady de Grey[5] für »eine Coulanges, obwohl sie doch nur eine Thianges ist«. Schreiben Sie das an Sainte-Beuve, an Walkenaer, an Bussy, aber bitte nicht an mich! Es ist um so dreister, da Sie sehr gut wissen, daß für uns alle, die wir vom 17. Jahrhundert so gut wie keine Ahnung haben, alle jene zweitrangigen Frauen aus den Briefen der Madame de Sévigné sich fast zum Verwechseln ähnlich sind. Thianges, Coulanges, das läuft auf eins hinaus, und Coulanges würde eher als Name eines braven Pfarrers passen und Thianges als einer für jene »Kleinen« von Thianges oder von Elbeuf, ohne daß man je hätte erfahren können, was Mme de Sévigné unter jenem »Kleinen« verstanden haben mag. Wenn Sie vorgeben, Sie sähen zwischen jener Coulanges und jener Thianges einen gleich in die Augen springenden Unterschied, so geschieht es nur, um mich zu demütigen. Sie sprechen von dem Irrtum zwischen Coulanges und Thianges, als handle es sich um eine derart haarsträubende Verwechslung, daß allein der Hinweis auf diese genügt, ein Strafgericht darüber ergehen zu lassen. »Sie halten für eine Coulanges, die doch nur eine Thianges ist«, so wie man sagt, Sie halten schwarz für weiß. Muß man also auf Anhieb zwischen Mme d'Harouis und Mme de Lavardin, zwischen der Marquise de la Trousse und der Gräfin von Jarzé, zwischen der Prinzessin von Tarente und der Gräfin von Guitaud den Unterschied herausfinden können? Zu allem Überfluß ist Ihre Coulanges nicht entfernt so wunderbar, daß man sie derart als Typus und Vorbild hinstellen und so selbstverständlich mit den Thianges und Grey vergleichen kann. Denn ich nehme an, daß Sie weder von der Coulanges, geborene Bèze, sprachen, die Mutterstelle bei Mme de Sévigné vertrat und in der Tat eine außerordentliche Frau war, noch von den drei Coulanges mit den Vornamen ihrer Ehemänner, die ich Ihnen um so lieber erlasse, da ich mich nicht ein Fünkchen daran erinnere. Wahrscheinlich meinen Sie aber die Frau des kleinen Coulanges, über den Saint-Simon[6] sagte, nichts auf der Welt fiele ihm so schwer wie Zwang und Studium, und über die ihr Mann sogar sagte: »Wie kann eine Frau mit Sinn und Verstand nur eine solche Orthographie haben.« Und selbst dann gestehe ich ihr erst nach den Aufführungen von *Esther*[7] »Sinn und Verstand« zu, als sich ihr Gemüt gewandelt hat und sie ihrem Mann, der den Herzog von Chaulnes nach Rom begleitet, schreibt: »Mein lieber Gemahl, Sie müßten doch daran denken, eine solidere Stellung zu finden.« Soweit habe ich nichts dagegen, daß sie Esprit hat, aber im Grunde ist sie ebenso verrückt wie ihr Mann und – was noch schlimmer ist – ermutigt ihn förmlich zu seinen Verrücktheiten.

[...]

Buncht

1 *Luc.* 18, 11.

2 Vermutlich Philippe de Noailles, Herzog von Mouchy (1715 bis 1794), Marschall von Frankreich.

3 Ungenaues Zitat aus *Les Caractères, Des ouvrages de l'esprit.*

4 »auffliegt und den Menschen verlacht,
der's verdutzt, umsonst, mit dem Blick zu erhaschen tracht't.«
Fabeln X, *Discours à Mme de la Sablière.*

5 Lady de Grey, spätere Marchioness of Ripon, Bekannte Prousts.

6 Vgl. H. de Saint-Simon, *Mémoires,* Bd. V, S. 197 f. (Éd. de la Pléiade).

7 Drama von Racine.

An Geneviève Straus

[Juni 1906]

Gnädige Frau,

[...] Und dann habe ich noch Fragen (die aber keine Beziehung mehr zum Vorhergehenden haben), die allein Sie mir beantworten könnten: zum Beispiel die Antwort Galliffets[1] über die Geschichte des Skapuliers[2]. Und was soll heißen, »ich habe einen gesunden Geist, das genügt«? Das macht ganz und gar nicht den Eindruck eines gesunden Geistes. Ich habe wirklich Sinn für Galliffets geistreiche Ausdrucksweise (in seinen Schriften, denn ich bin ihm niemals begegnet), daß ich selbst an seinen letzten und anfechtbarsten Äußerungen Gefallen gefunden habe. Doch diesmal verstehe ich beim besten Willen nichts mehr. Er scheint noch tollköpfiger als der General André[3] zu sein, und das will nicht wenig heißen. Obwohl ich Dreyfus idiotisch und taktlos finde, eine Rehabilitation zu betreiben, welche die ganze Welt (ich meine die Welt der Dreyfusanhänger, da die andere niemals ihre Meinung ändern wird) bereits gegengezeichnet hat, ich meinerseits, der ich das alles schon ein wenig vergessen hatte, finde, daß man trotzdem bewegt wird, wenn man diese Dinge wieder liest und bedenkt, daß es sich in Frankreich vor einigen Jahren hat abspielen können und nicht bei den Apachen. Der Kontrast hat etwas Erschreckendes, der zwischen der Kultur, der hervorragenden Intelligenz, ja bis hin zum Glanz der Uniformen dieser Leute und ihrer moralischen Niedertracht besteht. Ich glaube aber, daß es unter ihnen nur zwei oder drei wirklich Ehrlose gegeben hat und die übrigen gutgläubig waren.

Ihr ehrerbietiger Freund

Marcel Proust

1 Gaston-Auguste, Marquis de Galliffet (1830–1909), frz. General. Kriegsminister im Kabinett Waldeck-Rousseau (1899–1900).

2 Art Schulterbinde als Ordenstracht katholischer Geistlicher.

3 Louis André (1838–1913), frz. General; löste Galliffet als Kriegsminister ab (1900).

An Robert Dreyfus

[um 20. Juni 1906]

Mein lieber Robert,

wie glücklich bin ich, von Deinem großen akademischen Erfolg[1] zu erfahren. Ich weiß, daß er Deinem Talent und Werk unangemessen ist. Wenn man aber zwischen Deinem »Gobineau« und einem Preis das rechte Verhältnis gewahrt wissen wollte, müßte es sich um einen einmaligen Preis handeln, und den gibt es nur höchst selten. Soviel darf man nicht verlangen und muß sich freuen, wenn man diejenigen das Talent ehren sieht, für die es gewöhnlich ein Buch mit sieben Siegeln ist. Ich freue mich um so mehr darüber, weil ich den Rhythmus Deines Erfolges kenne und bis ins letzte erkenne, weil ich nicht weiß, ob Du Dir über die große Erregung im klaren bist, die Dein »Gobineau« in einem Publikum verbreitet hat, das im allgemeinen derart hochgestimmten Impulsen abweisend gegenübersteht, und schließlich, weil ich in diesem akademischen Schaum, den Du das Recht hast, etwas eitel zu finden, den ich aber köstlich finde, eine übermächtige Woge auslaufen sehe, die Nachwirkung des Erfolges ist.

Ich kann Dir gar nicht sagen, wie glücklich und unglücklich zugleich ich über den Artikel [2] von Beaunier [3] über *Sésame* [4] war. Da ich die reizenden Absichten Calmettes mir gegenüber kenne und nie habe begreifen können, warum er mir mit bewundernswerter Vorsätzlichkeit so viel Gutes erweist, obwohl er mich doch kaum kennt und mich höchstens einmal alle zwei Jahre sieht, hatte ich ihn gebeten, er möge wenigstens nicht [5] Beaunier beauftragen, falls er mich rezensieren lasse. Er hat mir wohl nicht zugehört, und so war es Beaunier, der den *Instantané* [6] verfaßte. Ich war darüber beschämt, hegte aber darüber hinaus keine Befürchtungen. Denn wie hätte ich ahnen können, daß diese »Momentaufnahme« [7] nur einen Anfang darstellte und daß Calmette auch noch einen Artikel über mich schreiben lassen wollte. So viel Wind um eine Übersetzung. Ich habe Angst, Beaunier habe einen Pik auf mich, ich schätze ihn so, daß es mir ungeheuer leid tun würde. Ich werde nie wieder auch nur eine Zeile von mir erscheinen lassen (das ist leider sowieso sehr wahrscheinlich), ohne ihn vorher um die schriftliche Versicherung gebeten zu haben, daß er darüber nicht schreiben werde. Es ist übrigens eine beängstigende Tatsache, die zeigt, in welchem Maße man an jeder Literatur uninteressiert ist, wenn man sieht, wie die intelligentesten unserer Zeitgenossen – um wieviel mehr natürlich noch die anderen – unfähig sind zu *lesen*, selbst die *Zeitung*. Du weißt, daß ich niemanden sehe. Doch schließlich konnte manchmal in der letzten Zeit bis vorgestern (denn vorgestern habe ich einen Versuch unternommen, eine Viertelstunde fortzugehen, ohne mich anzuziehen, was mich so krank gemacht hat, daß ich es vielleicht niemals von neuem versuchen werde) einmal dieser, einmal jener meiner treuesten Freunde empfangen werden und mich besuchen. Nun hatte *nicht einer* (sie sind alle Abonnenten des *Figaro*) den Artikel von Beaunier gelesen!

Reynaldo, dessen lebhaften und wißbegierigen Geist Du kennst, trat am Tag darauf mit folgenden Worten bei mir ein: »Haben Sie den *Figaro* von gestern gelesen?« Ich antwortete bescheiden: »Ja.« – »Dann haben Sie also den Artikel von Varennes [8] gelesen?« Nachdem er über den Artikel von Varennes gesprochen hatte und ich sah, daß er mir nichts anderes mitteilen wollte, sagte ich zu ihm: »Wie haben Sie den Artikel von Beaunier gefunden?« – »Ich habe ihn nicht gesehen!« A . . . [9] (dessen ganze Familie wie auch er den *Figaro* abonniert hat) hat mir geschrieben, um mir zu sagen, wie seltsam er es fände, daß der *Figaro* nicht von *Sésame* gesprochen hätte, obwohl ich doch Calmette kenne. Und als ich antwortete, er habe im Gegenteil zuviel davon gesprochen, entgegnete er nur: »Du mußt Dich täuschen, denn meine Frau liest jeden Morgen den *Figaro* von Anfang bis Ende, und es stand absolut nichts über Dich darin.« – Schließlich hatte ich in einem Brief an Lucien D ...[10] darauf angespielt, der mir geantwortet hat: »Ich habe weder die »Momentaufnahme« noch den Artikel gesehen, von dem Sie mir schreiben (er liest den *Figaro* jeden Morgen), könnten Sie sie mir zuschicken?« – Ach, zwar lese ich nicht viel, aber so lese ich nun doch nicht. Ich versichere Dir (ich *schwöre* es Dir), daß es mich nicht etwa erschüttert, weil es sich um mich handelt, vielmehr führe ich keine weiteren Beispiele an, gerade weil es sich um mich handelt, und lasse das Beeindruckendste weg.

Ich bitte Dich um Verzeihung, daß ich Dir dergleichen Nichtigkeiten erzähle. Ich habe Dir nur geschrieben, weil Du von der großen Freude wissen solltest, die ich empfand, als ich Deinen Namen unter den Akademie-Preisträgern erblickte. Ich war so glücklich darüber! Und wenn ich nicht so erschöpft wäre, würde ich Dir noch für Deinen kürzlich erhaltenen Brief danken, er hat mich so gerührt, daß ich ihn oft wieder lese. Gerade das ist es, was mich am Artikel von Beaunier glücklich gemacht hat (wobei ich immer das Wort *glücklich* im traurigen Sinne gebrauche, mit der Kehrseite der Herzbeklemmung, wovon ich Dir kürzlich sprach, aber man muß sich ja einfacher Worte bedienen, um überhaupt einen Satz zu Ende zu bringen), und von seinem Artikel des letzten Jahres[11], als das Vorwort in der Zeitschrift[12] erschienen war, hatte ich den Eindruck, er sei in Zusammenarbeit mit den Freunden entstanden, die ich am meisten schätze. Letztes Jahr hatte ich in diesem Zusammenhang einen wunderbaren Brief einer Frau empfangen, der Du, glaube ich, gleich mir das größte Talent zugestehst, nämlich von Madame de Noailles, die mir Reizendes über dies Vorwort sagte: »Gestern haben wir das Vorwort zusammen mit Beaunier gelesen, usw.« Am folgenden Tage erschien der Artikel von Beaunier, aus dem ich noch »den Duft der Erinnerung« an die blumigen Lobessätze vom Vortage einzuatmen glaubte. In diesem Jahr schreibst Du mir ähnlich: »Ich las es mit Beaunier, usw.« Und am nächsten oder übernächsten Tage ein ganzer Lobesflor von Beaunier, für den Deine erlesenen und beschwingten Sätze in nicht geringerem Maße eine ankündigende Schwalbe waren. Aber über das, was ich am meisten in meinem Vorwort schätze, schreibt man nicht. Doch wir haben genug über mich geredet. Ich möchte gern, daß Du erkennst, daß es vor allem geschah, um Dir von Dir zu sprechen, von meiner dankbaren Freundschaft.

Ich stelle mir vor, daß Du soeben zu einem Fünfuhrtee im Bois warst, mit einer Frau, die Du bewunderst und die in der Tat ausgesprochen schön ist. Natürlich konnte ich nicht dahin kommen, aber ich bin gerührt, daß man noch an mich denkt. Schreiben strengt mich an, und das reicht erst mal für einige Zeit.

Ganz der Deine,

Marcel Proust

1 Robert Dreyfus hatte für sein Gobineau-Buch einen mit 500 Francs dotierten Montyon-Preis erhalten.

2 Ersch. im *Figaro* vom 15. Juni 1906.

3 André Beaunier (1869–1925), Schriftsteller. Kritiker am *Figaro* und der *Revue des deux Mondes*.

4 *Sésame et les Lys* von J. Ruskin, übersetzt von Marcel Proust, 1906.

5 Proust fürchtete, Beaunier könnte eine allzu lobende Rezension schreiben.

6 ›Momentbilder‹, Feuilleton-Rubrik im *Figaro*.

7 Ersch. im Figaro vom 5. Juni 1906.
8 Henry Vonoven, der unter dem Pseudonym H. Varennes die Gerichtschronik ›Gazette des Tribunaux‹ führte.
9 Louis, Marquis d'Albuféra.
10 Lucien Daudet.
11 Ersch. im *Figaro* vom 19. Juni 1905.
12 In der *Renaissance Latine* vom 15. Juni 1905 unter dem Titel *Sur la lecture*.

An Robert Dreyfus

[Ende Juni 1906]

Lieber Robert,

Du hast mich nicht verstanden, ich habe Dich nicht verstanden, das ist wirklich der Mühe wert, täglich sich zu schreiben. Schreiben wir uns nicht mehr, Du hast zu viel zu arbeiten, und ich habe zu viel zu leiden. Woran aber hängt nicht das Leben! Wovon hängt nicht das Urteil der Weisen ab! Stell Dir vor, als ich Dir gestern schrieb, dachte ich an X ...[1] (ich weiß wirklich nicht weshalb!) Als ich den Brief absenden wollte, habe ich unwillkürlich auf den Umschlag geschrieben: Herrn X ... Glücklicherweise habe ich es noch rechtzeitig gemerkt! Denk nur, was alles daraus hätte entstehen können, als Folge der Verallgemeinerungen seiner Rankūne würde das ganze Werk von Ruskin, die Entente Cordiale verdammt worden sein, in jeder der vielen Unterhaltungen mit Barthou[2] oder Briand[3], in denen er ihnen Ratschläge gibt und vor allem den, sie sollten ihn in ihrem eigenen Interesse als Minister oder egal was nehmen, wenn sie mit wenig Aufwand ein neues Blatt im Buch der Geschichte haben wollten[4]! Ich denke über ihn wie Du, vielleicht sogar positiver, ich bewundere seine außerordentliche Intelligenz, ein Besessensein von seinem Beruf (einem wie für ihn gemachten Beruf), den er seit langem bis zur letzten Vollkommenheit beherrscht, zum Teil von wahrhafter Größe und bis zu jener unverletzbaren Rindenschicht von Naivität, die ihm eine köstliche Seelenfrische bewahrt hat. Trotz allem aber kann man ihm immer nur mit einem Lächeln zuhören. Wenn man zu mehreren ist, kann man nicht umhin, sich zuzuzwinkern. Was Caumartin[5] zu Monsieur de Clermont-Tonnerre[6] sagte, dessen wahnsinniger Stolz jedem zum Gespött diente, als er ihn mit Ironie (ohne daß jener etwas davon ahnte) in die Akademie[7] aufnahm (für den Wortlaut bürge ich nicht): »Wenn man Sie in Begleitung des Königs sieht, kann niemand umhin, die Fröhlichkeit zu bemerken, die sein Gesicht ausstrahlt. Solange Sie in seiner Nähe sind, schenken Sie ihm eine Art Heiterkeit usw.«, – das könnte man auch zu ihm sagen, indem man den König durch eine beliebige Person ersetzt. Monsieur de Clermont-Tonnerre schluckte alles mit wohlgefällig gespitztem Mund, und es bedurfte der Bosheit des Erzbischofs von Paris, ihm einige Jahre später (dies alles habe ich nur dunkel in Erinnerung) den Star zu stechen und ihm zu sagen: »Man hat Sie zum besten gehabt.«[8]

Ich kenne aus unserer Bekanntschaft ein von diesem sehr abweichendes Beispiel noch stärker übertriebenen Stolzes, der zum Lachen reizt, doch diesmal zu einem beabsichtigten. Oder zumindest hat Herr von Montesquiou (denn um ihn handelt es sich hierbei) aus seiner Lächerlichkeit ein Kunstwerk geschaffen und es auf großartige Weise stilisiert wie Baron[9], der vielleicht von Natur aus seine komische Stimme besitzt, es aber bemerkt hat und sich ihrer absichtlich bedient. Ach, X... ist noch nicht so weit, seine Lächerlichkeit zu stilisieren, er weiß überhaupt nichts von ihr! Mir ist es ein Rätsel, auf Grund welcher Absprache er wie auf der Bühne das Lachen um sich herum nicht hört oder so undeutlich, daß er wie Harpagon im Plautus[10] fragen würde, wenn er die Zuschauer im Saal (d. h. Leute, die für ihn keine Realität haben) lachen hört: »Was haben all jene Leute dort nur zu lachen?« Mich persönlich jedoch bringt er nicht zum Lachen, weil ich so gut alles verstehe, was er sagt, und ihn so sympathisch finde. Ich verstehe aber, daß man ihn unbezahlbar findet. Ich erinnere mich, daß ich anfangs keine Ahnung hatte, daß Montesquiou wußte, daß er selbst lächerlich ist. Als anläßlich seiner ersten Lesung jedermann ihn in Rosa und Grün gekleidet erwartete und er in Schwarz, in der Kleidung eines Notargehilfen, erschien, sagte er zu mir: »Ich legte Wert darauf, dieses Gefühl zu erregen: die enttäuschte Erwartung des Lächerlichen.« Das ist eine Enttäuschung, die X ... einem nicht häufig verursacht. Und dennoch ist er bezaubernd, vortrefflich und bewunderswert ...

Ganz der Deine,

Marcel Proust

1 Gabriel Hanotaux (1853–1944), Historiker und Diplomat.
2 Louis Barthou (1862–1934), Politiker.
3 Aristide Briand (1862–1932), Politiker.
4 Vgl. G. Hanotaux, *Histoire de la France contemporaine*, 4 Bände, davon waren 2 bereits erschienen, als Proust diesen Brief schrieb.
5 Jean-François-Paul Lefèvre de Caumartin (1668–1733), Bischof.
6 François de Clermont-Tonnerre, Graf von Noyon (1629–1701), Bischof.
7 Académie Française.
8 Vgl. Saint-Simon, *Mémoires*, Bd. I, S. 195–199 (Éd. de la Pléiade).
9 Louis Bouchenez, genannt Baron (1838–1920), Schauspieler.
10 T. Maccius Plautus, *Aulularia* (Der Topf).

An Geneviève Straus

[Ende Juli-Anfang August 1906]

Verehrte gnädige Frau,

unsere Briefe haben sich verfehlt. Meiner, die meinen waren gerade abgegangen, als der Ihre ankam. Übrigens geht alles immer daneben. Ich suche keine »geschützte« Lage. Sicherlich wird mir der brüske Wechsel nicht gut tun, da ich hier selbst während der größten Hitze keinen Tag verstreichen ließ, ohne bei Tag und Nacht zu heizen. Da aber die Normandie als ausgesprochen unzuträglich für Asthmatiker bekannt ist, ziehe ich etwas sehr offen Gelegenes vor, sei es entsprechend der Lage des Landhäuschens Harcourt (nicht etwa dies selbst, da man dort, wie Sie sagen, nicht ungefährlich wohnt), wie die Chaumière, wie die Tour Fréville, sei es unmittelbar am Strand und vor allem kein Haus, das dem Tal zugewandt und dessen Abendnebel ausgesetzt ist. Ich sage das, was ich vermute, da das Asthma sich so kapriziös verhält, daß man keine Regeln aufstellen kann. Doch es würde mich zu sehr ärgern, ein Haus zu mieten und es dann nur achtundvierzig Stunden zu bewohnen, weshalb ich mir alle erdenkliche Mühe gebe, das mir Zuträgliche und Unzuträgliche herauszufinden, obwohl das sehr schwierig ist. Das Nebengebäude des Hôtel des Roches Noires käme nur dann in Frage, wenn ich dort drei in sich abgeschlossene Zimmer haben könnte, wenigstens eines davon mit Kamin, das dritte für die Hausangestellte, und das Ganze täglich, alles in allem für mich und meine alte Bonne, nicht teurer als 60–70 Francs (doch würde es nicht lächerlich sein, meine alte Köchin in ein Hotel mitzunehmen?) (ich würde übrigens sicher nur eine Mahlzeit täglich zu mir nehmen wie hier auch). Es wäre aber notwendig, daß dies Appartement einen heiteren, wohnlichen Eindruck machte, ohne Lauferei über dem Kopf noch nebenan, und all das scheint mir so gut wie unmöglich. Ich glaube, ein Haus wäre besser geeignet, es sei denn, die Bedingungen in den Roches Noires sind sehr vorteilhaft. Ich möchte nämlich auch ... gern für mich, was ich nicht zu nennen wage und das gewöhnlich nur einmal auf jeder Etage vorhanden ist. Beaumont, glaube ich, wäre nicht sehr gut geeignet, weil Autofahren mir nicht bekommt, und es deshalb ärgerlich wäre, Sie nicht besuchen zu können, ohne einen so weiten Weg zu machen, da Sie ja für mich der Inbegriff von ganz Trouville sind. Allerdings wäre ich in der Nähe von Dives ebenso weit von Ihnen entfernt. Dort hätte ich aber das Vergnügen, mit trostreichen Freunden zusammen zu sein, und wäre glücklich, ihnen auf diese Weise für unglaubliche Anhänglichkeit während meiner Krankheit danken zu können (denn es gibt doch Leute, denen meine Anwesenheit Freude bereiten kann). Schließlich wäre ich wenigstens in der Nähe von Caen und Bayeux, die, nach Ihnen, der Hauptanreiz für mich sind, nach Trouville zu kommen. Meine Freunde wurden aber gerade von einem schweren Trauerfall heimgesucht, und ich nehme an, daß ihre Pläne sich zerschlagen haben, und ich wage nicht einmal, mich schon heute bei ihnen zu erkundigen. Übrigens wären sie nur deshalb in die Nähe von Cabourg gekommen, damit ich die Freude hätte, mich in der Nähe von Trouville und Caen aufzuhalten, an einem Ort, der hoch gelegen scheint, die Umgebung überragend und in einer Landschaft, die mehr Dünen als Wiesen aufweist, was mir zuträglicher ist. In meiner Erinnerung sah ich das Landhäuschen von Harcourt, undeutlich überdies, auf kahlem, trockenem, wenig normannischem Boden, was es mir so anziehend macht. Was die Schönheit von Beaumont betrifft, so kenne ich sie und habe niemals einen Ausflug vergessen, den ich eines Morgens (!), per Wagen und zu Fuß, mit Ihnen dorthin unternahm. Sie sagten mir aber derart harte Sachen über meine Literatur, »die eigentlich keine ist, denn sie ist eher das Ergebnis Ihrer Empfindsamkeit als Frucht Ihrer Arbeit«, daß ich mich nicht mehr an die Bodenbeschaffenheit, das Besondere der Lage und die Art der Luft zu erinnern vermag. Ich glaube mich darauf besinnen zu können, daß die *Tour Malakoff* für einen Spottpreis zu mieten war, aber vielleicht ist sie ausgerechnet hinter den Roches Noires gelegen, dort, wo ich nicht wohnen möchte, und vielleicht gibt es dort irgend etwas Ungesundes oder Gefährliches, was die so niedrigen Preise erklärt. Ohne diese Befürchtung würde es mir zusagen, glaube ich, da es etwas abseits und in der Nähe des Meeres liegt. Meist ist alles, was ich hübsch finde, das spezifisch Normannische, verborgen unterm Geißblatt, ungünstig für mich. Das kleine Landhäuschen, das Meilhac[1] bewohnte, scheint mir etwas tief in einem »Hohlweg« zu stecken, mitten unter Bäumen. Anderseits läge es schön in Ihrer Nähe, ich würde so gern oft zum Mittagessen kommen, wenn Sie das nicht störte ...

Jacques ist vollkommen verrückt, mir schreiben zu wollen, übrigens habe ich es reichlich satt, von dieser unglücklichen Übersetzung reden zu hören. Stattdessen würde er mir aber große Freude bereiten, wenn er mir *unverzüglich* Auskünfte über Trouville und die Mietmöglichkeiten schicken könnte (Auskünfte, von denen ich nicht gewiß bin, ob ich mich ihrer bedienen werde, da ich meinen Arzt noch nicht konsultiert habe, die mich aber in die Lage versetzen, wenn ich mich innerhalb einer Stunde zur Abreise entschließe – die einzige mir mögliche Art, mich zu entschließen –, eher nach Trouville als anderswohin zu fahren). Über Mercier[2] sind wir vollkommen einer Meinung, die uns schmerzliche Unverfrorenheit muß man als Mut ansehen. Von einem Artikel Léon Daudets, den ich heute morgen las, bin ich ganz krank. Übrigens bin ich auch wegen vieler anderer Dinge krank und leide so sehr, daß ich nicht ohne Schrecken den Nächten in Trouville entgegensehe. Deshalb will ich bei meiner Behausung nicht zu viele Konzessionen an den Schönheitssinn machen.

Ihr ehrerbietiger Freund

Marcel Proust

Die Besitzung in der Nähe von Cabourg hieß Sarlabot. Vielleicht überließe man es mir sogar schon für sehr wenig. Und da es dort an die zwanzig Zimmer gibt, würde ich vor Lärm sicher sein! Es gibt dort Badezimmer, Telephon, usw. Wenn es näher bei Trouville etwas ähnlich Komfortables gäbe, wäre es sehr angenehm. Hinsichtlich der Tour Malakoff habe ich etwas die Befürchtung, die Treppen seien dort ziemlich hoch. Abgesehen von der Unwahrscheinlichkeit eines Fahrstuhls, dürfte ich nur sehr wenig Treppen zu steigen haben, ohne indessen vollends im Parterre wohnen zu müssen. Wohin ich auch käme, ich wünschte, daß dort Gas nicht unbedingt notwendig wäre, denn selbst wenn es installiert ist, muß ich es unbenutzt lassen, da ich es nicht vertrage.

1 Henri Meilhac (1831–1897), frz. Dramatiker.

2 Auguste Mercier (1833–1921), frz. General; Kriegsminister von 1893–95, lud A. Dreyfus vors Kriegsgericht.

An Geneviève Straus

[Anfang August 1906]

Verehrte gnädige Frau,

ausgerechnet ich habe Sie dermaßen angestrengt! Erschöpft durch meine nicht enden wollenden Briefe, durch meine aufdringliche Hartnäckigkeit. Aber, nicht wahr, Sie spüren an dieser Verbissenheit den Willen, endlich einmal die Hindernisse zu beseitigen, die uns ebenso in Trouville wie in Paris trennen, mich hindern, in Ihrer Nähe zu sein.

Ich habe jetzt verzichtet. Vielleicht werde ich meinen Plan später wieder aufgreifen, aber augenblicklich muß ich mich von den Anstrengungen der Reise erholen, der Reise, die auszuführen ebenso aufreibend ist, wie nur den Plan dazu fast zu vollenden, seit drei Tagen war ich so gut wie unterwegs und alles um mich herum hatte schon den Anschein verlassener Dinge. Jetzt macht es mir ziemliche Pein zurückzukehren. Jacques war nicht weniger reizend als Sie, und ich werde ihm einen langen Brief schreiben und ihm meine tiefe Dankbarkeit zum Ausdruck bringen. Er hat mir doch geschrieben! Gnädige Frau, ich danke Ihnen von ganzem Herzen und gebe die Hoffnung nicht auf, Sie zu sehen.

Ihr ehrerbietiger Freund

Marcel Proust

An Reynaldo Hahn

[Versailles, um den 26. oder 27. August 1906]

Mein guter Buncht,

obwohl es doch einen so dummen Eindruck macht, überhaupt von so etwas zu sprechen, muß ich Ihnen wenigstens andeuten, wie sehr ich verstimmt war, daß Sie 24 Francs ausgegeben haben, um mir zu telegraphieren [1], wo doch ein Wort, selbst Schweigen, das ich doch von Freundschaft durchdrungen weiß, genügt hätte, »jene Stimme des Herzens, die allein das Herz erreicht«[2], welche Gott Ihnen geschenkt hat, um mit einer himmlischen Stimme zu verstärken, was nur deren »hörbares« Symbol ist, und die, selbst gefesselt, während einfacher Unterhaltung, doch ihre Resonanz, ihren Ursprung und Akzent bewahrt. Ich hatte mich aufgemacht, meinen Onkel zu besuchen, der mich nicht mehr erkannt hat, was mir den jähen Ernst seines Zustandes bewußt machte. Und diese Reise nach Paris hat mich in einen derartigen Zustand versetzt – beinah ein Unfall am Bahnhof –, daß ich nicht zum Begräbnis meines armen Onkels [3] habe gehen können, der doch nach dem Tod von Mama so treulich jeden Abend mich besuchen kam, bis seine Kräfte versagten. Daß ich den Trauerzug nicht habe führen können, war ein zweiter Schmerz für mich. – Was Geld und die 24 Francs betrifft, so müßte ich, wenn ich nicht so müde wäre, Ihnen erklären, daß ich, ohne Ihnen etwas davon zu sagen, um Sie nicht in Harnisch zu bringen, Sie mit einer geringen Summe an einem kleinen Börsenengagement beteiligt habe, das ich letzthin einging. Ich hatte Ihnen die Summe vorgestreckt, um Komplikationen zu vermeiden, und vor einigen Tagen habe ich verkauft (unter Bedingungen, die viel, viel vorteilhafter hätten sein können, wenn ich nicht geschwankt und Ihretwegen Angst gehabt hätte), und da sich das kleine Engagement recht liebenswürdig verhalten hat, schulde ich Ihnen an die 500 Francs, die Sie gewonnen haben. Bin ich nicht ein kleiner, recht netter Bankier? Wenn es Sie noch interessiert – diese »wundersame« Aktie, die in zwei Monaten so viel gewonnen hat, ist eine holländische Ölgesellschaft, es ist das erste Mal (*unberufen, mein Gott*[4], würde Mme Deslandes sagen), daß ich etwas gewonnen habe.

[...] Tausend liebe bunchteries.

Marcel

1 Zum Tode von Prousts Onkel.
2 Musset, *À la Malibran* I, XVIII.
3 *Georges*-Denis-Baruch Weil, gest. am 23. August 1906; Bruder von Mme Adrien Proust.
4 Im Original auf deutsch.

An Madame Catusse

[gegen Anfang September 1906]

Gnädige Frau,

ich war gerade im Begriff Ihnen zu schreiben. Vor etwa einem Monat habe ich Paris verlassen, um nach Versailles zu gehen, doch dort bin ich trotz der so kurzen Fahrt krank angekommen und habe bisher nur mein Bett kennengelernt. Schon bei meiner Abreise war mein armer Onkel[1] äußerst krank, ich habe mich auch nicht weiter entfernt, und wenn ich doch

Paris verlassen hatte, geschah es in der Hoffnung, daß diese Veränderung mich wieder zum Aufstehen befähigen würde, was ich seit so vielen Monaten nicht mehr getan hatte, um dadurch meinen Onkel besuchen zu können, was ich bislang kein einziges Mal hatte tun können. Während seiner Agonie bin ich bei ihm gewesen, ohne daß er mich erkannt hätte, und ich war so krank von der Reise, daß ich trotz meines festen Willens nicht zu seiner Beerdigung habe gehen können. Er stirbt an derselben Krankheit wie Mama, einer Urämie, die ich bei ihm schon seit Jahren prophezeit hatte und die vielleicht hätte verhindert werden können, wenn man auf mich gehört hätte. Sie hat sich nicht in der gleichen Form geäußert wie bei Mama, bei ihm trat jene Art von Lähmung nicht auf, er hatte niemals Sprachstörungen, doch dafür hat er während zweier Monate unaufhörlich Höllenqualen ausgestanden, denn bei ihm schlug die Urämie, wie die Ärzte glauben, die sich ihrer Sache übrigens nicht sicher sind (sicher wohl der Urämie, aber weniger der sekundären Ursachen der Schmerzen), auf die Muskeln, er konnte keine Bewegung tun, ohne Schreie auszustoßen. Was ich jetzt sage, ist grauenhaft, aber physisches Leiden war für meine arme Mama eine Kleinigkeit, ihre bewunderungswürdige Tapferkeit in dieser Hinsicht kann niemand in Zweifel ziehen, im Gegenteil, sie fand in ihrem starken Herzen so unerschöpfliche Kräfte gegen seelisches Leid, daß ich mir nicht darüber im klaren bin, ob ich nicht letztlich für sie jener Leidensform den Vorzug gegeben hätte, die ihr wohl körperliche Qualen auferlegt, ihr aber nicht den Eindruck vermittelt hätte – wie die Sprachstörung und Lähmung –, daß sie auf den Tod krank war und mich bald verlassen werde. Ich weiß, daß meine Worte barbarisch klingen, aber ich, der ich seit ihrem Tod keine Stunde ohne den Versuch habe verstreichen lassen, das noch einmal zu durchleben, was sie seit ihrer Rückkehr aus Evian mag gedacht und gelitten haben, kann dadurch eine derartige Summe Schmerz rekonstruieren, daß ich tausendmal lieber physische Schmerzen für sie gewollt hätte, die ihr, ich weiß es, so wenig bedeuteten. Dennoch ist es mir ein beruhigender Gedanke, daß sie körperlich nicht gelitten hat, mit Ausnahme jedoch der beiden letzten Tage, aber wenn sie so unglücklich gewesen ist, wie ich zeitweise glaube, um wieviel entsetzlicher ist das. Ich weiß sehr gut, daß für jeden – und für mich zu allererst – physischer Schmerz furchtbarer ist als seelisches Leid, das kommt aber, weil ich feige und egoistisch bin. Und Mama war frei von Feigheit und Egoismus in einem Maße, das schon nahezu übermenschlich war. – Ich kann Ihnen gar nicht sagen, gnädige Frau, mit welch täglich zunehmender Freundschaft ich an Sie denke und wie gern ich nicht allzu weit von Ihnen entfernt sein möchte. Mir ist, als könnten wir uns am Abend sehen, wenn wir uns in derselben Stadt aufhielten, selbst wenn ich nicht ausgehen kann. Wenn es meinem Onkel nicht so schlecht gegangen wäre, hätte ich vielleicht versucht, Sie in Interlaken zu treffen, als Sie dort waren. Man hat mir erzählt, daß Charles[2] auf der Beerdigung meines Onkels war, »direkt vom Zug aus Laon kommend«. Ich nehme nicht an, daß er deshalb die Torheit beging zurückzukommen, aber auf diese Art anzukommen ist sehr aufmerksam. Wenn Sie ihm schreiben, versichern Sie ihn bitte meiner Dankbarkeit und besonders meiner Freundschaft. Ich weiß absolut nichts von der Verwirrung, auf die Sie anspielen, und verstehe nichts davon, da ich ja glaubte, es sei der Wunsch jener Dame gewesen. – Leben Sie wohl, gnädige Frau, und seien Sie meiner ergebenen Zuneigung gewiß.

Marcel Proust

1 Georges Weil.
2 Sohn von Mme Catusse.

An Georges de Lauris

Dienstag [um September 1906?]

Mein lieber Georges,

Ihr gestriger Brief hat mich zur Verzweiflung gebracht, ich habe hingeschickt, um Nachricht zu haben, doch in der Zwischenzeit haben Sie mir geschrieben. Vielleicht haben sich im Augenblick, da ich schreibe, die Schmerzen schon etwas gelegt, aber ich weiß es nicht, vor morgen früh werde ich nichts erfahren, welch schlechte Nacht werde ich verbringen. Wenn doch nur der Gallenstein austreten würde, wenn diese grauenvollen Schmerzen doch wenigstens zweckdienlich und fruchtbar wären. Ach, ich wage es nicht zu hoffen, es ist unmenschlich, von Hoffen zu sprechen, wenn man den heftigen Schmerz bedenkt, der für Ihre Mutter entstehen würde. Doch welche körperliche und seelische Erleichterung würde danach eintreten, keine Angst mehr vor einem Eingriff, es wäre zu schön, so viel wage ich nicht zu erhoffen. Aber während ich Ihnen schreibe, würde ich gern mir sagen können, daß Ihre Mutter nicht mehr derart leiden muß, daß sie ausruht, nicht mehr so viel Morphium benötigt, nicht mutlos ist, daß Sie nicht Ihre angstvollen Augen haben, sondern Ihr lächelndes Gesicht, daß Ihr Vater wieder aufgeheitert ist. Ach, wie grausam ist doch

Ihr Leben. Wenn Sie wüßten, wie sehr ich darunter leide, daß meine Aufmerksamkeit sich ununterbrochen Ihnen, lieber Georges, zuwendet, welche überschwengliche Freude, sobald Ihre Mutter von diesem Gallenstein erlöst sein wird. Ich habe Sie niemals danach gefragt, ob Ihre Mutter fromm war, den Trost des Betens besaß. Das Leben ist so entsetzlich, daß wir es alle damit beschließen sollten; leider genügt das Wollen nicht. Adieu, Georges, ich komme mir mit meiner Traurigkeit fast indiskret vor, als maßte ich mir in Ihrer Familie einen Platz an, der mir nicht zukommt.

Ganz der Ihre,

Marcel

An Georges de Lauris

[26. September 1906]

Lieber Georges,

heute ist Mamas Todestag. Ich ermaß daran, wie lange schon diese Krankheit Ihrer Mutter in ihrer Schärfe und Unerträglichkeit angedauert hat. Ich dachte an diese lange Zeit der Bedrückung für Ihren Vater und für Sie, auch für Ihre Mutter, denn die Mütter sind fähig, an ihren physischen Schmerzen nicht selbst zu leiden, sie leiden nur seelisch unter dem Kummer, den ihre Schmerzen denen bereiten, die sie mehr als sich selbst lieben, und ich dachte, daß Gott oder die Natur Sie wahrlich lange auf jene kleine Bewegung des Gallensteins warten läßt, der, von selbst ausgestoßen, den Leiden Ihrer Mutter und der Niedergeschlagenheit Ihrer Familie ein Ende setzen würde. Mein lieber Georges, wie nahe fühle ich mich Ihrem

Herzen. Von L. H.[1], zur Zeit Sohn, Freund, Anhänger von Berenson[2] und Wanderer, erhielt ich eine Postkarte, er wird in einigen Tagen wieder Liebhaber sein. Ich bewundere diese Vielseitigkeit mehr, als ich zu sagen vermag. Er ist der einzige Liebhaber, von dem man nicht mit Sicherheit sagen kann, »seine Geliebte spielt in Paris, folglich ist er zurückgekehrt«. Nein, er ist in Bologna. Das ist sehr gut. Ich wollte, ich könnte Ihnen von »etwas anderem« erzählen, könnte versuchen, Sie abzulenken, doch dafür müßte man selbst an etwas anderes denken können, und ich kann es nicht. Allein die Ungewißheit, wo ich in acht Tagen meine Möbel und mich selbst unterbringen kann, auf jeden Fall aber meine Möbel, lenkt meine Gedanken von Ihnen ab oder vielmehr auch wieder nicht, denn ich besitze die schreckliche Fähigkeit, an vieles gleichzeitig denken zu können.

Zärtlich Ihnen zugetan,

Marcel

1 Lucien Henraux.
2 Bernard Berenson (1865–1959), litauischer Kunstschriftsteller, schrieb in englischer Sprache.

An Madame Catusse

[September–Oktober 1906]

Liebe gnädige Frau,

ich denke, daß Sie wieder in Paris sein müssen und daß meine *täglichen* Gedanken an Sie (das ist keine Phrase) durch das Verschulden einer Erschöpfung, von der ich Ihnen erzählen werde, nicht in einer – ich kann leider nicht sagen – literarischen, doch schriftlichen Form ihren Ausdruck gefunden haben, die Ihnen nach Malause[1] ein Quentchen meiner tiefen Zuneigung gebracht hätten. Von ganzem Herzen Dank, daß Sie mir Ihre Teilnahme an meiner Trauer ausgesprochen haben. Mama hielt es genauso, und ich weiß nicht, ob ich Ihnen erzählt habe – denn es gehört zu Dingen, von denen ich nicht zu sprechen wage –, daß nahezu die letzte meiner Unterhaltungen mit Mama ein Kostüm betraf, ich glaube ein Coligny-Kostüm, das M. C.[2] auf einem Kostümball trug. »Wie schön hat er doch sein müssen!« rief Mama aus, für die M. C. nicht allein den geistreichsten und charmantesten, sondern auch den wahrhaft »vornehmsten« Mann verkörperte. Wie oft haben wir darüber gesprochen. Ach, jetzt kann ich nicht mehr mit ihr, jetzt kann ich nur noch von ihr sprechen. Und mit dem ich am besten von ihr sprechen konnte, mein armer Onkel[3], ist nun auch dahingegangen. Würden Sie in einigen Tagen, wenn ich etwas weniger erschöpft bin, damit einverstanden sein, um acht Uhr (mit Charles, wenn er in Paris ist) zum Abendessen hierherzukommen (Hôtel des Réservoirs), indem Sie gegen fünf Uhr bei mir anfragen lassen, ob ich nicht zu leidend bin, es wäre die einzige Möglichkeit, uns zu sehen (aber sagen Sie es niemandem, damit Sie nicht Nachahmer haben – derart gefährlich ist die Anstrengung für mich). Ich verfüge über einen kleinen Salon, Sie müßten nur bitte wegen meines Nachthemdes und meiner Pullover ein Auge zudrücken. Ich schreibe Ihnen nicht länger, denn ich bin recht erschöpft. Ich hatte innere Kämpfe zu bestehen, über die ich zu niemandem gesprochen habe, deren Ergebnis aber überraschen könnte, wenn man den wahren Beweggrund nicht wüßte (den ich zudem überhaupt lieber verschweige, z. B. meiner Schwägerin). Ich habe mich nicht dazu entschließen können, ohne Übergang in einem für Mama wildfremden Hause zu wohnen, und habe für dieses Jahr die frühere Wohnung meines Onkels, 102, Boulevard Haussmann, als Untermieter übernommen, wohin ich mit Mama einige Male zum Abendessen ging, wo ich meinen Onkel in dem Zimmer habe sterben sehen, das fortan das meine wird, dessen goldene Verzierungen auf einer fleischfarbenen Wand aber, dessen Staub durch das Stadtviertel, dessen ständiger Lärm, bis hin zu den gegen die Fenster gedrückten Bäumen – ohne diese Erinnerungen offensichtlich äußerst wenig der Wohnung entsprechen, nach der ich suchte!

Auf bald, liebe gnädige Frau, wenn Ihnen mein Vorschlag nicht mißfällt.

Ihr ergebener Freund

Marcel Proust

Ich überlege gerade, daß ein Wiedersehen mit Ihnen in Versailles bei Nacht, wenn man nichts sehen kann, im Grunde genommen schrecklich langweilig für Sie sein wird, und da es immer noch eine Anstrengung (in diesem Fall eine köstliche!) für mich bedeutet, werde ich Sie, falls es Sie zu sehr langweilt, gleich nach meiner Rückkehr nach Paris besuchen. Ich komme zurück, sobald meine Wohnung bezugsfertig ist. Und bis dahin will ich durch Ausruhen und vorbereitende Übungen mich wieder daran zu gewöhnen suchen, etwas auszugehen, damit ich Sie gleich nach meiner Rückkehr aufsuchen kann (wobei ich die ersten Tage nach der Rückkehr verstreichen lasse, da ich dann unvermeidlich krank sein werde).

1 Besitzung der Familie Catusse (Tarn-et-Garonne).
2 Monsieur Anatole Catusse, verstorbener Ehemann von Mme C.
3 Georges Weil.

An Georges de Lauris

[Oktober? 1906]

Mein lieber Georges,

ich war die ganzen Tage so leidend, daß ich Ihnen nicht habe sagen können, wie sehr mich Ihr Brief in jeder Hinsicht bewegt hatte. Die Möglichkeit eines nahe bevorstehenden Eingriffs erregt und quält mich sehr, wie Sie sich denken können. Was Sie mir außerdem im selben Brief mitteilten, nämlich die wirkliche Besserung Ihrer Mutter im Hinblick auf Kräfte, Ernährung, Aussehen, Widerstandskraft, hat mich ebenfalls sehr bewegt, da es mir große Freude und starke Hoffnung macht. In dem dunklen Drama, das eine verborgene Krankheit darstellt, ist gerade das Allgemeinbefinden die einzig klare und auf jeden Fall sichere und authentische Übersetzung, in der wir zu lesen vermögen, das ist sehr wichtig, das einzig Ausschlaggebende. Ich bitte Sie darum, halten Sie mich auf dem laufenden. Meine Wohnungsscherereien komplizieren sich unaufhörlich, ich erkläre Ihnen nicht inwiefern, weil ich zehn Seiten nötig hätte, wenn ich einmal damit anfinge, und ich muß noch dem Architekten, dem Hausverwalter, dem Mieter der zweiten Etage, meinem Bruder und meiner Tante in ihrer Eigenschaft als Hausbesitzer schreiben, ferner an den Hausmeister, die Telephonverwaltung, den Tapezierer, usw. Wegen dieser unerquicklichen Obliegenheiten nehme ich Abschied von Ihnen.

Herzlich

Marcel

Man sagt mir, daß Fräulein B. über die Abreise von Antoine[1] nicht hinwegkommen kann. Auf den Satz

Fénelons[2] (herzliche Grüße an den unseren[3]) werde ich mit dem Rat La Fontaines[4] antworten: »Liebende, glückliche Liebende, wollt Ihr denn reisen?« Warum trennen sich jene Leute immer, wenn sie sich lieben, doch lieben sie sich wirklich? Haben Sie eine Ahnung vom Vermögen (in der ordinärsten Bedeutung des Wortes) des Herrn Berenson[5]? Ich sage Ihnen später, weshalb es mich interessiert, ich wäre sehr froh, wenn ich wüßte, welche Werke von Herrn Berenson in französisch oder in französischer Übersetzung vorliegen.

1 Antoine Bibesco.
2 François Fénelon de Salignac de La Mothe (1651–1715), Erzbischof von Cambrai.
3 Bertrand de Salignac-Fénelon.
4 Fabeln IX, 2 *Les deux Pigeons.*
5 Bernard Berenson, vgl. S. 237, Anm. 2.

An Georges de Lauris

[Oktober–November 1906]

Mein lieber Georges,

ich schreibe Ihnen, da ich nicht schlafen kann, denn ich bin besorgt über alles, was Sie mir gesagt haben, und daß mich plötzlich all das, was für mich Anlaß von Traurigkeit war – Ihre Mutter und infolge von Rückwirkung auch Sie jedweder Freude beraubt –, in ganz anderem Lichte sehen läßt, in einer möglichen Gefährlichkeit, die ich nicht vermutete. Gott weiß, wie leicht diese Art von Besorgnis verfliegt, sobald einmal die Ursache davon beseitigt ist, ich erinnere mich an meine arme Mutter, als sie sich in einem sehr ernsten Zustand entschloß, sich just von Terrier[1] operieren zu lassen, und die Operation auf halbem Wege, wenn ich so sagen darf, plötzlich derart gefährlich wurde, daß man sie niemals gewagt, wenn man es vorher gewußt hätte (glücklicherweise hatte man es nicht für möglich gehalten, denn diese Operation hat alles gerettet), und sie dauerte so schrecklich lange mit allen nur möglichen Zwischenfällen, Mama zwischen Leben und Tod, zwei Tage dem Tode sehr viel näher, dann völlige Genesung, die uneingeschränkt wiedergewonnene Gesundheit. Leider konnten wir uns dieser Gesundheit nicht lange erfreuen, weil das Unglück[2] über ihr zusammengeschlagen ist und durch die Verzweiflung all ihre Lebenskräfte vernichtet hat. Die Krankheit aber, der sie erlegen ist, stand in keinerlei Beziehung zu der schrecklichen Operation, der sie sich vorher unterzogen hatte. Wie oft entsinne ich mich, Leute in ähnlicher Situation kopflos gesehen zu haben, und danach ist alles nur noch ein böser Traum. Kurzum, bis heute abend sieben Uhr vermutete ich nicht, daß Sie von jenen vorübergehenden (und glücklicherweise weniger starken und schwerwiegenden) Aufregungen ergriffen worden sind, daß der Zustand Ihrer Mutter sie zur Folge haben könnte. Heute abend ist zum ersten Mal das Wort Gefährdung über Ihre Lippen gekommen und »wie ein Messerstich« in mein Herz gedrungen, wie der Dichter sagt, von dem Sie so eindringlich gesprochen haben. Ich mache mir Vorwürfe, Ihnen gesagt zu haben, es sei besser, die Operation zu vermeiden, wenn sie vermeidbar ist, was sich eigentlich von selbst versteht, für Sie aber vielleicht den Nachteil hat, Ihnen Gründe zu geben, ihr auszuweichen, selbst wenn sie unvermeidbar ist. Denn vermeidbar bedeutet, daß die Ärzte sagen, die – wie sehr sie sich auch irren und täuschen mögen – trotzdem diejenigen sind, denen wir es anheimstellen müssen, da sie die maximalen Erkenntnisgarantien bieten, die Operation könne ohne Schaden vermieden werden, denn ihnen gleich zu Beginn zu sagen: »Wir wollen keine Operation«, erscheint mir doch recht furchtbar. Auf jeden Fall sollten Sie lieber, anstatt Ihre Mutter durch Unschlüssigkeit nervös zu machen, so schnell wie möglich alle Ihnen nur wünschenswerten Arztgrößen zuziehen, um entscheiden zu können, ob Sie eine Operation wollen oder nicht, damit Sie anstelle Ihrer Mutter die Willensentscheidung treffen und ihr jene Angst vor dem Anblick Ihrer Unsicherheit ersparen, wodurch ihre eigene Unsicherheit zunimmt. Ich glaube, daß der Name, den ich Ihnen genannt habe, Linossier[3], vielleicht nicht ganz glücklich gewählt war, denn nach dem wenigen, was ich weiß, habe ich den Eindruck, daß er zusammen mit Glenard[4] überflüssig sein könnte und daß, wenn Brès[5] Glenard gewählt hat, er ihn ohne Zweifel für besser hält. Und vielleicht könnte G... besser als ein neu hinzutretender Arzt vergleichen, weil er Madame de Lauris bereits besucht hat. Allerdings hat eine neue Ansicht auch ihren Wert, da Sie jedoch Ihr Schicksal, und mehr noch als Ihr Schicksal, in die Hände von Brès gelegt haben, empfiehlt es sich, ihn nicht mit Vorschlägen zu verwirren. Ich weiß, daß er vom Ausmaß seiner Pflicht durchdrungen ist und Verantwortungsgefühl besitzt. Ich bitte Sie, schreiben Sie mir jedesmal kurz, wenn Sie etwas Neues erfahren, sei es hinsichtlich der Wünsche Ihrer Mutter, der Ansichten der Ärzte oder der durch die Krankheit selbst hervorgerufenen Symptome. So ist es noch am einfachsten, da man mich ja im Augenblick so schwer besuchen kann. Und nur weil ich heute abend nach einem Räuchern zu früh gesprochen habe, bekam ich einen Anfall, weswegen ich nicht ausgehen konnte, was so notwendig ist, denn ich bin von sehr unangenehmen Beschwerden heimgesucht, welche durch die von Luftmangel hervorgerufene Anämie verursacht sind. Und es war vielleicht der einzige Tag, an dem ich mich in der Lage fühlte auszugehen. Verzeihen Sie, daß ich so viel von mir rede, es soll zur Entschuldigung dafür dienen, daß ich ein so unvollkommener Freund bin, doch glauben Sie mir, daß ich nur an Sie denke, und je mehr Sie mir davon erzählen und schreiben können, desto mehr beantworten Sie die nicht enden wollenden Fragen, die ich mir unablässig stelle und auf die ich keine Antwort erhalte.

Ganz der Ihre,

Marcel

1 Louis Félix Terrier (1837–1908), frz. Chirurg.
2 Der Tod von Adrien Proust (1903).
3 Doktor Georges Linossier, vgl. S. 157 ff.
4 Doktor Frantz Glenard.
5 Doktor Pierre Brès.

An Geneviève Straus

[Versailles, 10. Oktober 1906] [1]

Verehrte gnädige Frau,

sicher werden Sie nicht wissen, was Sie von meinem Schweigen halten sollen, und leider kann ich es auch jetzt noch nicht brechen. Da ich mich aus Notwendigkeit entschlossen hatte, mich von der Wohnung Rue de Courcelles [2] zu trennen, befinde ich mich seit über einem Monat tagtäglich auf Wohnungssuche, und mein Zögern, meine Ängste, meine eingeleiteten, dann im Augenblick der Unterzeichnung wieder rückgängig gemachten Mietvereinbarungen haben mich jeglichen Schlafes beraubt, und ich habe kaum die Kraft, Ihnen zu schreiben. Ich habe mich schließlich nicht dazu entschließen können, in ein Haus zu ziehen, das Mama nicht gekannt hat, und als Übergangslösung[3] habe ich für dieses Jahr eine Wohnung in unserem Haus Boulevard Haussmann als Untermieter akzeptiert, wohin ich oft mit Mama zum Abendessen eingeladen war, wo wir zusammen meinen alten Onkel in dem Zimmer haben sterben sehen, das ich bewohnen werde. Ach, es ist wie verhext, ich werde aber auch alles haben! Den grauenhaften Staub, die Bäume unter meinem Fenster, die sogar daran stoßen, den Lärm des Boulevard zwischen dem Printemps und Saint-Augustin! Wenn ich dort nicht bleiben kann, werde ich wieder ausziehen. Auch ist die Wohnung für eine ständige Bleibe zu teuer. Dieses Jahr aber habe ich sie relativ günstig bekommen, da ich sie von einer Mieterin in Untermiete übernahm, die sie bezahlte, ohne zu bewohnen. Wieviel Dinge hätte ich Ihnen mitzuteilen, wieviel Zärtlichkeit möchte ich Ihnen darbringen, ja sogar Amüsantes Ihnen erzählen. Ich bin aber zu erschöpft und möchte Ihnen nur sagen, daß ich Sie niemals so sehr geliebt habe.

Marcel Proust

Seit ich während zweieinhalb Monaten in Versailles lebe, ist es mir gelungen (unberufen), Madame X ... nicht zu Gesicht zu bekommen. Ich habe einiges gelesen, und das ist alles! Ihre Karte (Ihre Karten) aus Bayeux haben mich begeistert. Das ist endlich einmal ein Haus, das ich bewohnen möchte. Und die Karten von Jacques aus der Bretagne! Ich habe nicht die Kraft gehabt, ihm zu danken.

1 Datum des Poststempels.

2 Wohnung der Familie Proust bis zum Tode der Mutter (1905).
3 Obwohl die Wohnung für Proust zu teuer war, wohnte er 12 Jahre dort (bis Mai 1919).

An Geneviève Straus

[Versailles, Ende Oktober–November 1906]

Verehrte gnädige Frau,

was werden Sie bloß von mir denken, von meiner Flegelei, von diesen Blumen ohne Begleitbrief! Ich glaubte, sie seien noch nicht abgeschickt, meinte, man werde mich benachrichtigen, damit ich meinen Brief beifügen könnte. Ich bin heute zu krank, als daß ich schreiben könnte, ich werde Ihnen morgen schreiben. Ich lasse diese Zeilen in Paris durch den Concierge (der dorthin fährt) als Rohrpostbrief aufgeben, damit Sie nicht länger auf meine Zeilen warten und mich *übergeschnappt* nennen, was mich bekümmert.

Ihr ehrerbietiger

Marcel Proust

An Geneviève Straus

[Versailles, Ende Oktober-Nov. 1906]

Verehrte gnädige Frau,

ich bin so erschöpft – ich werde Ihnen gleich sagen weshalb –, daß ich Ihnen nicht ausführlich schreiben kann. Ich wollte mich aber dafür entschuldigen, daß Sie jene Blumen von mir ohne ein Wort empfangen haben und besonders, daß Sie so einfache Blumen erhielten. Folgendes ist passiert. Seit meiner Ankunft in Versailles, das von Gärtnereien rings umgeben ist, hatte ich mir vorgenommen, für die hervorragenden Blumenzüchter, Monsieur Straus und Sie, eine etwas seltene Pflanze ausfindig zu machen, die Ihr Interesse etwas erregen könnte, die langlebig ist, die hübsche, wenig bekannte Blüten hervorbringt. Die ganze Zeit bin ich krank gewesen. Und als ich schließlich einsah, daß ich nicht selbst dorthin gehen könnte, habe ich jemanden beauftragt, sich darum zu kümmern, kein Gärtner hatte zur Zeit auch nur eine blühende Pflanze, bis auf einen Gärtner in Viroflay, Moser, der lediglich Chrysanthemen hatte. Diese sind aber nur dann wirklich hübsch, wenn sie einen Beetstreifen im herbstlichen Garten einnehmen. Da ich zu diesem Zeitpunkt nicht mehr aufstehen konnte, habe ich ausrichten lassen, daß ich sie mir nicht ansehen könne, man solle einen Blumenkasten so schön wie möglich zusammenstellen. Daß sie aber bereits abgesandt waren, erfuhr ich erst einige Augenblicke nach Erhalt Ihres Briefchens. Und ich war wirklich tieftraurig über mein Verhalten, das sonderbar anmuten mußte, solange es unaufgeklärt blieb. Leider kann ich nicht mit Armand Sylvestre[1] sagen, mit dem Gedicht, das einen so hübschen Französischfehler enthält:

»C'est au temps de *la* chrysanthème
qui fleurit au seuil de l'hiver
que l'amour profond dont je vous aime
au fond de mon cœur s'est ouvert.«[2]

[...]
Ihr ehrerbietiger Freund

Marcel Proust

1 (1837–1901), frz. Dichter.

2 »Zur Zeit der Chrysanthemen,
Die zu Beginn des Winters blühn,
Entbrennt, im Innern meines Herzens,
Meine tiefe Liebe zu Euch.«

An Robert de Billy

[Versailles, um November 1906]

Mein lieber Robert,

Sie sind sehr liebenswürdig, und ich versichere Ihnen, daß ich täglich an Sie denke. Wenn es mir nicht so schlecht ginge, würde ich Ihnen alle Wohnungsscherereien schreiben, die ich gehabt habe. Und jetzt, da ich gerade umziehen will, vermietet man das Zwischengeschoß an einen Herrn, der mit Lärm verbundene Arbeiten ausführen lassen will, so daß ich nicht weiß, wie lange ich noch dazu verdammt bin, hier in Kälte, Feuchtigkeit und Dunkelheit auszuharren, die ich so teuer bezahlen muß, während ich für meine Pariser Wohnung völlig unnötig zahle.

Ich wüßte gern, ob der Ministerwechsel[1] für Sie günstig ist. Aus Diskretion habe ich nicht gewagt, mich bei anderen danach zu erkundigen. Übrigens war ich auch ständig zu krank, als daß ich jemanden hätte sehen können. Ich möchte Sie um viele Gefälligkeiten bitten. Ich weiß aber nicht, ob es Ihnen ohne Schwierigkeiten möglich sein wird. Einmal wünschte ich eine Anstellung zu finden für einen jungen Mann von fünfundzwanzig Jahren, sehr tüchtig und gut aussehend, mit schöner Schrift, geeignet für die Buchhaltung, mit sehr guten Manieren, sehr gewissenhaft, aber ohne gründliche Fachkenntnisse. Glauben Sie, daß Ihr Schwiegervater[2] irgendeine Stelle für ihn hätte, z. B. in Bligny oder in seiner Bank? Es wäre mir lieb, wenn er zwischen hundert und zweihundert Francs im Monat verdienen würde. Notfalls würde er auch ins Ausland gehen, wenn es sich um eine aussichtsreiche Stellung handelte. Könnten Sie Ihren Schwiegervater darum ersuchen, wenn es Ihnen nichts ausmacht?

Bei dem anderen Anliegen, wobei Sie aber, wie ich schon im voraus weiß, nichts werden ausrichten können, geht es um den Versuch, den Neffen von Félicie [3] als Beamten in einer Militärdienststelle oder im Kriegsministerium unterzubringen. Er ist Brigadier beim Gendarmeriekorps, sehr geschätzt von seinen Vorgesetzten, wird aber jetzt nach (ich glaube) zwölf Dienstjahren wegen grauenhafter Schmerzen, die er nur für rheumatisch hält, als dienstuntauglich entlassen und seinen Rentenanspruch verlieren, falls er nicht der Verwaltung zugeteilt wird. Ich vermute aber, daß Sie Picquart [4] nicht kennen, und was mich betrifft, so hat mir mein Eintreten für Dreyfus gleich zu Anfang der Affäre nie etwas genützt. Lediglich die Dreyfus-Gegner haben Nutzen daraus gezogen, die sich mit viel Aufsehen vor einem Monat [5] in Dreyfus-Anhänger verwandelt haben. Antworten Sie mir bitte hinsichtlich dieser beiden Punkte, doch nehmen Sie ja nicht meinetwegen Scherereien auf sich, denn wenn das nur im geringsten der Fall wäre, möchte ich lieber, Sie würden überhaupt nichts unternehmen.

[...]

Zärtlich Ihnen zugetan.

Marcel

1 Am 26. Oktober 1906 ernannte Clemenceau Stephen Pichon zum Außenminister.
2 Paul Mirabaud.

3 Félicie Fitau, Prousts derzeitige Haushälterin.
4 Georges Picquart, Kriegsminister.
5 Nach der endgültigen Rehabilitierung von Alfred Dreyfus.

An Reynaldo Hahn

[Versailles, Dienstag abend, 11. Dezember 1906]

Mein lieber Binibuls,

ich bin ganz beschämt, Ihnen nochmals wegen einer so geringen Summe schreiben zu müssen. Sie wissen, daß, wenn Sie Geld brauchen sollten, das meine Ihnen zur Verfügung steht, das sei ein für allemal gesagt, welchen Betrag Sie auch benötigen mögen. Was aber den lächerlich kleinen Gewinn betrifft, den ich Sie habe machen lassen und der in keinem Zusammenhang mit dem Vorhergehenden steht, so will ich nicht, daß Sie mich dem Crédit Industriel oder den Rothschilds gegenüber entehren, indem Sie denjenigen bitten, der Ihnen den Betrag schicken wird, ihn meinem Konto wieder gutzuschreiben. Ich will keine öffentlichen Erpressungen. Also werde ich abwarten, bis Sie mir mitteilen, daß ich überweisen kann, aber ich fände es schrecklich böse von Ihnen, falls Sie es mir nicht unverzüglich zu tun erlaubten. Denn die bloße Annahme, daß Sie einen gleichermaßen lächerlichen wie verschrobenen Betrag als ein Geschenk betrachten könnten, ärgert mich am meisten. Jedenfalls ist die Frage damit erledigt, ich flehe Sie an, lassen Sie uns nicht ewig auf dieser Lumperei herumreiten. Ich füge noch hinzu, daß ich kürzlich daran gedacht habe, daß mein Notar bislang niemals die Einkünfte aus Wertpapieren, die er in Verwahrung hatte, eingelöst hat, daß ich sie dieser Tage durch die Firma Rothschild habe einziehen lassen, daß dieser Rückstand, der seit ziemlich langer Zeit aufgelaufen ist, beträchtlich ist und daß ich folglich ganz unversehens über Bargeld verfüge und daß, falls Sie vor Ihrer Abreise für irgend etwas selbst einen ansehnlichen Betrag zu haben wünschten (nicht die 580!), es mir das Einfachste von der Welt wäre. Ich will nicht weiter insistieren. Sie wissen jetzt über alles Bescheid. Was die 580 betrifft, warte ich auf Ihre Nachricht, hoffe aber, daß sie nett ausfällt.

... Leben Sie wohl.

B.

An Madame Catusse

[Dezember 1906]

Liebe gnädige Frau,

Antoine[1] hat Ihnen vielleicht von den sagenhaften Scherereien berichtet, die ich wegen des Hauses habe, ich bin zu erschöpft, sie Ihnen zu schreiben, und dazu ist all das für andere ebenso uninteressant, wie es für mich widerwärtig ist. Wegen der Tapeziere soll er sich mit Ihnen verständigen. Hinsichtlich der Bilder (aber mir ist so, als stand das schon sehr genau in meinem letzten Brief):

Salon: Porträt Mamas, Porträt Papas von Monsieur Brouardel[2] und die »Schäferin«, verwachsen wie eine Infantin von Velasquez, obwohl es wahrscheinlich in den Niederlanden gemalt ist.

Kleiner Salon: mein Porträt von Blanche[3] und die »Schäferin als Kind«, wenn Sie meinen, daß sie sich hier besser ausnimmt als im Salon. Es ist ein hübsches Bild, das an einem guten Platz hängen muß.

Ich denke, daß Robert den Govaert Flinck[4] und Papas Porträt von Lecomte du Nouy[5] nehmen wird.

In meinem Zimmer kein Bild.

An eine günstige dunkle Stelle weit hinten im Vorzimmer oder Eßzimmer: »Esther und Haman« und die Szene »Römische Geschichte«.

Wenn das Eßzimmer genügend groß ist, scheinen mir die übrigens recht ordentlichen Reproduktionen der Tiermaler durchaus angebracht.

Alles so, wenn Sie es gutheißen. Denn Sie sind, wie Renan[6] sagt: »Die Göttin, deren Name Maß und Weisheit, Ordnung und Schönheit, usw. bedeutet.«[7]

Sie sagen, daß Mama auf ihr Vorzimmer stolz war. Sie war vor allem stolz auf ihre Freundin, die es ihr vollkommen eingerichtet hatte, und sie wurde nicht müde, davon zu sprechen ...

Wegen der Teppiche mache ich mir Gedanken. Der aus dem großen Salon? Besitzt er nicht eine abtrennbare Bordüre und würde er nicht gut passen, sobald man diese Bordüre abtrennte, oder wäre er dann immer noch zu groß? Ich glaube, daß Robert (der übrigens im *Prinzip* nichts aus der Wohnung *nimmt*, wir sind so verblieben) den alten Teppich von Papa haben möchte (vom Salon im Boulevard Malesherbes), aus dem Eßzimmer der Rue de Courcelles. Und das war wirklich der schönste. Ich befürchte aber, er ist zu alt, zu zerschlissen, um ihn ihm zu geben. Mein Zimmer möchte ich nicht ausgelegt haben, vielmehr einen einfachen, losen Teppich (übrigens habe ich eine Schwäche dafür, es vereinfacht derart das Saubermachen, aber vielleicht ist es ein wenig feucht). Aber selbstverständlich kann man später Dinge befestigen, wenn ich erst einmal eingezogen bin, unter der Bedingung, daß ich ohne Geräusche die erste Zeit nach dem Einzug habe überstehen können. Sobald es mir besser geht, lasse ich gern alle Tapeziere der Welt kommen. Wie bedauere ich, nicht ausgehen zu können, mich vor Staub hüten zu müssen. Wie gern möchte ich unter der Führung von Ihnen, dieser Beatrice der Altertumsvernarrtheit, durchschreiten, was Balzac die »Teufelskreise der Neugierde« nennen würde, ich habe nicht die *leiseste Ahnung* davon, möchte nicht zuviel davon verstehen, weil das für einen Schriftsteller (der ich übrigens nicht mehr bin) schädlich ist, ich möchte aber zu gern mit Ihnen Nippsachen aufstöbern, sogar ohne Sie, mir Kenntnisse aneignen, eine Sammlung anlegen! Im Augenblick träume ich davon, mir eines Tages entweder ein Bild eines primitiven Venezianers oder das eines primitiven Malers aus der Toscana, aus Siena oder Rom zu kaufen, wenn ich eins für wenig Geld auftreiben könnte. Primitiv nenne ich nicht die Maler, denen die tonangebenden Leute diese Bezeichnung beilegen und die alles andere, nur nicht primitiv sind, wie z. B. Botticelli, Mantegna, usw..., die ich übrigens über alles liebe. Bescheidener denke ich an viel ältere Maler, z. B. Vivarini [8], von dem etwas zu besitzen Anlaß zu endlosen Träumereien sein würde, oder an einen Maler aus Siena oder Rom, an einen von jenen, deren Werke in der *Kapelle der Spanier* Ruskin beharrlich Taddeo Gaddi [9] oder Simone Memmi [10] zuschreibt, während man doch mit Sicherheit nur eines von ihnen weiß, daß sie nämlich weder vom einen noch vom anderen stammen. Wäre ich reich, würde ich keine Meisterwerke kaufen – ich überließe sie den Museen –, sondern solche Bilder, die den Geruch einer Stadt oder die Feuchtigkeit einer Kirche bewahren und gleich

Nippsachen ebensoviel Traum durch Ideenassoziation wie in sich selbst enthalten.

Ihr ergebener Freund

Marcel Proust

In einem Zimmer, nämlich in meinem Schlafzimmer, möchte ich auf keinen Fall Wandteppiche haben.

1 Concierge von 102, Boulevard Haussmann.
2 Paul Brouardel (1837–1906), frz. Arzt.
3 Jacques-Émile Blanche (1861–1942), frz. Maler u. Schriftsteller.
4 »Tobie et l'Ange« von Govaert Flinck (1615–1660), holländischer Maler.
5 Jean-Antoine-Jules Lecomte du Nouy (1842–1923), frz. Maler.
6 Ernest Renan (1823–1892), frz. Schriftsteller.
7 Proust zitiert ungenau. Richtig heißt die Stelle:
»O noblesse! ô beauté simple et vraie! déesse dont le culte signifie raison et sagesse.«
Souvenirs d'enfance et de jeunesse II, *Prière sur l'Acropole.*
8 Venezianische Malerfamilie des 15. Jahrhunderts.
9 Italienischer Maler, gest. 1366, einer der berühmtesten Schüler Giottos.
10 Lippo *Memmi* (zitiert von 1317–1347), Schwager von *Simone* Martini, berühmte Maler aus Siena.

An Léo Larguier

[Januar 1907]

Lieber Freund [1],

vielleicht werden Sie überrascht sein, daß ich, zu leidend, um irgendwelche Briefe zu beantworten, Ihnen spontan schreibe, und zwar wegen eines Werkes, *sur quoi* [2] (wie man heutzutage zu sagen pflegt, als ob man der Schönheit der Sätze etwas hinzufügen kann, indem man einen Ausdruck gebraucht, den man nicht selber geschaffen und der zur Folge hat, daß alles, was man schreibt, das Datum 1906 oder 1905 oder 1904 tragen wird) – worüber Sie niemals meine Meinung erbeten haben.

Es ist aber so, daß man der vérité[3], ein großes V wäre angebracht, mehr Rücksicht schuldet als seinen Briefpartnern und daß man sich mehr um sie bemühen muß. Nun, lieber Freund, wenn nicht *Sie* mithelfen, der Wahrheit ihr Recht werden zu lassen – wer soll es dann tun? Sie sind intelligent genug, alles begreifen zu können, zu faul oder zu unfähig, weiß ich's, etwas zu schaffen. Ein Schöpfer oder ein mittelmäßiger Kopf hätten das Recht, sich zu irren. Sie sind weder das eine noch das andere. Sie sind einer der gerechtesten Kritiker, die ich kenne, und zwar gerecht bei der schwierigsten Beurteilung von allen: der Kritik wirklich diffiziler Kunstwerke. Das heißt, daß Sie ein außerordentlicher Geist sind, von so wenigen Menschen kann man das sagen, und das schafft Verpflichtungen. Wie betrübt war ich nicht zu erfahren, daß Sie das kleine Richteramt des Geistes, das Ihnen Ihr Geschmack, Ihr hoher Sinn und Ihr sicheres Urteil verleihen, herabwürdigten, indem Sie mit Ihrer Anerkennung das widerlichste Geschöpf decken, das existiert, bar aller Intelligenz, ohne Stil, Grammatik, Empfindungsvermögen, Originalität (wagt man Talent[4] nach all dem zu sagen?), den ersten Schriftsteller, der mich den Sinn des Wortes ekelhaft wirklich begreifen läßt, denn ich empfinde einen gewissen Ekel, ihn zu nennen: Herrn Léautaud[5]. Ich kenne ihn nicht persönlich, ich weiß nichts über ihn. Aber ich habe ein Buch[6] von ihm gelesen, das *Amours* heißt, und wenn Sie nicht finden, daß es das abscheulichste und blödsinnigste Machwerk ist, das es gibt, ist einer von uns beiden verrückt geworden.

Leider leben Sie inmitten von Freunden, die das Wort blödsinnig so häufig auf recht intelligente Leute anwenden, die sie im Grunde für sehr intelligent halten, und das Wort schmutzig auf Werke beziehen, die durchaus achtbar und bedeutend sind – so daß ich deutlich fühle, ich sage nichts aus, wenn ich dies Buch für schmutzig und blödsinnig erkläre. Ich sage, was Sie hundertmal über Bücher von Bazin [7], von Bourget [8] haben sagen hören, Männer von wirklichem Talent unter denen, die nicht wirklich zu den Auserwählten gehören.

Aber *Amours* von Herrn Léautaud! Ich spreche überhaupt nicht von der moralischen Erbärmlichkeit des Buches, weil ich nicht darüber sprechen könnte. Ich kenne keine Worte, die den Schmerz auszudrükken vermöchten, den ich empfand, als ich ein menschliches Wesen Gefühle heucheln sah, neben denen die Gefühle des grausamsten Mörders ehrenwert genannt werden müssen. Was ist jedoch vom *Talent* zu halten? Sagen wir ruhig rundheraus, daß augenblicklich in keiner der Pariser Zeitungen ein Unterhaltungsroman erscheint, der nicht, damit verglichen, das Werk eines Genies ist, jenem Machwerk in irgendeiner Beziehung überlegen. Was die Verfasser betrifft, die wir weiß Gott nicht besonders bewundern, wie z. B. Prévost [9], Margueritte [10], Provins [11], E. Arène [12], Maindron [13], Commandant Z ... [14], Serge Basset [15], Intérim, ich weiß nicht wen noch, so strahlen ihre Schriften geradezu von Kenntnis, Geist, Anmut, Menschlichkeit, Ergriffenheit, Erfindungsgabe im Vergleich zu jenen widerlichen Seiten.

Lieber Freund, ich hoffe, daß wir uns eines Tages wiedersehen. Bevor wir uns an jenem Tage die Hände schütteln, vollziehen wir eine Sühnezeremonie. Ich lese Ihnen dann einige Seiten aus *Amours* vor, wenn ich dazu die Kraft habe. Nach jedem Satz, nach jedem Wort werden Sie Ihren Ekel herausschreien, wie man noch sagte, als ich lesen lernte. Danach werden wir uns umarmen und freuen, daß wir Männer sind und nicht jene namenlose Kreatur, die es fertigbrachte, etwas Derartiges zu schreiben.

Lassen Sie diesem Brief in der vorliegenden Fassung nicht zuviel Reklame (mündliche, wohlgemerkt) angedeihen, denn Herr Léautaud ist einer der wenigen Menschen, mit denen ein Duell zu haben ich große Angst haben würde. Ich hätte die Vorstellung, mich mit dem Engel der Finsternis zu schlagen. Und ich bin nicht rein genug, auf einen Sieg hoffen zu können.

Leben Sie wohl, lieber Freund, lassen Sie Ihr Privileg nicht verkümmern, die Künste gut zu beurteilen und beurteilen zu lassen, und seien Sie meiner ergebenen Zuneigung versichert.

Marcel Proust

1 Proust schickte den Brief wegen der für Larguier beleidigenden Äußerungen nicht ab.

2 ›Worüber‹.

3 Wahrheit.

4 Larguier rezensierte *Amours* im *Journal des Revues* der Zeitschrift *Antée* vom 1. Dezember 1906. Er bescheinigt dort Léautaud *Talent*. Vgl. im folgenden die diesbezüglichen Anspielungen.

5 Proust ereifert sich über Paul Léautaud (1872–1956), weil dieser in *Amours* zynische Bemerkungen über Familie usw. gemacht hatte, deren Motivierung Proust unbekannt war.

6 *Amours* erschien nur in drei Teilveröffentlichungen in der Zeitschrift *Mercure de France*, am 1. Okt., 15. Okt. und 1. Nov. 1906. Der Irrtum Prousts erklärt sich durch die Absicht verschiedener Zeitungen, *Amours* für den Prix Goncourt vorzuschlagen.

7 René Bazin (1853–1932), Schriftsteller, Académie française 1903.

8 Paul Bourget (1852–1935), Schriftsteller, Acad. fr. 1894.

9 Marcel Prévost (1862–1941), Schriftsteller, Acad. fr. 1909.

10 Paul Margueritte (1860–1918), Schriftsteller.

11 Michel Provins, eigentl. Gabriel Lagros de Langeron (1861 bis 1928), Schriftsteller.
12 Emmanuel Arène (1856–1908), Journalist und Politiker.
13 Maurice Maindron (1857–1911), Schriftsteller und Insektenforscher.
14 Eigentl. Paul Fontin, Journalist, Spezialist für Seekriegs-Strategie.
15 (1865–1917), Journalist und Dramatiker, Redakteur des *Courrier des théâtres* im *Figaro*.

An Robert de Billy

[Januar 1907?]

Mein lieber Robert,

können Sie mir verzeihen, daß ich Ihnen noch nicht meine Dankbarkeit zum Ausdruck gebracht habe? Sobald ich Sie sehe, werde ich Ihnen erklären, weshalb ich es noch nicht getan habe, und Sie werden einsehen, daß es keine Undankbarkeit ist. Ich glaube, mein Umzug findet morgen statt, doch wird er wohl weniger Zeit in Anspruch nehmen als ich dachte, nur acht Tage. Jedenfalls habe ich darüber nichts mehr zu sagen, der Möbeltransporteur wird verfahren, wie er es für richtig hält, und schon heute morgen ging es los. Sagen Sie ihm also nichts mehr, es ist in Ordnung so, es könnte ihn sonst leicht verstimmen.

Ich bin sehr bekümmert über das, was Sie mir über Ihren Schwiegervater mitteilen, denn ich hege eine aufrichtige und respektvolle Zuneigung für ihn. Es ist das Privileg derjenigen, die stets für sich leben, sich in ihrem Hirn Stellvertreter für die wirklichen Personen zu schaffen und lieben zu können, ohne sie jemals zu sehen. Ich wage nicht, mich nach seinem Befinden zu erkundigen, da ich nicht weiß, ob er sich des Ernstes seiner Krankheit bewußt ist, und ich möchte keinesfalls zu einem »Staatsakt« machen, was vielleicht seiner Meinung nach nur ein zur Gewohnheit gewordenes Unwohlsein ist. Ich wünschte aber nichts so sehnlich, als daß er bald gesundet und sich wieder wohl fühlt! Wenn Sie ihn besuchen, sagen Sie ihm bitte von mir alles Erdenkliche. Um ihn nicht zu beunruhigen, schreibe ich ihm nicht. Mein lieber Robert, auch mir geht es sehr schlecht, und wenn ich erst mitten im Umzug sitze, was wird das für eine saubere Wirtschaft sein!

Ich hoffe, daß das Leben Ihnen gnädig gesonnen ist und weiterhin für Sie mit der wundervollen Unvorhersehbarkeit eines Märchens aus *Tausend und einer Nacht* verläuft. Oder ich hoffe vielmehr, daß Sie viel arbeiten, daß es Ihrer Frau gut geht, daß Ihre Töchter artig sind.

Ihr Freund, der Sie sehr gern hat,

Marcel

An Georges de Lauris

Sonntag
[Januar-Februar 1907]

Mein lieber Georges,

noch niemals habe ich das Bedürfnis, zu glauben und zu beten, stärker empfunden und das Bedauern, so wenig dazu imstande zu sein. Es ist wirklich sehr lieb von Ihnen, mich Besorgnis und Hoffnung mit Ihnen teilen zu lassen. Mein Herz teilt sich oder zerfällt vielmehr in drei Teile, denn kaum widme ich mich

Ihnen, da verlasse ich Sie schon, um die innere Unruhe Ihrer Mutter zu teilen, darauf denke ich wieder an Ihren armen Vater. Hinsichtlich Ihrer Großmutter nehme ich an, daß die betrübliche Entkräftung, von der Sie mir erzählt haben, wenigstens den Vorteil hat, ihr jegliche Beunruhigung zu ersparen, daß sie sogar überhaupt nichts erfahren wird. So konzentrieren sich meine Gedanken auf Sie drei. Eine Bitte an Sie: Sobald Sie wissen, wie man Rue d'Armaillé [1] vorstellig werden kann, benachrichtigen Sie mich, ob ich Mittwoch (um zu wissen, wie Ihre Mutter die Nacht verbracht hat, ob sie keinen Anfall hatte) Rue d'Armaillé oder bei Ihnen nachfragen lassen soll, desgleichen für alle weiteren Tage. Hat Routier gesagt, er werde selbst im Falle eines Anfalls operieren, und weiß er genug Bescheid, hat er hinreichend untersucht, hat man ihm ausführlich von allen vorangegangenen Konsultationen erzählt?

Herzlich Ihnen zugetan.

Marcel

1 Wo Mme de Lauris im Krankenhaus lag.

An Reynaldo Hahn

[Donnerstag abend, 31. Januar? 1907]

Grollen Sie mir noch, mein Bunchtbuls? Armer Buncht, glauben Sie bitte nicht, daß ich trotz meiner »augenscheinlichen Bescheidenheit« eine außerordentliche Meinung von mir habe. Ach, keineswegs, ich möchte es ja nur zu gern, aber ganz gewiß habe ich eine weniger großartige Meinung von mir, als Antoine [1] oder

Jean Blanc[2] von sich haben können. Ohne diese Einstellung wäre ich vielleicht etwas weniger unglücklich. Übrigens ist heute abend jedermann schlecht auf mich zu sprechen. Cardane[3] hat zu Ulrich[4] gesagt: »Ja, glaubt er denn, daß außer ihm selbst und einigen Bekannten jemand seinen Artikel lesen wird!« Ich möchte Ihnen tausend Nettigkeiten schreiben, um Sie zu entrunzeln und wieder aufzuheitern, aber ein Anfall beginnt und bringt bereits mit der Ankündigung grausamer Stunden tausend Widerwärtigkeiten zum Schweigen.

Adieu.

C.

1 Concierge des Hauses 102, Boulevard Haussmann, in dem Proust seit dem 27. September 1906 wohnte.

2 Diener bei der Familie Proust.

3 Jules Cardon, genannt Cardane. Damals Redaktionssekretär am *Figaro*.

4 Robert Ulrich, Prousts damaliger Privatsekretär.

An Robert Dreyfus

[3. Februar 1907]

Mein lieber Robert,

wie nett bist Du doch, wie befreundet fühle ich mich Dir, und wie solide und gut zu verteidigen ist folglich diese Freundschaft (was man von so wenigen Freundschaften sagen kann), da sie in einer von Befriedigungen gesättigten Eigenliebe eine wirklich vernünftige und unzerstörbare Grundlage hat. Doch ich verleumde mich und versichere Dir, daß ich diese Freundschaft nicht empfinde, weil Du Gefallen an meinen

Büchern findest. Ich würde sie ebenso stark empfinden, falls Du sie abscheulich fändest, aber vom Augenblick an, da Du sie gern magst, schätze ich Dich noch mehr. Wenn ich mich nur selbst mehr schätzen könnte! Leider ist das unmöglich, und ich frage mich, ob Deine Worte, mein Artikel [1] sei gut, nicht eine barmherzige Lüge einem Kranken gegenüber sind. Um jedenfalls die Wiederholungen, die Fehler (vor allem des Schriftsetzers) zu erklären (leider findet die klägliche Qualität nicht darin ihre Erklärung, denn ihm fehlt sogar der Charme des Improvisierten, er wirkt schwerfällig trotz hastiger Arbeit, eisig und doch hochtrabend), Calmette hat mich Mittwoch früh um diesen Artikel gebeten, in einem Brief, den ich wegen eines Anfalls erst Mittwoch abend um 10 Uhr gelesen habe. Bis zwei Uhr morgens habe ich mich erholt, ohne an den Artikel zu denken. Um drei Uhr bin ich aufgestanden, habe ihn gleich begonnen und ohne Konzept niedergeschrieben bis 8 Uhr auf denselben Blättern, die der *Figaro* später erhielt. Da ich ihn nicht beendet und (des Schreibens ungewohnt) zu große Handschmerzen hatte, besonders am vierten, einwärts gekrümmten Finger, um fortzufahren, habe ich mich wieder hingelegt mit der Weisung, man solle mich im Laufe des Tages wecken, damit ich ihn fertig schreiben könne. Da aber grauenhafte Arbeiten, die man in der Etage unter mir ausführt, um 8 1/2 Uhr begonnen haben, fühlte ich mich in so üblem Zustand, daß ich darauf verzichtet habe, den Artikel zu beenden, und ihn unvollendet abgeschickt habe, ohne ihn noch einmal gelesen zu haben, damit er so wie er ist gedruckt werde. Um 11 Uhr abends hat man mir die Korrekturfahnen gebracht, die um Mitternacht zurückgeschickt werden mußten, ich wollte gleich damit beginnen, sie zu korrigieren. Ich hatte aber plötzlich die

Idee für einen wirklich guten Schluß. Da ich nicht die Zeit hatte, alles zu erledigen, habe ich vorgezogen, auf die Korrektur zu verzichten, und habe einen Schluß darangefügt. Um Mitternacht hat man die Korrekturfahnen zum *Figaro* zurückgebracht (ich gehe weder aus, noch stehe ich auf – nur einmal wöchentlich stehe ich auf, ohne mich anzukleiden), und ich habe ausrichten lassen, man möge überall dort Streichungen vornehmen, wo man wolle, hingegen kein einziges Wort des Schlusses verändern. Nun hat man zwar alles – fast alles – veröffentlicht, hat aber den Schluß weggelassen, kein einziges Wort ist davon übrig. Und ich wage den Grund der Streichung nicht zu nennen, da ich ihn offiziell gar nicht wissen darf. Er liegt aber in folgendem: Cardane[2] war der Meinung, daß mein Schluß unmoralisch sei und ein Lob des Elternmords darstelle. Das ist ungelogen.

[...]

Ganz der Deine und herzlichen Dank.

Marcel

1 *Sentiments filiaux d'un parricide,* ersch. im *Figaro* vom 1. Februar 1907.
2 Jules Cardane.

An Georges de Lauris

[Februar 1907]

Mein lieber Georges,

mir scheint, ich verliere Mama ein zweites Mal. Und um wieviel furchtbarer ist es für Sie, als es für mich war – nach so viel Hoffnung seit so langer Zeit, nachdem Sie sie so haben leiden sehen. All dies verblaßt jedoch vor dem einen: sie nicht mehr zu besitzen. Ihre Mutter, die ich so geliebt und nicht gekannt habe, deren Gesicht von heldenhaftem Mut, Sanftmut, Güte und Entsagung alles dessen geprägt war, was sich nicht auf Sie und Ihren Vater bezog, ist mir unbekannt geblieben und doch seit einem Jahr so beständig gegenwärtig. Und Ihr Vater, an den ich unablässig denke, sein Schmerz läßt mir keine Ruhe, doch ich kann ihn mir nicht vorstellen, da ich Ihren Vater niemals gesehen habe, so ist es weniger grausam, denn Sie, Georges, sehe und empfinde ich, ich lese in Ihnen, und das ist für mich die grauenvollste aller Qualen. Wenn ich Ihnen wenigstens von Nutzen sein, bei Ihnen sein, in Übereinstimmung mit Ihrem und meinem Schmerz handeln könnte, aber meine Ohnmacht kettet mich noch grausamer an ihn. J. B.[1] wird Sie fragen, ob ich nichts anderes für Sie tun kann, als unablässig an Sie zu denken und mit Ihnen zu weinen.

Marcel

1 Jean Blanc.

An Georges de Lauris

[Montag abend, 18. Februar 1907]

Mein lieber Georges,

ich hatte Ihnen nicht geantwortet, weil ich glaubte, ich würde heute morgen kommen[1], aber ich fühlte, daß ich es nicht bis zuletzt würde durchhalten können, ich werde es Ihnen erklären. Ich schicke Ihnen heute abend diese Zeilen, um Sie zu fragen, wie Ihr Vater diesen Tag überstanden hat, wie Sie selbst ihn ertragen haben, mein armer, lieber Georges. Ich kann Ihnen jetzt eines sagen: Sie werden Glücksmomente haben, die Sie jetzt noch nicht für möglich halten. Als Sie Ihre Mutter noch besaßen, dachten Sie viel an die gegenwärtigen Tage, da Sie sie nicht mehr haben würden. Jetzt dagegen werden Sie viel an frühere Tage zurückdenken, als Sie sie noch besaßen. Sobald Sie sich an die grauenhafte Tatsache gewöhnt haben, für immer in die Vergangenheit zurückgeworfen zu sein, werden Sie spüren, wie ihre Mutter, ganz sacht zu neuem Leben erwacht, zurückkommt, um ihren Platz einzunehmen, den ungeschmälerten Platz an Ihrer Seite. Im Augenblick ist das noch nicht möglich. Verhalten Sie sich regungslos, warten Sie, bis die rätselhafte Kraft – von der die Ärzte leider nicht viel mehr als andere verstehen –, die Sie zerbrochen, Sie wieder ein wenig aufgerichtet hat, ich sage ein wenig, da Sie immer einen Rest von Angeschlagenheit zurückbehalten werden. Sagen Sie sich auch, denn es ist ein Trost, es zu wissen, daß man sich niemals trösten wird, daß man sich zunehmend erinnern wird. Ich brauche Ihnen nicht zu sagen, mein lieber Georges, daß ich Ihnen das unter viel Tränen schreibe, unter unredlichen Tränen, da sie mehr mir als Ihnen gelten, während ich bis heute abend allein an Sie dachte. Ich hoffe, Sie können Ihrem Vater eine Stütze sein, mit ihm ganz harmonieren. Mein Leben ist völlig durcheinandergeraten, gestern habe ich um 1/2 12 Uhr zu Mittag gegessen, denn ich bereitete mich darauf vor auszugehen. Wenn Sie an einem Tage mich besuchen kommen und ich nicht derartige Anfälle habe wie heute, wäre vielleicht sieben Uhr die beste Zeit, um Ihren Vater am Abend nicht allein zu lassen. Viele Leute schreiben mir meines Kummers wegen, selbst Leute, die Sie nicht kennen, der kleine Duplay[2] z. B. Ich glaube, daß

Reynaldo und d'Albu[3] wohl traurig gewesen sein müssen, Ihnen nicht die Hand drücken zu können. Jedenfalls weiß ich, daß d'Albu mich angerufen hat, als er durch einige Zeilen von mir das schreckliche Unglück erfuhr, um mich zu fragen, wann die Beerdigung stattfinde, wobei er hinzufügte »vorausgesetzt, es ist nicht Montag, denn ich muß nach Compiègne fahren«, und Reynaldo, den ich traf, hatte eine Probe, die er nicht versäumen konnte. Beide aber denken viel an Sie, auch mein Bruder, meine Schwägerin, die mich anrief, hat mich sehr gerührt. Jedermann ist erschüttert, aber niemand kann einen gleichen Kummer empfinden wie ich, weil niemand so intensiv mit Ihnen gehofft und gefühlt hat.

Zärtlich Ihnen zugetan

Marcel

1 D.h. an der Beerdigung teilnehmen.
2 Maurice Duplay.
3 Louis, Marquis d'Albuféra.

An Georges de Lauris

[etwa Februar-März 1907]

Mein lieber Georges,

es empfiehlt sich, daß ich sofort auf Ihren Brief antworte, für den ich Ihnen gar nicht genug danken kann, denn wie unfähig zu schreiben ich im Augenblick auch sein mag (das Drum und Dran erkläre ich Ihnen später), so ist es doch unbedingt notwendig, Ihnen zwei Dinge klar darzulegen. Erstens: was Sie über die Bilder sagen, die Ihr Gedächtnis von Ihrer Mutter bewahrt. Ich weiß sehr wohl, daß es vorerst leichter zu sagen als zu verwirklichen ist, versuchen Sie nicht, sie zu sehen, denn sonst werden Sie sie immer nur traurig sehen, krank, vielleicht als Tote, und Sie können sie sich vor allem nicht vorstellen, wenn Sie sich zu sehr bemühen. Mama hat diese Qual gekannt: niemals konnte sie ihre Mutter wiedersehen, wenn sie an sie denken wollte, es sei denn in einem flüchtigen Augenblick des Schlafs und dazu noch so qualvoll. Die Augen der Erinnerung sehen schließlich gar nichts mehr, wenn man sie zu starr auf etwas richtet. Versuchen Sie im Augenblick lediglich zu leben, zu überleben, indem Sie alles in sich gewähren lassen, ohne Beteiligung Ihres Willens, und die wohltuenden Bilder werden von selbst wiederkehren, um Sie nie wieder zu verlassen. Zweitens: wenn eine geistige Physiognomie mich beherrschen soll, genügen mir wenige Züge, und ich stelle mir mit schlafwandlerischer Sicherheit alles wieder her. Ich kenne Ihre Mutter so gut, daß Sie mir nichts über sie sagen können, was ich nicht schon wüßte, daß Sie mir nichts über sie erzählen können, was ich nicht etwa nur mit Interesse und Sympathie, sondern mit wirklich schmerzlicher Begierde höre. Sie müssen wissen, Georges, daß ich in keiner Minute an etwas anderes denke und daß mein Bedürfnis, Sie zu sehen, im Augenblick vor allem ein Bedürfnis ist, Sie von ihr sprechen zu hören. Wenn Sie frühzeitig heute abend bei mir vorbeikommen könnten (gegen neun, halb zehn Uhr), mir scheint, meine Nächte würden sehr viel ruhiger verlaufen. Leider schreibe ich Ihnen unter dem Einfluß eines Medikaments, das meiner schon ohnehin so undeutlichen Schrift jede Ordentlichkeit nimmt. Ich hoffe trotzdem, daß Sie meine Zärtlichkeit und Traurigkeit aus meinen Zeilen zu lesen verstehen.

Marcel

An den Prinzen Emmanuel Bibesco

[Ende März-April 1907]

Lieber Freund,

ich weiß, daß die Pariser gewöhnlich keine Ahnung haben von den Missetaten der Messerhelden oder den Masernfällen, die aus der Entfernung bei den Ausländern die Vorstellung erwecken, Paris sei nicht bewohnbar. Selbst wenn es also wahr sein sollte, daß es in Rumänien zu Streikversuchen gekommen ist (was übrigens die Zeitungen abwechselnd bestreiten und behaupten, und was weniger einschneidend sein kann als der Bäckerstreik, von dem wir in der Zeitung lesen und an den wir nicht denken), hoffe ich, daß Sie davon weniger bemerkt haben als die Zeitungsleser. Und außerdem habe ich festgestellt, daß die Streikgebiete sich nicht auf Strehaia, Corcova und Nehedjinski[1] erstrecken. Trotz allem, lieber Freund, würden Sie mir große Freude bereiten, wenn Sie mich durch ein kleines Zeichen wissen lassen, daß dadurch Ihre Ferien nicht gestört wurden. Denn Sie wissen, daß Sie sich in sehr beständiger Weise am Horizont meiner Gedanken befinden, fortwährendes Ziel meiner überaus zärtlichen Blicke. Und es wäre mir sehr unangenehm zu denken, daß Ihr Land revolutionär werden könnte, denn dann wünschte ich, Sie verließen ein unruhiges Land, um auf immer in das unsere zu kommen, das in Wahrheit noch unruhiger ist. Lassen Sie uns also alle zusammen nach Utah übersiedeln. Allerdings ist Bridge dort verboten, womit sich abzufinden Sie vielleicht nicht bereit wären. Ich habe oft 514 00[2] verlangt, aber »die 514 00 antwortet nicht« ist immer die einzige Antwort gewesen.

In inniger Freundschaft

Ihr

Marcel Proust

Wenn Antoine bei Ihnen ist, richten Sie ihm tausend herzliche Grüße von mir aus. Ich schreibe an Sie, denn ich weiß nicht, wo er sich aufhält.

1 Wo die Bibescos Besitzungen hatten.
2 Pariser Telephonnummer E. Bibescos.

An Robert de Billy

[1. Halbjahr 1907]

Mein lieber Robert,

[...] Da *La Bible d'Amiens* behauptet, daß der gegenwärtige Protestantismus sich das Kreuz als ein Floß vorstellt, dazu bestimmt, unsere bewegliche Habe unversehrt ins Paradies zu bringen, seien Sie nicht entsetzt darüber, daß ich von Ruskin zu den Pins des Landes[1] übergehe, und erkundigen Sie sich doch bitte für mich, wo man Aktien dieser Gesellschaft kaufen kann und ob das augenblicklich günstiger ist als die Harpener oder Gelsenkirchener[2], von denen Sie mir gesprochen haben.

Zärtlich Ihnen zugetan.

Marcel Proust

1 Franz. Zellstoffaktie.
2 Aktien von zwei bedeutenden Montanunternehmen.

An Anna de Noailles

[kurz vor 15. Juni 1907]

PS zur vorhergegangenen Depesche

Verehrte gnädige Frau,

ich habe gerade heute nacht eine Hälfte des Artikels [1] abgeschrieben. Ich habe gezählt, daß er (wenn ich zum bereits Abgeschriebenen das noch Abzuschreibende hinzurechne) 16 900 Buchstaben umfaßt (bei diesen phantastischen Berechnungen habe ich mich natürlich etwas versehen können). Nun glaube ich aber, daß vier Spalten im Figaro 18 000 Buchstaben entsprechen, wenn man bei der ersten ganz oben beginnt und bei der vierten ganz unten aufhört. Ich denke also, daß Monsieur Calmette mir ohne Schwierigkeiten vier Spalten auf der ersten Seite überlassen wird, wenn Sie ihn um diese große Gefälligkeit bitten. Es wäre vielleicht besser, daß Sie nicht den Artikel mit Monsieur Blarenberghe [2] erwähnen, weil das so aussehen könnte, als wolle man ihn zwingen, und dann bin ich nicht sicher, ob er wirklich vier volle Spalten erübrigen wird. Ich glaube, es ist auch klüger, ihm nicht davon zu sprechen, den Artikel eventuell auf der dritten Seite zu bringen. Dafür wird es immer noch früh genug sein, wenn er sagt, auf der ersten Seite sei es unmöglich.

Ich versinke in Scham und Verzweiflung, Sie mit alldem zu belästigen, noch dazu wegen dieses abscheulichen Artikels [3].

Ihr ergebener Bewunderer

Marcel Proust

1 Artikel Prousts über *Les Éblouissements* von Anna de Noailles, ersch. am. 15. Juni 1907 im *Figaro*.

2 Hauptfigur in Prousts Erzählung *Sentiments filiaux d'un parricide*, ersch. am 1. Februar 1907 im *Figaro*.
3 Vgl. Anm. 1.

An Geneviève Straus

Freitag [21. Juni 1907][1]

Verehrte gnädige Frau,

verzeihen Sie, daß ich Sie noch einmal behellige: wissen Sie vielleicht schon jetzt, wie es Ihnen am Montag, dem 1. Juli, gehen wird, ob Sie glauben, daß Sie zum Abendessen oder erst danach kommen können. Ich fühle, daß ich widerwärtig bin, Sie zu belästigen. Doch sehen Sie, sechs Personen haben mir auf ähnliche Weise wie Sie geantwortet! Wenn man mich nun bis zum letzten Tag im Ungewissen läßt, laufe ich Gefahr, entweder – falls ich mich auf die Leute verlasse, die nicht kommen werden – nahezu im trauten Beisammensein zu zweit mit Mme d'Haussonville ohne Gatten und Mme de Clermont-Tonnerre zu bleiben, die fest zugesagt haben, was mir ihretwegen sehr unangenehm wäre, da ich sie kaum kenne, oder aber, falls ich, um dem vorzubeugen, jetzt schon mehr Damen einlade, wüßte ich nicht wo oder jedenfalls nur sehr schlecht sie unterzubringen, wenn im letzten Augenblick die sechs fraglichen Personen kämen. Und gesetzt den Fall, Sie sagten mir am 1. Juli um 7 Uhr abends, daß Sie zum Abendessen kommen, werde ich außer mir vor Freude sein, für Sie aber nur einen beengten Platz haben, falls alle sechs fraglichen Personen kommen und ich darüber hinaus jetzt Einladungen gemacht hätte. Ich hatte Madame de

L... eingeladen, die ich seit Jahren nicht gesehen habe, aber ich hätte gern, daß Sie mit ihr befreundet würden, weil ich sicher bin, daß hieraus ein glücklicher Einfluß auf die Prinzessin de X... ausgeübt würde, die im Begriff ist, ihre Tochter *umzubringen.* Sie hatte aber dummerweise schon etwas vor. Alle meine übrigen Gäste werden Ihnen bekannt sein. Ich hatte Dufeuille[2] eingeladen, wobei ich übrigens der Wahrheit entsprechend hinzugefügt habe, daß ich fürchte, Sie kämen erst nach dem Essen. Auch er hat mir eine briefliche Antwort gegeben, die darauf hinauslief, daß er bis zum letzten Augenblick nicht wisse, ob er kommen könne. Ich habe mich mit diesem Bescheid begnügen müssen und habe ihm nicht gesagt, daß ich ihm aus Mangel an Herren seinen Platz reservieren werde, da ich verhindern möchte, daß ich nicht wüßte wohin mit ihm, falls er doch noch im letzten Moment käme. Ich habe jetzt schon Fauré[3], der nicht mehr jung ist, Calmette, für den ich das Essen gebe, Béraud[4], der sehr empfindlich ist, Monsieur de Clermont-Tonnerre[5], der zwar jünger ist, dafür aber von Karl dem Großen abstammt, darüber hinaus Fremde. Da Schreiben mich umbringt, und ich all das telephonisch erledige – was mich übrigens ebenso mitnimmt, obwohl ich nicht selber telephoniere –, habe ich angeordnet, man solle das Anrufen während ich schlafe in der Weise erledigen, daß man einen zweiten erst einlädt, sobald der erste fest zugesagt hat. Für den Fall, daß Sie glauben, wegen zu großer Erschöpfung am Essen nicht teilnehmen zu können, habe ich Vorsorge getroffen, Ihnen etwas danach bieten zu können, was Ihnen gefällt und nicht zum Sprechen nötigt. Deshalb habe ich Fauré eingeladen. Man wird Ihnen Stücke spielen, die Ihnen gefallen werden, ich denke, daß Fauré spielen wird

(Reynaldo ist ja leider in London), und da wir kaum mehr als zwanzig sein werden, werde ich mich trotzdem während der Musik ein wenig an Ihnen, Ihren Augen erfreuen können.

La musique parfois me prend comme la mer
Vers ma sombre étoile
Je mets à la voile.[6]

Natürlich werde ich mich aber noch mehr über Ihre Gegenwart freuen, wenn Sie auch schon zum Essen kommen. Ich habe vor, Robert Dreyfus nach dem Essen einzuladen, bitte ihn aber dabei inständig, keinesfalls davon zu sprechen, denn ich weiß nicht einmal, ob ich meine Schwägerin[7] einladen werde, ich möchte, daß niemand außer den Gästen selbst davon erfährt. Ich werde in alle Zeitungsredaktionen jemanden entsenden, um sicher zu gehen, daß man nicht davon spricht. Aus diesem Grunde und auch wegen der Strapaze, die es für mich bedeuten würde, meine Wohnung dafür herzurichten (sie sieht noch so aus, wie zur Zeit meines Einzugs, ohne fertig eingerichtet zu sein), und wegen meines Räucherns, usw., glaube ich, daß ich im Ritz oder lieber im Madrid[8] oder Armenonville[9] einen gut abgeschlossenen Raum zu finden versuche, wo man sich wirklich zu Hause fühlt, ich glaube, ich werde dort weniger Atemnot leiden; ich hatte erwogen, Herrn Reinach einzuladen, den ich seit langem nicht gesehen habe. Da aber Monsieur de Clermont-Tonnerre zugesagt hat, womit ich nicht rechnete, und er, wie es scheint, ein sehr scharfer Dreyfus-Gegner ist und sehr leicht aufbraust, Reinach dagegen gleichsam die Partei der Dreyfus-Anhänger verkörpert, habe ich gedacht, es sei bei einem Abendessen mit so wenig Gästen vielleicht besser, ein Aufeinanderprallen zu vermeiden, zumal ich Monsieur de Clermont-Tonnerre zum ersten Mal bei mir zu Gast habe, der mich so oft eingeladen hat, was Herr Reinach niemals tat. Wenn Ihnen jedoch daran liegt, glaube ich trotzdem, daß es möglich wäre. Ich habe noch immer hier für Sie drei unglückselige, schrecklich kleine japanische Bäume. Als ich eine Verkaufsanzeige gelesen hatte, habe ich meinen Pseudo-Sekretär [10] hingeschickt, um sie zu kaufen. Welche Enttäuschung, als ich sie sah. Doch sie werden sich trotzdem zu etwas Niedlichem entwickeln, sie sind so alt und so winzig. Es ist, als ob man den Montblanc am Horizont im Opernglas betrachtet und sich dabei sagt: er ist 4810 Meter hoch. Bei der Zusendung wollte ich Ihnen all das durch den besagten Sekretär erklären lassen, der sie in den nächsten Tagen zu Ihnen bringen wird, weil Schreiben mich so anstrengt, und ich schreibe Ihnen doch so gern. Madame de Chevigné hatte mir mit der üblichen Floskel geantwortet, sie bitte mich, ihr auf alle Fälle einen Platz zu reservieren! Doch inzwischen hat sie abgesagt. Es tut mir übrigens sehr leid. Sie ist doch so reizend. Mme Lemaire weiß nicht, ob sie bereits aus London zurück sein wird, Mme de Brantes, ob sie nicht einen Vetter verloren haben wird, Mme d'Eyragues, ob sie dann nicht an der Loire sein wird, und Herr Dufeuille, ob nicht seine Freunde aus der Basse-Normandie inzwischen zurückgekommen sind (wörtlich). Meine allerliebste Madame Straus, vergessen Sie bitte nicht das Datum 1. Juli, wenn Sie sich zum Kommen erst spät entschließen sollten, nehmen Sie mir dann einen schlechten Platz nicht übel, und wenn das Unglück wollte, daß Sie nicht zum Abendessen kommen, versäumen Sie bitte nicht, gleich danach zu kommen, um Fauré zu hören und mich zu besuchen. Ich lasse Ihnen den Ort noch mitteilen.

Ihr ehrerbietiger Freund, der Ihnen noch länger schreiben möchte, wenn er nicht so erschöpft wäre,

Marcel Proust

Ich vergaß, daß Mme de Noailles in London ist und wahrscheinlich erst am 2. zurückkommt, daß Mme de Chimay[11] in Holland ist und noch nicht weiß, ob sie vor dem 3. zurück sein wird!

Unnötig, noch einmal zu betonen, daß meine Einladung, sei es zum Essen, sei es danach, ebenso für Herrn Straus gilt, *ich habe großes Verlangen danach, ihn dabeizuhaben.*

1 Datum des Poststempels.

2 Eugène Dufeuille, Chef des *Cabinet Politique* des Herzogs von Orléans.

3 Gabriel Fauré (1845–1924), frz. Komponist.

4 Jean Béraud (1848–1935), frz. Maler.

5 Marquis Philibert de Clermont-Tonnerre.

6 Baudelaire, *Les Fleurs du Mal:* LXIX, *La Musique.* Proust zitiert ungenau.

7 Mme Robert Proust, geb. Marthe Dubois-Amiot.

8 Café.

9 Restaurant im Bois de Boulogne.

10 Robert Ulrich.

11 Prinzessin Hélène de Chimay, Schwester von Mme de Noailles.

An Geneviève Straus

[Ende Juni 1907]

Verehrte gnädige Frau,

ich will Ihnen keinen langen Brief schreiben, weil ich sehr erschöpft bin und weil ich nicht den Eindruck erwecken möchte, als wolle ich, der ich besser als irgend jemand sonst weiß, was Kranksein bedeutet, Ihnen eine Anstrengung zumuten, um selbst eine Freude zu haben. Doch es muß sein! Auf Grund Ihres Anrufs neulich hatte ich nicht mit der Möglichkeit gerechnet, daß, falls Sie nicht zum Essen kämen, Sie nicht wenigstens danach kommen würden. Ich glaubte, letzteres sei sicher gewesen. Sie hatten mir gesagt, Sie würden ins Theater gehen. Ich schäme mich, Ihnen das zu sagen. Ich muß dabei an die Leute denken, die zu mir sagen: »Es geht Ihnen aber doch gut, da Sie ein Essen geben«, und die nicht wissen, daß diesem Tag zwei Monate Bettruhe ohne eine Stunde Aufstehen vorausgegangen sind. Wenn nun aber der vorgesehene Abend ein Abend wäre, an dem Sie ins Theater gehen könnten, würde es Sie denn ebenso anstrengen, Fauré zuzuhören? Ich glaube es nicht, obwohl ich nicht so verständnislos wie jene Leute sein möchte, die für uns entscheiden, was anstrengt und was nicht, und die der Meinung sind, daß das, was ihnen Freude bereitet, unmöglich für uns anstrengend sein kann. Gott weiß, daß ich alle Freuden der Welt nicht mit einem einzigen für Sie anstrengenden Moment bezahlt wissen möchte! Wenn es Sie aber gar nicht anstrengte! Gabriel de la Rochefoucauld (von dem ich Ihnen entschieden zu häufig spreche, noch dazu, da ich ihn niemals besuche) kannte die Sitzordnung meines Abendessens, da ich ihn gebeten hatte, seiner Mutter[1] die Einladung zu überbringen. Er besuchte mich neulich, um mir die Antwort seiner Mutter mitzuteilen, sich nach meinem Befinden zu erkundigen, vor allem aber hat er mich gleich beim Eintreten unvermittelt gefragt, weil er wohl wußte, daß es mein großes und inneres Verlangen war: »Kommt Mme Straus zum Abendessen?« – »Nein.« – »*Ah, mein armer Freund*!« Wegen dieses

Ausspruchs werde ich ihm immer dankbar sein. Kommen Sie nicht, Madame Straus, strengen Sie sich nicht an, gehen Sie meinetwegen nicht später als gewöhnlich zu Bett, Sie müssen wissen, daß ich mein Vergnügen dem Ihren unterzuordnen weiß, woraus auch zu entnehmen ist, daß ich Freundschaft für Sie empfinde. Ich habe kein Glück, da auch Herr Straus zu müde ist und deshalb nicht kommen kann, selbst nicht nach dem Essen. Unter uns gesagt, ich spüre sehr gut, daß er all jene Leute nicht sehr schätzt und daß er vielleicht auch ein klein wenig aus diesem Grunde nicht kommt. Sie wissen, wie die Dinge liegen; ich habe mir einzig deshalb ein Essen aufgebürdet, um Calmette eine Höflichkeit zu erweisen, der sehr nett ist, meine langen Artikel zu nehmen, die so wenig dem Geschmack seiner Leserschaft entsprechen. Und eine Höflichkeit erweisen bedeutet doch, die Einladungen auf seine Kreise abzustimmen. Die größte ihm zu erweisende Höflichkeit jedoch wäre Ihre Anwesenheit gewesen. Als ich Ihren Namen aussprach, sagte er mit dem Ausdruck lebhafter Freude, er möge Sie so gern und habe Sie seit so langer Zeit nicht mehr gesehen. Wegen des Artikels[2] über Madame de Noailles, der mich so viel Mühe gekostet hat, war ich zum *Figaro* gegangen. Sogar um Mitternacht kann man dorthin gehen. Da ich nicht wußte, wie ich ihm danken sollte, hatte ich ihm gesagt, ich möchte ihn gern einmal zum Abendessen einladen. Ich glaubte, es würde damit sein Bewenden haben, denn hätte ich mir träumen lassen, bevor mehrere Jahre verstrichen sein werden, vor meinem Tode (der vielleicht gar nicht mehr so lang auf sich warten läßt) noch ein Essen zu geben? Äußerst liebenswürdig hat er sein Notizbuch hervorgezogen und nach freien Tagen gesucht. So erklärt sich, daß der Tag schon so lange im voraus festgesetzt worden ist. Er hat sicher nicht die Aufregungen geahnt, in die er mich stürzt. Denn nur die belanglosen Dinge regen auf und die Liebe. Aber ich bin nicht mehr verliebt. Falls Sie ihn sehen sollten, sagen Sie ihm bitte nicht, ich hätte gefunden, es sei ihm gegenüber liebenswürdiger, ihn mit jenen Adligen zusammen einzuladen. Denn das würde den Anschein erwecken, als glaubte ich, es würde ihm schmeicheln, das würde ihn ärgern und mit mir entzweien, während er mir doch so nützlich und gefällig sein kann; und außerdem wäre es falsch, da ich es gar nicht glaube. Das sind so Dinge, zu denen man sich verpflichtet glaubt, um liebenswürdig zu erscheinen, wie z. B. mit vielen Gängen aufzuwarten, usw., die niemandem Freude bereiten. Wenn Herr Straus sie nicht sehr schätzt, ist es jedenfalls nicht nötig, daß er sich deswegen beklagt, denn ich habe sie alle bei ihm kennengelernt!

Gnädige Frau, ich sage Ihnen Lebewohl, weil ich am Ende meiner Kräfte bin, ich werde Ihnen nicht weiter in den Ohren liegen, ich werde Sie nicht noch einmal zu kommen bitten, ich werde Ihnen lediglich telephonisch Nachricht geben, wo es stattfindet, sobald ich es weiß. Sie wissen dann, daß es nur vorsorglich für den Fall geschieht, daß es Ihnen an jenem Abend gut geht – und *nur unter dieser Voraussetzung.*

Ihr ehrerbietiger Freund

Marcel Proust

1 Gräfin Aimery de la Rochefoucauld.

2 Prousts Artikel über *Les Éblouissements,* ersch. am 15. Juni 1907 im *Figaro.*

An Anna de Noailles

[zwischen 24. und 28. Juni 1907]

Verehrte gnädige Frau,

mit großer Bewegung erfahre ich mitten in einem Anfall von Ihrer Rückkehr, der mir nur erlaubt, Ihnen eine Zeile zu schreiben, und mich, wie ich befürchte, daran hindern wird, Sie morgen anzurufen. Hier also mein Anliegen. Um Calmette zu danken, habe ich mir aufgebürdet (in dem Zustand, in dem ich mich befinde), ein Abendessen zu geben, wovon ich Ihnen kein Wort gesagt habe, da ich wußte, Sie würden nicht hier sein. Es wird am 1. Juli (nächsten Montag) stattfinden, ich weiß noch nicht wo, in irgendeinem geschlossenen und für uns reservierten Speisesaal des Ritz oder einem analogen Restaurant, und Fauré[1] wird nach dem Essen musizieren. Die Prinzessin von Chimay[2] hatte mir gesagt, Sie würden nicht anwesend sein, und Ginet[3]: »Da die Frau Gräfin eine Reise macht, um London kennenzulernen, wird sie nicht mit einer Rückkehr am 1. Juli ihre Zeit verschwenden.« Da Sie aber nun doch Ihre Zeit damit zugebracht haben, werden Sie zum Abendessen kommen? Welch unverhoffte Freude, welch einzigartige Weise sich wiederzusehen! Das große Ärgernis dabei ist nur, daß ich bereits mehr ältere Damen eingeladen habe als jüngere, von denen ich kaum welche kenne, so daß ein Tisch nicht ausreicht, es wäre erforderlich, daß Monsieur de Noailles[4] und Sie damit einverstanden wären, daß Ihr Platz eher Ihrem nun schon altbewährten freundschaftlichen Wohlwollen für mich entspräche als Ihrem Rang, der, wie Sie sehr wohl wissen, so bedeutend ist, daß man zu der Zeit, da die

Noailles sich mit Ludwig XIV. verbanden oder besser gesagt eine Mesalliance eingingen, sie dieser Nachgiebigkeit wegen tadelte und in ihr nur *Liebedienerei* sehen konnte! Wollen Sie so gut sein, verehrte gnädige Frau, mir zu antworten, ob Sie meine Einladung annehmen möchten, und sobald ich weniger leidend bin, werde ich Ihnen über ewige Dinge schreiben. Es handelt sich ja um jene Ihnen unerträglichen Abendessen, aber ich wußte nicht, daß Sie hiersein würden, ich war sicher, daß Sie nicht daran teilnehmen würden und daß England, der Räuber Griechenlands, nicht so bald die schönste seiner athenischen Gottheiten[5] wieder freigeben würde.

Ihr ergebener Bewunderer, der Ihnen so dankbar ist für Ihren sublimen Brief,

Marcel Proust

1 Gabriel Fauré.
2 Hélène de Chimay.
3 Kammerdiener von Mme de Noailles.
4 Graf Mathieu de Noailles.
5 Die Familie Brancovan ist ein rumänisch-griechisches Geschlecht.

An Robert Dreyfus

[28. Juni 1907]

Mein lieber Robert,

ich glaube, dies ist das zweite Telegramm, das Du von mir erhältst. Im Zweifel jedoch, ungewiß, ob das erste überhaupt an Dich abgegangen ist, sage ich Dir dasselbe noch einmal, ohne mich zu bemühen abzuändern.

Du hast mir einen köstlichen Brief geschrieben (ich muß noch mal betonen, daß ich den Artikel[1] abscheulich finde). Ich bin wie zerschlagen, ich möchte Dir mündlich danken und schlage Dir eine Kombination vor, die für Dich weniger lästig ist als ein gewöhnlicher Besuch. Komm am nächsten Montag um viertel nach 10 oder schon um 10 Uhr ins Hotel Ritz (in den auf meinen Namen reservierten Salon). Du wirst Fauré hören, mit einigen Damen zusammentreffen und mit Deinem – der so glücklich ist Dich zu sehen –

Marcel Proust

Aus Gründen, die ich Dir mündlich erklären werde, bitte ich Dich, *zu niemandem, wer es auch sei* (ausgenommen Madame Straus), etwas über dies kleine Treffen verlauten zu lassen (zu dem übrigens insgesamt 20 Gäste geladen sind). Da eine briefliche Erklärung zu langwierig würde, wem man nicht davon erzählen soll, ziehe ich totales Schweigen vor, das, nebenbei gesagt, ja auch leicht zu wahren ist! Denn mir scheint es nicht sehr interessant! Bis Montag also, wie ich sehr hoffe, und Dir von Herzen zugetan.

M. P.

1 Über *Les Éblouissements* von Mme de Noailles.

An Geneviève Straus

[Ende Juni 1907]

Verehrte gnädige Frau,

ich bin dermaßen erschöpft, daß ich diese Zeilen diktiere, anstatt sie selbst zu schreiben. Wenn das Wunder geschehen sollte (ich will Sie nicht länger peinigen, und es ist wirklich das letzte Mal, daß ich Ihnen davon spreche), so scheint mir, es würde Sie nicht mehr anstrengen, schon zum Essen zu kommen, als erst danach. Es wird im Ritz stattfinden, aber in einem Privat-Saal, und Sie verstehen, daß es nicht wie bei mir sein wird, es wird geräumiger sein, und ich kann im letzten Augenblick Gedecke hinzufügen lassen. Wenn Sie erst nach dem Essen kommen, versuchen Sie bitte nicht zu spät zu kommen, weil es gute, ernste Musik gibt und man bald damit beginnen wird, um den Abend nicht zu lang werden zu lassen, und ich möchte gern vorher ein wenig mit Ihnen plaudern. Wenn Sie eine Minute Zeit erübrigen könnten, wäre es sehr nett von Ihnen, mir zu sagen, wie ich die jeweilig Nicht-Adligen setzen soll: (die Adligen lasse ich jetzt aus) Fauré, Béraud, Calmette und Dufeuille (der letztere ist sehr ungewiß, aber schließlich, auf alle Fälle). Und dürfte ich Sie dann noch fragen, da ich einmal dabei bin, ob Sie so gut sein würden, mir ein Menü für ein großes Abendessen zusammenzustellen, mir zu sagen, was ich bestellen soll (nur solche Dinge, die Sie selbst gern mögen und die Ihnen trotzdem nicht zu schwer im Magen liegen, falls Sie zufällig doch kommen). Kennen Sie sich in Weinen aus? Empfangen Sie, gnädige Frau, den Ausdruck meiner ehrerbietigen Zuneigung.

Marcel Proust

An Geneviève Straus

[Juli 1907]

Verehrte gnädige Frau,

ich bin sehr froh, daß Sie nicht ins Ritz gekommen sind. Als ich die Kälte dort gewahrte und die schreckliche Zugluft spürte – ich, der noch drei Minuten vorher gehofft hatte, die harte, abschlägige Antwort durch Herrn Straus sei nicht endgültig, daß Sie ihm beim Nachhausekommen vielleicht gesagt hätten: »Keineswegs, ich gehe zum Abendessen ins Ritz« –, sobald ich diese Kälte bemerkte, habe ich mich überzeugt – da man immer glaubt, was man wünscht –, daß im Gegenteil nicht die geringste Hoffnung bestünde, daß Sie kommen würden, und ich hatte nur die eine Angst: Sie eintreten zu sehen. In welchem Zustand wären Sie zurückgekommen! Dieser Abend hat mich durchaus nicht angestrengt. Am nächsten Tage habe ich mich aber in meinem Bett! erkältet und fühle mich nicht gut. – Wußten Sie, daß Alex. de Gabriac sehr geistreich und witzig ist? Ihm und einer Dame, die Sie gern kennenlernen möchte, habe ich einen Vortrag über Sie gehalten, der sehr viel Anklang gefunden hat. So bahne ich Ihnen in allen Kreisen den Weg für schmeichelnde Memoiren. [...] Gnädige Frau, meine Hand schmerzt mich zu sehr, als daß ich fortfahren könnte, und so sage ich Ihnen mit tiefempfundener, ehrerbietiger Zärtlichkeit Lebewohl.

Marcel Proust

An den Prinzen Emmanuel Bibesco

[im Juli 1907]

Lieber Freund,

ich danke Ihnen von ganzem Herzen für die Bilder. In gebührender Weise haben sie meinen Schlaf gestört. Da aber Ihre »Pfeile« weniger treffend waren als die ihren, habe ich nicht sehr gut erkennen können, welche die geborene Aude von Montesquiou und welche die Pastré war, und ich habe sie auf gut Glück mit einer Erregung begrüßt, in der sie verschwommen im Inkognito der Fehlgeburt und der Anonymität der Erektion ineinander übergingen.

Ich habe den Artikel an Antoine gesandt und bewahre eine sehr wohltuende Erinnerung an jenen mit Ihnen verbrachten Abend. Immer bringen wir es fertig, unseren Wechselgesängen edle Zuhörer zu verschaffen und ihrer Erinnerung einen bezaubernden Rahmen: anstatt der Turmspitze von Senlis die Akeleien von Redon.

Übrigens ist dies aber, wie Herr von Rambuteau sagte, eine »überflüssige Wiederholung«, denn jenen Rahmen würde unsere zwiefache Einbildungskraft leicht hinzudenken und, was mir noch kostbarer ist, unsere beiderseitige Freundschaft, wenn ich hier nicht etwas vermessen bin – aber in der Bescheidenheit würde vielleicht . . . Undankbarkeit liegen –, von meiner auf Ihre Freundschaft zu schließen. Vorläufig bitte ich Sie weder um einen Führer für Jersey noch um Empfehlungen für Cabourg, denn ich glaube, ich werde Boulevard Haussmann bleiben. (Bei dieser Gelegenheit: ich wohne No. 102, stattdessen setzen Sie andere Zahlen ein, was mir vom Postboten die beleidigende Erwähnung »unbekannt« einträgt.) Soll ich Ihnen die aufreizenden Schönheiten zurücksenden?

Immer Ihr

Marcel Proust

An Robert de Billy

[Sommer ? 1907]

Mein lieber Robert,

ich appelliere nochmals an Ihr Wissen und Ihre Liebenswürdigkeit. Es wäre schön, wenn Sie so gut sein wollten, alsbald bei meinem Concierge folgende Angaben zu hinterlegen (oder mir einen Rohrpostbrief zu schicken). Nehmen Sie ungefähr folgenden Textentwurf an: »Als der verewigte Marquis de Casa Fuerte seinem Sohn ein Taufgeschenk machen wollte, konnte er im alten Spanien des XI. Jahrhunderts kein selteneres oder holderes Kleinod ausfindig machen – nicht einmal unter den Lederwaren aus Cordoba oder den arabischen zartrosa oder gelbrosa schimmernden Kelchen – als den Vornamen Illan, der seit der Einnahme von Toledo (1085, glaube ich) nicht mehr getragen wurde und der schließlich wie eine Kostbarkeit in der Zelle gezackten Marmors irgendeiner etwas islamischen Kathedrale aufbewahrt zu sein schien, im Licht von Kerzen, die seit fast einem Jahrtausend nicht erloschen waren.« [1] Gibt es nun in Spanien Kathedralen (oder Kirchen), die aus dem XI. Jahrhundert (oder annähernd) stammen? Und wenn nicht, seit wann? Und sind sie auch etwas islamisch (im Stil)? Ist das Wort ›Zelle‹ angebracht?

Können maurische Kelche einen zartrosa oder gelbrosa Schimmer haben? Sind sie aus Ton oder Steingut (es wäre mir lieber, wenn sie aus Glas wären, in der Art des venezianischen oder des Glases von Gallé[2], jedoch spanisch-maurischen Ursprungs). Nennen Sie mir bitte andere Ausdrücke für Kelche, Gläser, usw. Kann Leder aus Cordoba solchen Glanz haben? Und als kostbare Kleinodien des alten Spanien (aus dem XI. Jahrhundert oder noch früher), welche Dinge gab es aus Cordoba-Leder oder feinen Stoffen, die man anführen könnte. Ich spreche nicht von Waffen, weil sie mir weniger sanft erscheinen, es sei denn, sie hätten einen sanften Schimmer, ich brauchte dann aber die sehr genauen Bezeichnungen. Von den Wandteppichen nehme ich an, daß es sie vor dem XV. Jahrhundert nicht gab. Notfalls könnte ich übrigens auch spätere Dinge als aus dem XI. Jahrhundert wählen und nur von dem alten Spanien sprechen, doch Gotisches oder Romanisches wäre mir lieber (kann die Bezeichnung ›Romanisch‹ angewandt werden?). Kennen Sie irgendein kostbares kirchliches Kleinod, aber ein zartrosa Kelch wäre mir am liebsten? Wissen Sie, aus welchem Material die Kelche von Gallé waren, Glas, nicht wahr? Wissen Sie (dies ohne Beziehung zu den vorhergehenden Dingen über Spanien), ob man jemals in mehr oder weniger kostbare Steine Dinge eingraviert hat (oder auf eine andere Art und Weise), nicht auf der Oberfläche, sondern in eine gewisse Tiefe, wie Gallé bei seinen Glassachen. Eine Million Entschuldigungen und Grüße.

Marcel

Es wäre nötig, daß ich die Auskunft heute abend vor neun Uhr erhalte, und das ist recht spät. Wenn Sie ein Buch mit Abbildungen von spanischen Kelchen, usw. besitzen, wäre es genau das Richtige.

1 Die Textstelle gehörte wahrscheinlich zur ursprünglichen Fassung des Artikels *Journées de Lecture*, der vor der Veröffentlichung sehr gekürzt wurde.
2 Vgl. S. 111, Anm. 3 u. 4.

An Georges de Lauris

Cabourg [August 1907]

Mein lieber Georges,

Sie haben mir reizende Briefe geschrieben, und ich habe Ihnen noch nicht gedankt, weil das Leben einer abgefeuerten Kanonenkugel, das ich hier führe – ohne mir eine Sekunde für eine Kaffeepause zu gönnen –, mich buchstäblich daran hindert, ein einziges Wort zu schreiben, eine Art von Zittern, ähnlich dem des Motors, hört nicht auf, in mir zu dröhnen und zu beben, wenn ich aus dem Wagen gestiegen bin, und hindert meine Hand, ruhig zu bleiben und mir zu gehorchen. Wenn ich aber alle zärtlichen und dankbaren Gedanken für Sie, welche die innere Atmosphäre sind, in der ich lebe, zum Niederschlag bringen und Ihnen schicken könnte, so würde ich Ihnen ein zärtliches und leidenschaftliches Buch senden, und wenn diese Anreicherung mit Ihrem Wesen, die meine Atmosphäre übersättigt, sich ausschiede, würde ich aus dem Schoß der Luft tausend kleine Georges de Lauris schlüpfen sehen, gleich den unzähligen Engeln, die auf den Bildern von Giotto pfeilschnell der Jungfrau oder Christus folgen. Ich werde Ihnen erzählen, wie häufig und abwechslungsreich meine Beziehungen mit den charmanten und unschätzbaren, wirklich angenehmen, lieben und gescheiten Brès sind, die Sie mit einer rührenden Inbrunst bewundern. Doch was habe ich Ihnen nicht alles zu erzählen! Spaziergänge, »Vergnügungen«, niemals war ich so unglücklich. Kummer verträgt entschieden keine Unruhe, viel Regungslosigkeit ist nötig, damit er in sich zusammenfällt und zuläßt, ein wenig der ungetrübten Helle wiederzuerlangen. Daß ich gar keine oder doch so gut wie gar keine Nahrung zu mir nehme, verschafft mir glücklicherweise eine Gehirnleere, die mich daran hindert, viel um mich her gewahr zu werden. Die Kathedrale von Bayeux habe ich bei weitem den Kirchen von Caen vorgezogen. Ich bin zu müde, Ihnen zu sagen warum, Sie müssen aber wissen, daß die Innenarbeit, die Sie beeindruckte, den Hauptausschlag dazu gab. Ich weiß nicht, ob ich in die Bretagne fahren werde, ich habe noch für einige Tage hier in der Nähe etwas anzusehen. Sem[1] und Helleu[2], die sehr *intelligent* sind, haben (jeder für sich) versucht, mich zu überzeugen, die Kunst der Primitiven tauge nichts, vor Rubens gäbe es keine Malerei, usw., und deshalb habe ich mich mit jemandem aufgemacht, die Wandteppiche von Boucher[3] in Balleroy (hinter Bayeux) anzusehen. Im Führer steht: »Schloß erbaut von Mignard[4], Dekorationsarbeit von Mansard[5]. Nach der Erbauung 1622 wurden die Wandteppiche von Leboucher ins Schloß gebracht.« Ich brauche Ihnen nicht zu sagen, daß all das nicht stimmt, daß Mansart der Architekt war, Mignard der Maler und daß *Leboucher*, der kein anderer ist als »Boucher«, zur Zeit der Erbauung des Schlosses noch gar nicht lebte. Man bewundert außerdem im Salon eine Vielzahl von Jagdmalereien, die der Graf, Vater des Marquis, des derzeitigen Besitzers, gemalt hat. Diese Ausschmückung gehört mit zu dem Belustigendsten dieses Wohnsitzes. Leider scheint der Marquis den Geschmack des Grafen geerbt zu haben, denn wenn er auch keine Jagdszenen gemalt hat, so hat er doch die Wandteppiche von Boucher mit rotem Damast eingefaßt, was die Vermutung nahelegt, daß er zu bescheiden ist, als daß er sich mit gleichem Erfolg wie der Graf im Malen von Jagdszenen versuchen könnte. In diesem Schloß trifft man noch auf eine dritte Art von Malerei. Sie entstand durch das mehrmalige Neustreichen der Wände des Eßzimmers, wobei die Wandteppiche jedesmal eine kleine Schicht Spritzer abbekamen; man sieht daher an den Rändern dieser Teppiche eine ganz feine und hingehauchte Punktmalerei, die man Boucher, ohne ungerecht zu sein, nicht zuschreiben kann. Ich verkehre häufig mit meinen Nachbarn, den Guiche, Louisa[6] und den Straus, eine dreifache Vertrautheit, zu der wir während jenes unvergeßlichen Spazierganges mit Ihnen den Grundstein gelegt haben. Croisset[7] sehe ich überhaupt nicht, ich vermute, er ist völlig von seinem Stück, seiner Geliebten und tausenderlei Komplikationen in Anspruch genommen; Sie wissen, daß ich Ihren Vater hinreißend fand, das edelste, bezauberndste, eindruckvollste und schönste Aussehen, die geistreichste und künstlerischste Sprache, in der Wahl des Ausdrucks und der Wendung sehr literarisch und lebendig. Es war aber für mich eine so große Erschütterung, ihn zu sehen und dabei zugleich an jene zu denken, die ich nicht mehr sehen werde, daß ich nicht so wie ich gewollt hätte diese Unterhaltung habe genießen können, die im Beisein Ihrer Mutter so angenehm gewesen wäre. Immer von neuem stellen wir uns in Gedanken den Familienkreis wieder vor, wie er gewesen wäre, wie er für uns fortbesteht, ohne den Tod. Wahrhaftig haben wir diejenigen, die wir lieben, nahe um uns. Zu denken aber, daß sie nicht spüren, daß wir sie bei uns haben und sie davon keine Freude, keinen Eindruck haben, daß

Mama nicht sieht, daß ich aufstehe, daß Sie Erfolg haben, ohne daß Ihre Mutter etwas davon weiß – das ist mehr als genug, um ein heftiges Todesverlangen reif werden zu lassen. Immerhin konnte Ihre Mutter Ihre Erfolge wenigstens ahnen. Die meine ist in dem Glauben gestorben, daß ich niemals wieder aufstehen würde. Wenn Sie mit Bertrand[8] zusammentreffen, bestellen Sie ihm von mir wirklich aufrichtige, herzliche Grüße. Über den Trümmern meiner Vertrautheit mit ihm schwebt oft das, was Chateaubriand das Genie der Freundschaft genannt und das er in einer zugleich poetischen und todgeweihten Belichtung so vollendet beschrieben hätte. Und manchmal frage ich mich, ob ich nicht an dem einzigen Freund vorbeigegangen bin, der mir bestimmt war, dessen Freundschaft für jeden von uns fruchtbar hätte sein können. Ich weiß nicht, ob seine Schwester, die Gräfin von Montebello, hier ist, ich glaube es nicht, ich würde bei ihr vorgesprochen haben, wenn ich nicht gefürchtet hätte, seiner Mutter (Madame de Fénelon) und Madame de Ritter[9] zu begegnen, was indiskret gewesen wäre, da ich sie nicht kenne. Falls ich nach Avranches fahre, würde ich dagegen ihn vielleicht um einen kurzen Brief für seine alten Verwandten bitten, die er dort oben hat. Sehr unwahrscheinlich. Hinsichtlich seiner Schwester ist es unnötig, ihm auch nur das auszurichten, was ich Ihnen geschrieben habe, denn ich habe auf keinen Fall mehr die Zeit, sie aufzusuchen. Auf Wiedersehen, mein lieber Georges, nochmals Dank und Zärtlichkeit.

Marcel

1 Marie-Joseph Goursat, genannt Sem (1863–1934), frz. Karikaturist.

2 Paul-César Helleu (1859–1927), frz. Maler.

3 François Boucher (1703–1770), frz. Maler, Günstling der Pompadour, schuf zahlreiche Entwürfe für Wandteppiche.
4 Pierre Mignard, genannt Le Romain (1612–1695), frz. Maler.
5 François Mansart (1598–1666), frz. Architekt, erbaute 1626–36 Schloß Balleroy im Stil Ludwigs XIII.
6 Louisa de Mornand.
7 Francis de Croisset (1877–1937). Schriftsteller bes. der leichten Muse, einige Zeit Mitarbeiter von Robert de Flers.
8 Bertrand de Salignac-Fénelon.
9 Gräfin Pierre von Ritter-Zahony, geb. Françoise de Salignac-Fénelon, eine andere Schwester Bertrands.

An den Prinzen Antoine Bibesco

[Herbst 1907?]

Mein lieber Antoine,

hab Dank für Deinen Brief, der mich sehr erfreute. Er hat meine Gewissensbisse über etwas Anstandswidriges, das ich getan habe, vergrößert. Als der junge Sohn reizender und vortrefflicher Leute, die ich in Cabourg kennengelernt habe, nach London abgereist ist, um Englisch und Handelskunde zu erlernen, habe ich mir erlaubt, ihm ein Empfehlungsschreiben für Dich mitzugeben. Ich hätte Dich vorher fragen müssen, ob Du mich dazu ermächtigst. Da ich aber damals todmüde war (heute bin ich ganz und gar krank), habe ich ihm die kurze Empfehlung zugeschickt und verabsäumt, es Dir zu schreiben (jeden Tag wollte ich es tun). Ich ersehe aus Deinen Zeilen, daß er Dir die meinen nicht zugesandt hat. Dadurch fällt mir ein Stein vom Herzen, denn ich befürchtete, Du könntest mich indiskret finden. Wenn Du ihn siehst, lenk das Gespräch nicht auf die Saturnier [1], usw., da er sehr jung und Sohn sehr bürgerlicher Eltern ist. Ich habe ihnen gegenüber einige Verantwortung. Verzeih, daß ich Dir nicht ausführlicher schreibe. Ich stecke in schweren und unaufhörlichen Anfällen jetzt, ziemlich krank, mein alter Antoine, den mir die Abwesenheit, das sorgfältigere Abwägen von Einverständnis und Schweigen noch lieber machen. Arbeitest Du?

Dir sehr zugetan.

Marcel Proust

Nein, im Augenblick ist es sehr schwierig, mich zu besuchen, ich glaube übrigens auch, daß ich in den Midi reisen werde.

1 Damals gebräuchliche Bezeichnung für Homosexuelle.

An den Prinzen Antoine Bibesco

[1907]

Lieber Antoine,

ich erinnere mich daran, daß Du das erste Mal mir gegenüber das Wort Freundschaft ausgesprochen hast (es war eine wirklich große Freude für mich), als Du mir sagtest, Deiner Meinung nach dürfe sie nicht von Nützlichkeitserwägungen beeinflußt werden. Die Deine war es niemals, meine jedoch immer, nicht willentlich, aber de facto. Verzeih es mir.

Guten Abend, lieber Freund.

M. P.

An Robert de Billy

[Ende Sept.–Anf. Okt. 1907]

Mein lieber Robert,

ich vergaß, meinem letzten Brief hinzuzufügen, daß ich einen Brief von Ihnen benötige, den ich den betreffenden Personen zeigen kann, d. h. aus dem hervorgeht, daß Sie sich darum kümmern, usw. Natürlich bitte ich Sie nicht nur darum und hoffe, obwohl ich bisher noch nie mit meinen Anliegen bei Ihrem Schwiegervater Glück gehabt habe, daß er vielleicht diesmal etwas vermag. Auf alle Fälle möchte ich aber, daß man erfährt, daß ich mich darum gekümmert habe, denn es handelt sich um die Tochter alter Dienstboten von uns. Ich mag sie nicht übermäßig, doch es tut mir leid, daß sie krank ist.

Habe ich Ihnen schon erzählt, daß ich nach Paris zurückgekommen und wieder krank geworden bin, daß ich in Cabourg von unbeschreiblichen Leuten umgeben war, doch dank dem Auto nicht weit von den netten Guiches, den reizenden Straus', den angenehmen Eyragues'? Vor allem aber in der Nähe schöner Kirchen, die mein Chauffeur[1] mir nachts mit dem Scheinwerfer des Autos anleuchtete!

Zärtlich Ihnen zugetan.

Marcel

1 Alfred Agostinelli; vgl. *Impressions de route en automobile*, ersch. im *Figaro* vom 19. Nov. 1907.

An Geneviève Straus

[Januar 1908]

Verehrte gnädige Frau,

... Als ich Sie am Telephon über A... sprechen hörte, schienen Sie mir recht ironisch. Ich weiß nicht weshalb. Natürlich kann ich mich täuschen, aber ich finde, er besitzt Talent. Sodann erschien mir gerade aus seinem Munde alles derart bemerkenswert, was er über den Respekt, die Bewunderung, usw. sagte, die man den Rothschild schuldig sei (sie selbst, mir immer so übel gesonnen, würden sich weniger darum sorgen, daß man Gutes über mich sagt). Da ich annahm, daß er deswegen nur Beleidigungen einstecken werde und daß keiner auf die Idee verfallen würde, ihn deshalb zu beglückwünschen, habe ich ihm einige Zeilen geschrieben (Austausch guten Benehmens in Erwiderung seiner Glückwünsche), selbstverständlich vorsichtig genug, um nicht den Eindruck zu erwecken, daß ich es außerordentlich fände, wenn man die großzügigen Israeliten bewundert. Er hat mir daraufhin gleich mit einem Brief geantwortet, aus dem ich Ihnen folgende belanglosen Sätze – und noch nicht einmal alles diesbezügliche – zitiere, um Ihnen von der moralischen Integrität des Ganzen einen Begriff zu geben, da ich ja die undankbare Aufgabe auf mich genommen habe, Ihnen gegen Ihren Willen eine positive Meinung über A... zu vermitteln. »Ihre werte Anerkennung läßt mich Hoffnung schöpfen, auch von anderer Seite welche zu verdienen, beim Schreiben folgte ich einfach meinem Herzen, das bewegt war, ich bin glücklich, aus Ihrer Zustimmung entnehmen zu können, daß man in der Elite derart darüber urteilt. Einige Kläffer haben das Maul aufgerissen, Kläffer aus der Rue de la Chaise und der Rue du Bac[1]. Man konnte nicht begreifen, daß ich gewagt hatte, mit meinem Namen zu zeichnen. Ich habe entgegnet, daß ich gern zweimal unterschrieben hätte, wenn es möglich gewesen wäre. Welch Jammer, lieber Freund, wenn man bedenkt, daß es all diesen ekelerregenden Kreaturen großartig geht und sie umherlaufen, während man Ihnen niemals begegnen kann, usw.« (Der letzte zitierte Satz hat nichts mehr damit zu tun, soll Ihnen vielmehr nur einen Eindruck von dem wirklich anständigen Ton vermitteln.) Gnädige Frau, von einem Tag zum anderen hoffe ich, Sie besuchen zu können. Es scheint mir, daß ich Sie schon lange nicht gesehen habe, und ich sehne mich so nach Ihnen. Danken Sie noch Ihrem Gatten, und empfangen Sie meine ergebene Zuneigung und dankbare Bewunderung.

Marcel Proust

1 Von vielen Adligen bewohnte Straßen des Faubourg Saint-Germain.

An Geneviève Straus

[3. Februar 1908 [1]]

Verehrte gnädige Frau,

[...] Sie sind so liebenswürdig, sich dagegen zu wehren, jenem Artikel gegenüber Ironie gezeigt zu haben, daß ich jetzt meinerseits befürchte, es habe den Anschein, als habe ich es etwas zu sehr daran fehlen lassen (an Ironie). *Talent* ist sehr großzügig geurteilt. Ich wollte zum Ausdruck bringen, es sei nicht so dumm, wie die Leute von Welt behaupten. Diese sind nämlich von ihrer eigenen Dummheit dermaßen durchdrungen, daß sie niemals glauben können, einer der ihren besitze Talent. Sie schätzen nur die Schriftsteller, die nicht zur Gesellschaft zählen. Allein (und das ist noch eine Folge ihrer Dummheit), sie schätzen die Schriftsteller nur dann, wenn diese der spezifischen Mentalität der Leute von Welt Ausdruck verleihen. Sie finden die Bücher von Madame de Noailles blödsinnig und die von Bourget[2] herrlich. Was A . . . betrifft, wenn er einige Artikel geschrieben hat, in denen sich wirklich reizende Ansätze finden, Dinge zum Ausdruck zu bringen, die wir lieben, so lag der Wert desjenigen, von dem ich sprach, nur in seinen netten Absichten und in einem Hauch von Anständigkeit. Wichtig an ihm ist letztlich nur dies eine: ein Journalist und Weltmann, für den Anständigkeit nicht gleichbedeutend ist mit Antisemitismus. Und das ganze ergibt einen Menschen, der alles in allem sympathischer ist als seine äußere Erscheinung, die, ich gebe es zu, eher einer Karikatur aus der Feder Sems[3] als unserer Verteidigungsreden würdig ist. Ich bemerke eben, daß ich recht anmaßend bin, indem ich *unsere* sage! . . .

Ihr ehrerbietiger und dankbarer Freund

Marcel Proust

1 Datum des Poststempels.
2 Paul Bourget (1852–1932), frz. Schriftsteller.
3 Marie-Joseph-Georges Goursat, genannt Sem.

An Anna de Noailles

[Ende Februar oder März 1908]

Verehrte gnädige Frau,

wenn ich nicht wüßte, daß die Größten auch die Schlichtesten und Besten sind, stets auf Grund eines natürlichen und ewigen Gesetzes, wäre ich zu beschämt von Ihrer Güte und der Mühe, die Sie auf sich genommen haben, mir so liebenswürdig zu schreiben. Aber auch dieser Brief enthält wie der vorangegangene einen bitteren Wermutstropfen. Erst hieß es: »Ich reise nach Griechenland.« Darauf: »Ich fahre nach Italien.« Sicher, ich sehe Sie in Paris so gut wie niemals. Trotzdem zerschlägt es die Möglichkeit, die ich täglich von neuem am folgenden Tage zu verwirklichen hoffe, ohne daß die angesammelten Enttäuschungen die Stärke meiner Hoffnung beeinträchtigen können.

Und die junge Hoffnung sagt zu ihnen:

Meine Schwestern, laßt uns noch einmal beginnen.[1]

Leben Sie wohl, verehrte gnädige Frau. Letzthin meditiere ich über Sie, es will mir scheinen, daß Sie vor allem mit Wagner Ähnlichkeit haben. Ich hoffe, es wird Sie nicht verstimmen und beleidigt nicht die Unermeßlichkeit Ihrer Träume und die Allmacht Ihrer Orchestrierung, Sie, die Sie mehr Siegfried als Isolde sind und deren Verse über die Gärten der Lombardei[2] die tausend Stimmen eines Orchesters ohne Zahl zusammenfügen, »wie ein göttlicher Chor die tausend Stimmen weckt, die in ihrem Herzen singen.«

Verehrte gnädige Frau, wie bewundere, wie liebe ich Sie und wie schwer fällt mir die fortwährende Trennung von Ihnen. Zur gleichen Zeit mit Ihnen gelebt zu haben, in derselben Stadt, und Sie niemals zu sehen! Ich wage nicht mehr an Sie zu denken wegen der Aufregungen, in die es mich versetzt:

> »J'ai même défendu par une expresse loi
> Qu'on osât prononcer votre nom devant moi.«[3]

Ihr ergebener Freund

Marcel Proust

1 »Et la jeune Espérance leur dit:
Mes soeurs, si nous recommencions.« Frei zitierte Verse von Sully Prudhomme.

2 Anspielung auf ihr Gedicht *Musique pour les jardins de Lombardie*, ersch. in der *Revue des deux Mondes* vom 15. 1. 1908 unter *Poèmes d'Italie et d'Angleterre.*

3 »Mein eigener Erlaß verbot bei strenger Pön,
Daß Euer Name je vor meinem Ohr ertön.«
Racine, *Phèdre* II, 5 (Vers 603/4), übers. von R. A. Schröder.

An Robert Dreyfus

18. März 1908

Mein lieber Robert,

erlaub mir, daß ich Dir nicht gehorche und wieder schreibe. Es macht wirklich Spaß, Briefe wie die Deinen zu erhalten, aber sich für sie zu bedanken, stellt einen Teil dieser Freuden dar. Versage sie mir nicht. Du weißt sehr wohl, daß ich an Dich denke, wenn ich schreibe und mich frage, was Du darüber denken wirst. Und ich verdiene sogar etwas Achtung, wenn ich weiß, daß ein Bezugnehmen auf ein Thema nur vorwurfsvolles Schweigen, ein Brief über ein anderes Thema hingegen einen Antwortbrief zur Folge hat. Ich schreibe aber nicht »nach Wunsch«. Du glaubst zu Unrecht, daß ich das, was Du tust, mit Komplimenten bedenke als Dank für die Komplimente, die Du mir machst. Dazu wäre ich nicht imstande. Nein, und wenn Du meinst, Deine Sachen seien weniger gut, so hat das denselben Grund, weshalb ich von meinen *Pastiches* angewidert bin, d.h. daß wir nämlich nicht den Vorzug von X... besitzen, den Talisman, der für ihn alles verzaubert, was er schafft. (Und ich befürchte, daß die Verzauberung wie in dem Märchen, auf das ich anspiele, nur für ihn existiert.) Und so verlieren unsere eigenen Gedanken ganz natürlich ihren Reiz für uns, und eine fremde Gedankenwelt übt mehr Anziehungskraft auf uns aus.

[...]

Ganz der Deine,

Marcel Proust

An den Prinzen Emmanuel Bibesco

[im April 1908]

Lieber Freund,

Sie haben mir heute abend derart oft gesagt: »Sie müssen mich hassen«, daß ich schließlich daraus gefolgert habe, Sie fänden sich hassenswert, und wenn ich Ihnen völlig aufrichtig habe antworten können: »Nein, ich hasse Sie wirklich nicht« – im starken Wortsinne Corneilles verstanden –, so geschah es mit einem einzigen stillschweigenden Vorbehalt, den ein dummes Aufrichtigkeitsbedürfnis mich veranlaßt, Ihnen mitzuteilen. Ich sagte mir, wenn man wie ich ständigen Anschuldigungen von Salaisme[1] ausgesetzt ist, daß es bei einem Freund einen gewissen Mangel an Zartgefühl verrät, und zwar eher intellektueller als moralischer Art, vor einem Unbekannten mit solcher Beharrlichkeit über jenen Fall (übrigens völlig aus der Luft gegriffen) von Josephismus[2] zu scherzen, und darüber hinaus, wie man mir neulich sagte und worüber ich verabsäumt hatte, mich bei Ihnen zu beklagen, es in der Gesellschaft zum Thema von Pläsanterien zu machen, die mir schaden, wie Sie selbst zugeben. Es handelt sich bloß um eine Nuance, die Ihnen erklären zu wollen ebenso vergeblich wäre wie der Versuch, jemandem den Zauber eines Bildes von Vuillard[3] nahezubringen, der ihn nicht wahrnähme. Das sind Dinge, welche die Beweisführung denen nicht klarmachen kann, die sie nicht schon vorher gefühlt haben, denn dialektische Beweise vermögen nicht, uns von der Geistesfamilie zu lösen, der wir angehören. Und wenn es uns auch einen Augenblick schmerzen mag, wenn wir sehen, wie jemand, den wir schätzen, verständnislos vor einem Cézanne stehen bleibt oder sich maßlos über eine kleine Anstößigkeit belustigt, so hindert es uns keineswegs, ihn in anderer Hinsicht zu schätzen. Und es gibt so viele Dinge, die ich an Ihnen bewundere, und so viele, die ich liebe, daß der kleine Vorbehalt, den ich hier oder dort machen könnte, in keiner Weise Haß mit einschließt, von dem Sie sprachen, ja sogar nicht einmal eine Schwächung einer Freundschaft, die nichts weiter wünschte, als sich Ihnen zu beweisen. Es würde erst dann beginnen mir Schmerz zu bereiten, wenn jene Reden vor Leuten geführt würden, denen gegenüber es mir zwar persönlich keinerlei Schmerz verursachen könnte, die sich jedoch über Sie eine weniger hohe Meinung bilden würden als diejenige, die ich ihnen über Sie habe vermitteln können. Solange es aber nach Ihrem eigenen Ausdruck nur mir »Schaden« zufügen wird, werde ich es mit einer sehr nachsichtigen Resignation zu tragen wissen, indem ich an all die teuren und kostbaren Gegengaben denke, die ich Ihrer wunderbaren Freundschaft verdanke.

Daher (und diesmal ohne Einschränkung) von ganzem Herzen

Ihr

Marcel Proust

Hinzu kommt noch, falls Sie mich etwas nervös gefunden haben, daß meine Nichte[4] sich gerade einer sehr schweren Blinddarmoperation unterzogen hatte, und da ich einen Anruf meines Bruders erwartete, hatte ich befürchtet, er sei am Apparat, als Sie mir »mit Humbug« am Telefon geantwortet haben.

1 »Schamlosigkeit, Lüsternheit, Frechheit« oder dergl. Vgl. S. 96.
2 Vorliebe für keusche Jünglinge.
3 Édouard Vuillard (1868–1940), frz. Maler.
4 Suzy Proust.

An Robert Dreyfus

[10. Mai 1908]

Mein lieber Robert,

hab vielen herzlichen Dank für Deinen Brief. Gerade wollte ich Dir schreiben, um Dich um Nachrichten von Daniel Halévy und den Seinen zu bitten[1]. Dein Brief gibt sie mir, zumindest indirekt. Kurz, ich wollte Dir schreiben, weil ich wußte, daß Du großen Kummer empfunden haben mußt. Und als ich ihm dann geschrieben hatte, fühlte ich Gewissensbisse Dir gegenüber. Ich sagte mir, Robert Dreyfus hat das Recht, so mit ihm zu sprechen, ich dagegen keineswegs. Und vielleicht habe ich mir durch meinen Brief widerrechtlich für eine Stunde seinen Platz an der Seite seines Freundes angemaßt. Und ich müßte ihn um Erlaubnis bitten. Dann habe ich gedacht, Dein Kummer schließe in sich, was mein Kummer mich hat schreiben lassen, und ich danke Dir, daß Du mir spontan zugestimmt hast. Ich wollte Dir schreiben, weil ich wußte, daß Dein Schmerz sehr groß sein müsse. Natürlich kann ich ihn nicht mit meinem Schmerz vergleichen, da ich ja Herrn Halévy so wenig kannte. Ich versichere Dir aber, daß es ein schwerer Schlag für mich gewesen ist. Seit langem hatte ich mich darauf vorbereitet, zwei Dinge zu erledigen (Besuche), zu denen ich rein physisch in der Lage war. Aus moralischen Gründen sah ich mich aber verpflichtet, auf sie zu verzichten, da ich zu traurig und ängstlich war, mich in einer Umgebung zu befinden (ich weiß nicht, ob es der Fall gewesen wäre), die ihn nicht schätzt. Dies Gefühl war so stark, daß es einer physischen Unmöglichkeit gleichkam, und ich blieb im Bett und dachte an Euch alle. Ich hatte einige Zeilen über Herrn Halévy verfaßt, aber Beaunier war mir zuvorgekommen[2], übrigens mit Überlegenheit, aber was ich sagte, war vielleicht genauer und privater, doch nicht genügend durchgearbeitet, ich kann nicht mehr arbeiten, einen Brief zu schreiben verursacht mir für mehrere Tage Kopfschmerzen. Nein, ich fürchte nicht Besuche (ich spreche von den Besuchen, die mir sympathische Leute machen). Bloß die Furcht, sie gerade in dem Augenblick nicht empfangen zu können, da sie kommen, hat mich sie alle verbannen lassen. Am Abend geht es mir aber ziemlich oft so gut, daß ich Besuche haben kann, und wenn Du zu einer solchen Zeit vorbeikommen könntest, würdest Du mir große Freude bereiten.

...

Adieu, liebert Robert, komm mich besuchen.

Marcel Proust

1 Ludovic Halévy, der Vater Daniels, war gestorben.
2 Vgl. *Figaro* vom 9. Mai 1908.

An Robert Dreyfus

[16. Mai 1908]

Mein lieber Robert,

was Du über Herrn Halévy[1] geschrieben hast, ist von einem Zauber, einer Wahrheit, einer Tiefe, daß ich geglaubt habe, ihn wiederzusehen, ihn zu hören, ihn besser kennenzulernen, ich war sehr gerührt, ich danke Dir. Auf jeden Fall hätte ich Dir geschrieben, um Dir für Deinen Besuch zu danken, mir lag jedoch gleichfalls am Herzen, Dir zu danken, daß Du mir jene Blätter gebracht hast.

Ich hatte die Absicht, Dich zu fragen, ob Du findest, daß der verbotene Artikel[2] im *Mercure* oder einer anderen Zeitschrift ebenso harmlos wirken würde wie in Buchform (ich habe so abscheuliche Federn, daß ich einen Bleistift nehme, nachdem ich mich bei jedem Wort abgemüht habe). In der Zwischenzeit nimmt mein Projekt jedoch festere Formen an. Es wird eher eine Novelle, und somit werde ich Zeit haben, Dich erneut um Rat zu fragen. Derselbe Grund aber, der mich glauben läßt, daß die Wichtigkeit und übersinnliche Realität der Kunst gewisse anekdotische

Romane, mögen sie noch so ansprechend sein, hindern, vielleicht völlig den Rang zu verdienen, den Du ihnen beizumessen scheinst (denn die Kunst ist dem Leben zu sehr überlegen, wie wir es durch unsere Intelligenz beurteilen und in der Unterhaltung schildern, als daß sie sich damit begnügen könnte, es nachzuahmen) – dieser Grund also erlaubt mir nicht, die Verwirklichung eines Kunsttraumes von Gründen abhängig zu machen, die gleichermaßen zu anekdotisch und zu unmittelbar dem Leben entlehnt sind, als daß sie nicht an seiner Zufälligkeit und Unwirklichkeit teilhätten. Was übrigens, wenn ich es so vorbringe, nicht falsch, aber doch banal klingt und von der erzürnten Existenz eine brennende Ohrfeige verdient (wie es Oscar Wilde erging, der sagte, der größte Schmerz, den er erlebt habe, sei der Tod von Lucien de Rubempré in Balzacs Roman[3] gewesen, und der wenig später in seinem Prozeß erfahren mußte, daß es spürbarere Schmerzen gibt), Du weißt aber sehr wohl, daß dieser banale Ästhetizismus nicht meine ästhetische Philosophie zu sein vermöchte. Und wenn meine Müdigkeit, die Furcht, Dich zu langweilen, und vor allem der *Bleistift* mich hindern, meine Ästhetik zu erklären, so halte mir bitte, wenn schon nicht ihre Wahrheit, so doch ihre Ernsthaftigkeit zugute.

Marcel

1 Nachruf von R. Dreyfus in den *Pages Libres.*

2 Dreyfus hatte Proust wahrscheinlich davon abgeraten, einen Artikel gewagten Inhalts zu schreiben. Offenbar trug Proust sich schon damals mit dem Gedanken, das Thema Sodom und Gomorrha literarisch auszuwerten.

3 *Splendeurs et Misères des Courtisanes.*

An Geneviève Straus

[Juni 1908]

Verehrte gnädige Frau,

mit Verblüffung und Abscheu habe ich gelesen[1], daß S...[2] sich um Aufnahme in die Akademie[3] bewirbt. Obwohl ich fürchte, mit der ängstlichen und rücksichtsvollen Haltung des *Figaro* in Konflikt zu geraten, beabsichtige ich, einen Artikel über ihn zu schreiben (was leider nicht bedeutet, daß er auch angenommen und veröffentlicht wird). Ich werde die Beleidigung[4] durch Hinterlist ersetzen, um eine größere Chance zu haben, gebracht zu werden!

Ich hätte nur gern gewisse Auskünfte über ihn und möchte Sie bitten, sie für mich bei Reinach einzuholen, sobald Sie ihn sehen. Selbstverständlich werde ich ihn nicht kompromittieren und meine Quellen nicht nennen.

1. Stimmt es, daß die Veröffentlichungen von S... nicht von ihm, sondern von R... stammen?

2. Hat S... irgendeine wissenschaftliche Bedeutung? Gibt es Mitglieder der Académie des Inscriptions[5], die eine größere Bedeutung als er besitzen? Welche? (Ich nehme an: alle, möchte aber Namen, die ich zitieren kann.)

3. Stimmt es, daß er nur durch eine Art Betrug gewählt worden ist und daß es ihm heute nicht mehr gelingen würde? Daß er sich insbesondere Maspéro[6] gegenüber übel benommen hat?

– Schließlich möchte ich gern wissen, wenn Sie Hervieu[7] oder ein anderes Akademiemitglied[8] sehen, daß Sie ihn fragen, ob S... *irgendeine Chance* hat, jemals der Akademie anzugehören, oder ob er niemals über zwei Stimmen hinauskommen wird? Verzeihen

Sie mir die Belästigung, aber Sie verstehen meine Motive. Reinach kann mir ohne Furcht schreiben, um mich zu informieren, ich werde ihm seinen Brief zurücksenden, damit er beruhigt ist, und ich werde nur mich kompromittieren.

Ihr ehrerbietiger Freund

Marcel Proust

1 Anspielung auf eine im *Figaro* vom 6. Juni 1908 erschienene Anzeige betr. des ›freien Sitzes‹ in der Académie Française als Folge des Todes von Émile Gebhart.

2 In diesem und den beiden folgenden Briefen ist gemeint: Gustave Schlumberger (1844–1929), frz. Historiker, bes. Byzantinist.

3 Académie Française; das *Institut de France* umfaßt fünf Akademien. Die Académie Française ist die ranghöchste (40 Mitglieder, genannt die ›Unsterblichen‹), ihre Mitglieder nennen sich ›Académiciens‹ im Gegensatz zu den Mitgliedern der übrigen Akademien, die ihrem Namen lediglich den Zusatz *›de l'Institut‹* geben.

4 Schlumberger bekundete seine Feindseligkeit gegenüber Dreyfus-Anhängern u. a. dadurch, daß er Mme Straus nicht grüßte. Proust ließ es sich angelegen sein, diese ›Beleidigung‹ zu rächen.

5 *Académie des inscriptions et belles-lettres,* deren Mitgl. Schlumberger seit 1884 war.

6 Henri Maspéro (1883–1945), frz. Sinologe.

7 Paul Hervieu (1857–1915), frz. Schriftsteller; Acad. fr. 1900.

8 Gemeint ist die Académie Française.

An Geneviève Straus

Montag abend [8. od. 15. Juni 1908]

Verehrte gnädige Frau,

selbstverständlich werde ich nicht über die Affaire[1] sprechen. Damit er aber nicht behaupten kann, ich schriebe aus politischer Rachsucht, täte ich vielleicht gut daran zu sagen, daß ich über Barrès' Wahl in die

Akademie hingerissen gewesen sei, daß ich über die Wahl Léon Daudets ebenso erfreut sein würde, daß ich eine Wahl von S... nicht wegen seiner Meinungen, sondern wegen seiner Dummheit abgeschmackt fände, daß es gerechtfertigt sei, daß es in der Akademie eine Partei der Herzöge gäbe (in Wahrheit meine ich das natürlich nicht, aber es ist besser so), daß es aber übertrieben wäre, wenn es eine Partei der Snobs gäbe; daß, wenn es genügt, Herzog zu sein, um in die Akademie aufgenommen zu werden, es nicht ausreicht, sich um die Gesellschaft der Herzöge zu bemühen, daß es allenfalls noch hingehen könnte, wenn S... nur ein Snob wäre und deswegen ernannt würde, daß er aber Bücher geschrieben hat, und daß der bloße Gedanke, er werde wegen seiner Bücher ernannt, etwas Beleidigendes habe, kurz, ich werde das besser formulieren, weniger ernsthaft, weniger liebenswürdig, wenn ich auf seine Füße zu sprechen komme, ohne jeden Anspruch auf guten Geschmack und fast ohne Anspruch auf Glaubwürdigkeit. Was wird Calmette [2] davon halten? Um so mehr, als ich den Vorschlag machen will, man solle doch lieber Arthur [3] ernennen. Doch, selbst wenn man ernsthaft bleibt und alle politischen Gründe aus dem Spiel läßt, ist es eine Schande – wenn man schon in den angrenzenden Wissenschaften Ausschau hält (als ob es nicht genügend Schriftsteller gäbe) –, daß man dann nicht wenigstens Gelehrte ernennt, die *entweder* die hervorragende und unbestrittene Ehre der angrenzenden Wissenschaften sind, wie ein Boutroux [4], ein Bergson, ein Maspéro, ein Bréal [5], ein Alfred Croiset [6] und so viele andere, *oder*, noch besser, eine seltene und noch wenig bekannte Begabung aus eben diesen Wissenschaften, welche die Akademie in das ihr gebührende Licht rücken würde, anstatt ihren Ruhm lediglich zu bestätigen, einen Emile Mâle[7], einen Abbé Vignot[8], einen Abbé Huvelin[9], einen Darlu[10], einen Brunschvicg[11] und so viele andere. Oder aber ganz einfach Porto-Riche[12], Régnier[13], Boylesve[14], Hermant[15], Francis Jammes[16], Maeterlinck[17], usw. Und wenn wirklich der Snobismus ausschlaggebend ist, dann soll man einen Grandseigneur ernennen, der niemals auch nur eine Zeile geschrieben hat, damit man auch wirklich merkt, daß es der Grandseigneur ist, den man erwählt. Oder sogar einen Adligen von Bedeutung und Geist, Galliffet etwa, oder Ihren Freund, den Prinzen von Arenberg, oder – warum nicht – Montesquiou? S... aber erscheint mir wie eine nationale Schande, wie der Triumph dessen, was an Niedrigkeit und Dummheit überhaupt existiert, der Gelehrsamkeit ohne Intelligenz und sogar, was unglaublich ist, ohne Ernsthaftigkeit. Diese idiotische Gelehrsamkeit, für welche die Ernsthaftigkeit die einzige Entschuldigung ist, ist bei ihm hohl. Außerdem repräsentiert er die arrogant gewordene Niedrigkeit, den widerlichen Geifer des kriecherischen Emporkömmlings, ein sogenanntes der Wissenschaft gewidmetes Leben (und in Wirklichkeit eine Wissenschaft, die nicht mehr Einsicht zeitigt und woraus sich nicht mehr »Erhabenheit« ergibt als aus der Wissenschaft des Bridgespiels), das sich krönt mittels der Hingabe an Ideen, die schon Ludwig XIV. veraltet und Vauban[18] barbarisch fand, und all das ohne die Entschuldigung einer Prinzipientreue, die er nie besessen hat, einer Treue gegenüber Freunden, die er erst mit sechzig Jahren kennengelernt hat und die doch nicht seine richtigen Freunde sind, denn sie können seine schändliche Kriecherei ihnen gegenüber nur verachten; dies wird noch verschärft durch alles nur denkbare Verleugnen und Imstichlassen. All das werde ich nicht sagen; es wird aber der geheime Motor, der Zorn- und Zündstoff sein, der mich bestimmen könnte, einen Artikel zu schreiben, mich, der ich nicht einmal mehr einen Brief schreiben kann, weil es mir derartige Kopfschmerzen verursacht. Aber auch die Lust, diesen Büffel aus vorhistorischen Zeiten zu charakterisieren, mit seinem patriotischen Schnurrbart, verschüchtert und errötend vor allen Konvertiten der Familien X ... und Z ... Gnädige Frau, wie muß ich Sie nur langweilen, wie sehr danke ich Ihnen! Würden Sie so gut sein und Herrn Reinach meinen besonders tiefen Dank ausrichten?

Ihr ehrerbietiger Freund

Marcel Proust

1 Gemeint ist die Dreyfus-Affäre.

2 Gaston Calmette hatte sich offensichtlich auch um den freien Akademiesitz beworben.

3 Arthur Meyer, Direktor des *Gaulois*. Dieser Satz ist natürlich ironisch gemeint, wie es auch im folgenden angedeutet wird. Proust schätzte Meyer kaum höher ein als Schlumberger.

4 Émile Boutroux (1845–1921), frz. Philosoph; Acad. Franç. 1912.

5 Michel Bréal (1832–1915), Linguist.

6 Alfred Croiset (1845–1923), Hellenist.

7 (1862–1954), Kunsthistoriker.

8 Professor am Lycée Fénelon.

9 Vikar der Pariser Gemeinde Saint-Augustin.

10 Alphonse Darlu, Philosophielehrer am Lycée Condorcet.

11 Léon Brunschvicg (1869–1944), Philosoph.

12 Georges de Porto Riche (1849–1930), Dramatiker, Acad. Franç. 1923.

13 Henri de Régnier (1864–1936), Schriftsteller, Acad. Franç. 1911.

14 René Boylesve (1867–1926), eigentlich R. Tardivaux, Schriftsteller.

15 Abel Hermant (1862–1950), Schriftsteller, Acad. Franç. 1927.

16 (1868–1938), Schriftsteller.

17 Maurice Maeterlinck (1862–1949), belgischer Schriftsteller.

18 Sebastien Le Prestre de Vauban (1633–1707), Marschall von Frankreich, berühmter Festungsbaumeister.

An Geneviève Straus

[22.–23. Juni 1908]

Liebe Madame Straus,

dies »Arme-Leute-Papier«, wie die Baronin James[1] sagte, soll Ihnen lediglich kundtun, daß ich beim Eintreten bei den Murats[2] S... erblickt habe, noch vor den Gastgebern, und zwar zum Empfang neben ihnen sitzend (als ob auch er die Honneurs zu machen habe), eine falsche Schüchternheit zur Schau tragend wie jemand, der seit sechzig Jahren Abscheu vor mondäner Gesellschaft mimt. Ich hatte meinen Spaß daran, zwanzigmal an ihm vorbeizugehen, um anderen Leuten guten Tag zu sagen, ohne ihn zu begrüßen, und als jemand zu mir sagte: »Kennen Sie denn nicht Herrn S...?«, habe ich sehr laut geantwortet: »Ich werde ihn begrüßen, sobald er Madame Straus begrüßen wird, die darauf pfeift, aber mir ist es nicht gleichgültig.« Fast allen Gästen habe ich meinen Artikel »vorgetragen«, so daß er jetzt meine Absichten kennen muß. Madame de Chevigné ist göttlich gewesen, was meine Liebe zu ihr neu entfacht hat. Abgesehen davon, daß sie einfach reizend zu einem jungen Mädchen gewesen ist, das ich liebe, hat sie mir versichert, daß sie wegen der Akademie zu S... gesagt habe: »Sie werden jetzt Ihr ganzes feiges Verhalten bezahlen müssen.« So etwas finde ich anständig. Leben Sie wohl, gnädige Frau, es ist so spät, daß selbst Ihnen zu schreiben mir nahezu indiskret erscheint. Der verschüchterte Büffel lächelte jedesmal einfältig, wenn ich an ihm vorbeiging, da er glaubte, ich käme ihn begrüßen, und seine ungeheueren Stiefel hinterließen auf dem Teppich vorsintflutliche Spuren.

Ihr ehrerbietiger Freund Marcel Proust

Nachdem ich die Murats verlassen hatte, bin ich zum *Figaro* gegangen, um mit Calmette zu sprechen, den ich niemals antreffen kann. Man hat mir gesagt, er wohne bei den Henri de Rothschild einer Ballettprobe bei!

1 Baronin James de Rothschild.
2 Prinzessin Lucien Murat, geb. Marie de Rohan-Chabot.

An Georges de Lauris

[Juli 1908?]

Mein lieber Georges,

von ganzem Herzen danke ich Ihnen für Ihren Brief, er hat mir große Freude gemacht. Und diese Reisen mit Ihrem Vater – wie die von jung Verheirateten –, dem Sie die Ansicht der Welt erneuern, ergreifen mich mehr, als ich zu sagen vermag. Über meine eigenen Pläne weiß ich noch nichts Bestimmtes, weil ich im Augenblick, da ich mich schon nahezu für Cabourg entschlossen hatte, erfuhr, daß die Direktion und das Personal des Hotels gewechselt haben, und ich habe überschlagen, daß allein zwei Monate Hotel mich mindestens 9000 Francs kosten würden, und ich finde, daß das selbst für eine Kur zuviel ist, und obendrein müßte ich mich unverzüglich an die Arbeit machen, da man ja schon Ende September gezwungen würde abzureisen, und ist es unter diesen Umständen notwendig, sich an einem so einsamen Ort aufzuhalten? Ich habe das Alter erreicht, wo man in den *Figaro* setzen läßt: gesucht wird hochgelegenes Landhaus, usw., und ich würde für immer dort wohnen. Trotz allem glaube ich, daß ich schließlich wegen der geringeren Anstrengung bei Cabourg bleiben werde, glaube aber, daß es für meine Arbeit und Gesundheit sehr unklug wäre, nach dem, was mein Arzt dazu meint und was auch ich sehr wohl fühle. Unzähligen Leuten habe ich Brès empfohlen. Ich wünschte, daß jeder seine Verdienste und seine Liebenswürdigkeit zu schätzen vermag und mir später davon erzählt wie von einem köstlichen Buch, das man empfohlen hat. Sie und ich, wir haben immer gewußt, daß Fromentin [1] nicht ganz dem entsprach, »was eine eingebildete Menge von ihm hält«. Wenn ich aber auf Grund eines in den Zeitungen gebrachten kurzen Auszuges urteile, so nehmen die in der *Revue des Deux Mondes* veröffentlichten Briefe [2] ihm die ziemlich geschickt gefertigte Maske und lassen sehen ... was wir schon früher ahnten. Jedenfalls bin ich stolz auf meinen Scharfblick, denn unter jeden Satz von einer steifen Unbestimmtheit in den *Maîtres d'Autrefois* [3] hatte ich einen Eigennamen [4] gesetzt. Die Briefe geben denselben Namen an, der im Prunktitel [5] verschwiegen wurde. All das hindert nicht, daß es für Sie vor den Bildern eine charmante und sehr »empfehlenswerte« Lektüre sein kann.

Zärtlich Ihnen zugetan.

Marcel

1 Eugène Fromentin (1820–1876), frz. Maler und Schriftsteller.

2 *En Belgique et en Hollande,* lettres de voyage et fragments inédits, ersch. in der Nr. vom 15. Juli 1908.

3 Kunsthist. Untersuchung zur flämischen und holländischen Malerei (1876) von E. Fromentin.

4 Proust spielt auf Fromentins unglückliche Liebe zu Madeleine de Nièvres an, die verheiratet war.

5 D. h. *Les Maîtres d'Autrefois.*

An Marie Nordlinger

[20. Oktober 1908]

Meine liebe, liebe Marie,

Reynaldo, den zu empfangen ich zu krank bin, der mir aber schreibt, hat mich alle Stufen des Bangens und des Kummers durchleben lassen, als ob es sich um einen meiner Angehörigen [1] gehandelt hätte. Habe ich nicht auch etwas Anteil an dem, was Sie betrifft? Und den ich nicht kannte, beweine ich mit unendlicher Bitterkeit; ich lehne mich auf, ich will ein Wunder erhoffen, das mir der nächste Brief bringen soll, dann sehe ich wieder die Unmöglichkeit davon ein, denke wieder an Ihr Los und weine von neuem. Gerade Ihnen hätte ich so sehr Freude gewünscht (als ob Sie nicht etwas Besseres verdienten!), wie kann ich den Gedanken ertragen, daß Sie in der entsetzlichsten Herzensnot weinen? Und Ihre Eltern und Sie alle!

Ich trage Ihre Trauer wie ein zu schweres Kreuz und vermag nur noch, an Sie zu denken und mich zu härmen.

Ihr

Marcel

1 Harry Nordlinger, Bruder von Marie, ertränkte sich am 2. Oktober 1908.

An Georges de Lauris

[etwa Oktober-November 1908]

Mein lieber Georges,

von ganzem Herzen danke ich Ihnen für Ihren entzückenden Brief, der mir in meine Abgeschiedenheit und Schwermut ein Gefühl von Freundschaft gebracht hat. Ich wollte Ihnen nicht »aufreizende« Bücher schicken, Georges, sondern solche Pornographie, welche die sinnlichen Begierden abschwächt. Es handelt sich um zwei geheimgehaltene Verlaine, widerlich und stupide. Ich habe aber zwei andere, nur »pikante« Bücher (und auch das kaum), die Ihnen, wenn Sie sie nicht kennen, vielleicht eine halbe Stunde verbringen helfen. Sieben Briefe von Mérimée an Stendhal und H. B. de Mérimée, in einigen Tagen werde ich sie mir von Ihnen für eine Stunde wieder ausbitten, danach können Sie sie behalten. Doch ist es nichts Ausgefallenes. Georges, wenn Ihre Unschuld Sie schließlich zu bedrücken beginnt, so begreife ich recht gut, daß Sie keine Kokotten zu sich kommen lassen wollen, man behauptet aber ... Ich selbst liebe fast nur unberührte Mädchen (im Augenblick liebe ich überhaupt nichts, wie Sie sich denken können), als ob das Leben nicht auch ohnedies schon kompliziert genug wäre. Sie werden mir entgegnen, daß man dafür die Ehe ersonnen hat, aber dann hat man kein unberührtes Mädchen mehr, man hat ein unberührtes Mädchen nur ein Mal. – Ich verstehe Blaubart, es war ein Mann, der die unberührten Mädchen liebte. Als Beispiel für Leute, die die Komplikationen lieben, ließen sich die Rothschilds erwähnen, die außer all dem, was sie von ihrer zukünftigen Schwiegertochter verlangen, auch noch fordern, sie müsse Jüdin sein. Das nimmt die Familie Halphen ganz schön in Anspruch, doch auch diese Familie ist nicht unerschöpflich. Ich entsinne mich, daß ich in einem Zug Leute sagen hörte: »Sehen Sie, so reich sie auch sein mögen, die Rothschilds können keine Katholiken auftreiben, die bereit wären, sich mit ihnen zu verheiraten.« Lieber Georges, wie wollen Sie denn, daß ich arbeite, da ich ja nicht schlafen, nicht essen, nicht Luft holen kann, dieser Brief stellt eine Herkulesarbeit dar.

Leben Sie wohl, lieber Georges, auf bald.

Ihr Marcel

An Robert Dreyfus

[März 1909]

Mein lieber Robert,

lange schon wollte ich Dir schreiben, um Dich zu Deinen im *Figaro* erscheinenden Artikeln [1] zu beglückwünschen. Ganz am Anfang gab es einen oder zwei, die ich nicht mochte, weil ich noch nicht begriffen hatte, daß bei einem belanglosen Thema gerade die Belanglosigkeit Merkmal wahrer Originalität ist. Seitdem aber fand ich mehrere einfach köstlich. Und jetzt betrachte ich den *Figaro* immer mit Zuversicht und Vergnügen, wie das Fenster eines erleuchteten Salons, wo man sicher ist, einen geistreichen und reizenden Freund anzutreffen. Und ich trete ein ... Anders ausgedrückt, wenn es Dir lieber ist, werde ich meine Andacht zwischen der neunten und zehnten Spalte halten, dort, wo der lächelnde W e i s e in seiner Nische steht, der im Mittelalter die Weisheit der

Werke und Tage[2] verkündete und aus dessen Mund wahrhaft naivere Sprüche auf Spruchbändern hervorkamen als Deine reizenden *Äußerungen*: »En avril, ne vous découvrez pas d'un fil.«[3]

Es muß für Dich eine schrecklich große Anstrengung sein, uns so häufig solches Vergnügen zu verschaffen. Es muß aber auch sehr erfreulich sein, tausende von Zuhörern um sich zu versammeln für die kleine, so persönliche Betrachtung, die Dein Fluidum bewahrt, ein Lächeln zwischen dem Wegwerfen und dem Neuanzünden einer Zigarette.

Ich bitte Dich nicht um Deinen Besuch, denn meine passablen Stunden beginnen jetzt erst um zwei Uhr morgens. Das ist unmöglich, nicht? Das ist auch meine Meinung.

Herzliche Grüße,

Marcel Proust

1 Calmette hatte R. Dreyfus die *Notes d'un Parisien* übertragen. Sie waren mit D . . . gezeichnet.

2 Lehrgedicht Hesiods, VII. Jahrhundert vor Chr.

3 »Man soll nicht zu früh Sommer machen.«

An Robert de Billy

[Frühjahr 1909?]

Mein lieber Robert,

ich weiß nicht, was Sie von mir denken müssen, daß ich noch nicht auf Ihren köstlichen Brief geantwortet habe, mit jener bei Ihnen so seltenen Zartheit der Empfindung, die wie die Rose d'Aubignés »köstlicher ist als jede andere«[1]. Allein eine Fatalität – die genau mit jener der *Éducation Sentimentale* identisch ist und zur Folge hat, daß unser Leben sich (Gott sei Dank!) begnügt, eher ein Leben à la Flaubert zu sein, obwohl wir beide mit so vielen Existenzen à la Balzac in Berührung kommen – hat bewirkt, daß ich noch abwarten wollte, bevor ich Ihnen die Rührung schildere, in die mich Ihre Seiten versetzt haben ...

Der wirkliche Grund ist, daß es mir letzthin sehr schlecht ging, mein lieber Robert. Sie wissen durch die Krankheit Ihres Schwiegervaters, was jene Wechsel zwischen einer nur scheinbaren Besserung, einer Besserung »pour la gloire«[2] und jedesmal einschneidenderen Rückfällen bedeuten. Sagen Sie mir also einmal für alle Fälle den genauen Namen und die Adresse des Doktor X ... (doch ohne mit ihm darüber zu reden).

Was haben Sie in diesem Sommer für Pläne?

Ganz der Ihre

Marcel

1 »Une rose d'automne est plus qu'une autre exquise.« Agrippa d'Aubigné, *Les Tragiques* IV, *Les feux*.
2 »scheinbar, umsonst, vergeblich«.

An Robert Dreyfus

[Juli 1909]

Brief, den ich nach einem Monat noch vorfinde. Entschuldigung, Zuneigung, Müdigkeit!

Lieber Robert,

ich kann Dir heute wirklich nur ein Briefchen senden. Mir liegt aber sehr daran, auf Deinen köstlichen Brief zu antworten. Wenn Du geglaubt hast (und vielleicht hast Du es gar nicht geglaubt, ich sage es für alle Fälle), ich hätte auch nur eine Idee ironisch sein wollen oder den Gedanken gehabt, Du habest Deine Gesinnung oder Dein Verhalten geändert, so hast Du Dich wahnsinnig geirrt. Ich nannte Dich Sozialist, um über die Fragen zu scherzen, die ich Dir stellte, als ich Dir sagte: »Méline,[1] ist der gut? Ribot[2], ist der gut?«, da ich meinerseits unfähig bin, mir über diese Dinge ein Urteil zu bilden. Ich nehme an, daß Dein Urteil auf diesem Gebiet Hand und Fuß hat, jedoch würde ich auf jeden Fall beim Tod auf dem Scheiterhaufen schwören, daß alles, was Du sagst, auch immer Ausdruck Deiner Überzeugung ist, daß Dein Handeln von dem empfindlichsten Gewissen diktiert wird, das jedermann wohlbekannt ist. Wenn Du morgen schreiben würdest, Dreyfus[3] sei schuldig, würde ich denken, wahrscheinlich ist er es, doch ohne auch nur eine Sekunde zu zögern, wäre ich überzeugt, daß Du über die großartigsten Gründe verfügst, es zu sagen, und daß man Dich deshalb nur um so mehr schätzen muß. Wenn Du also geglaubt hast (und vor allem antworte mir nicht deswegen, ich nehme sehr stark an, daß Du es nicht geglaubt hast!), es hätte dabei ein wie immer auch herzliches Lächeln, ein wie immer auch nachsichtiger Anflug von Verdacht auf politische Sinnesänderung mitgespielt, so wäre das genauso, als wenn Du glaubtest, ich verdächtige Darlu oder Boutroux, eine Idee mit der Absicht vertreten zu haben, die landwirtschaftliche Verdienstmedaille zu erhalten.

Ganz der Deine

Marcel Proust

Als Post-Scriptum füge ich hinzu, daß ich den *Figaro* eine ausgezeichnete Zeitung finde. Man mag die

Selbstverständlichkeit seines Glaubens belächeln, die »Elite von Paris« gehorche einem »wunderbaren Elan der Solidarität«, wenn sie einen Maskenball[4] besuche. Setzt man jedoch eine Illusion der anderen gleich, so ist solche Illusion wohl ebenso stark wie jene der *Humanité*[5], wenn diese meint, daß Menschen, die foltern und morden, dadurch die Rechte des Proletariats zur Geltung bringen. Die erste Illusion ist nicht alberner, doch unschuldiger. Ich füge hinzu, daß Du mir schon seit jeher von der Sympathie gesprochen hast, die Du dieser Zeitung entgegenbringst, und mich immer ermuntert hast, eher für diese als für eine andere zu schreiben. Und selbst wenn Du in der *Libre Parole*[6] schreiben würdest, wäre ich überzeugt, Du habest gute Gründe, dies zu tun. Denn Du bist ein Weiser, ich will sagen ein *moralischer* Weiser. In Literatur-Fragen hingegen bin ich nicht in *allem* Deiner Auffassung.

1 Jules Méline (1838–1925), Konservativer und Dreyfus-Gegner.
2 Alexander Ribot, Senator, Mitgl. der Acad. Franç.
3 Alfred Dreyfus, ›Held‹ der Dreyfus-Affäre.
4 D. h. eines Wohltätigkeitsfestes.
5 Damals Organ der sozialistischen Partei.
6 Antisemitisches Blatt Drumonts.

An Reynaldo Hahn

[Paris, Juli-August 1909]

Guten Morgen (. . .)

Bunibuls, da es keine bequemere und »nähere« Bibliothek gibt als ein Bett, wenn man nicht aufsteht, lese ich immer wieder »mangels anderen Lesestoffs«

(nein, Buncht, aus Vorliebe) Ihre göttlichen Artikel [1], deren Geist mich berauscht, deren Bosheit mich erschauern läßt und deren Meisterschaft mir maßlose Eifersucht einflößt, aber ohne Bitterkeit. Buncht, diese Woche seltsames Intermezzo mit »der Elisabeth« [2]. Vor einigen Tagen empfange ich zwei Briefe in einem Umschlag. Einen vom Sekretär der Besagten, der mir schreibt, »die Frau Gräfin hege die tiefste Bewunderung für mein Talent(!), und falls ich einige Zeilen über *Bagatelle* schriebe, so würden alle intelligenten Personen mir Dank dafür wissen«, usw. Der andere Brief von der Elisabeth besagt ... das Gleiche, nämlich einige Zeilen zu schreiben, wie ich es verstünde, d. h. »erlesen poetisch«. Da ich kaum daran gewöhnt bin, Lob zu erhalten, selbst solches aus Berechnung, erzähle ich Ihnen alles ausführlich wieder und füge sogar ein wenig hinzu. Daraufhin abschlägige Antwort von mir, schmerzlich bedauernd, aber meine Gesundheit, habe es anderen schon abschlagen müssen, usw. Was glauben Sie nun macht die E.? Daß sie darauf besteht? Keine Spur. Sie versteht meine Gründe und schickt mir ... einen *Weinstock*, einen großartigen Weinstock, überladen mit Trauben. Und sie sagt mir, falls es mir in den nächsten Tagen noch schlecht ginge, daß sie mich besuchen käme, wenn ich ihr bitte Tag und Stunde nennen möchte, und »ich hoffe Sie im Vollbesitz Ihrer Tapferkeit anzutreffen« –. Der Brief war sehr literarisch gehalten, mit Ausdrücken wie »sprechendes Symbol«. Als sie aber von dem Weinstock sprach, sagte sie: »Nehmen Sie ihn an«, mit einem accent grave, der mir besonders ihretwegen schwer [3] erschien, der ebenfalls ein »sprechendes Symbol« ist ... Was den Weinstock betrifft – da die schönsten Dinge hienieden das schrecklichste Schicksal erleiden, wie Malherbe [4] ungefähr sagt – so schicke ich ihn M(...) N(...)[5]. Wahrscheinlich wird sie glauben, eine Postkarte sei von größerem Wert. Ich wollte der Sendung einige Rosen beilegen, um den Vers von Gérard »die Rebe mit der Rose sich verbindet«[6] hinzufügen zu können, aber ich habe mir überlegt, daß der Vers von Mallarmé »als aus den Beeren ich die Klarheit sog«[7] genau solchen Eindruck machen würde; außerdem wäre es billiger, weil es ja keiner Rosen bedarf und die Beeren ja sowieso schon da sind.

Ritterling,

Ich fürcht', mein Roman über den alten St. Veuve
wird nicht, unter uns, sehr gefallen der Beuve[8]

Doch sei's drum. Ritterling, Sie werden mir diesen Brief wieder zurücksenden und *keinem auf der Welt* ein Sterbenswörtchen davon erzählen. Ich habe viel Sympathie für E (...), außerdem war sie wirklich sehr nett, und es würde mir sehr weh tun, wenn ihr zu Ohren käme, daß ich diese Scherze gemacht habe, um so mehr, als ich ihr kniefällig gedankt habe. Nun würde die Winaretta[9] diese Geschichte »über den Weinstock« wie für ihre Stimme geschaffen betrachten und sie ausposaunen, die neue Marquise de Ripon[10] – der ich zwar meine Bücher zugesandt, aber nicht geschrieben habe, weil ich nicht weiß, was ich ihr sagen soll –, die Elisabeth verabscheut und Montesquiou liebt, wird es ihm erzählen, und fünf Minuten später wird Elisabeth davon erfahren haben, denn Montesquiou läßt es sich jetzt angelegen sein, sobald irgendwer über eine Person sich etwas hat entschlüpfen lassen, es derselben *unverzüglich zu schreiben*. Also striktes Geheimnis, ich schütte Ihnen mein Herz aus, wie ich es bei Mama tat. Sie aber erzählte *nichts* weiter. Ich werde nicht mehr fragen lassen, wie es Madrazo[11] geht, da er ja wieder ausgeht. Sagen Sie aber Ihrer Schwester, ihm und Coco,[12] daß ich mich bei Ihnen erkundigt habe.

[ohne Unterschrift]

1 Vermutlich Hahns Artikelserie im *Journal* (1909).
2 Gräfin Henri Greffulhe, geb. Elisabeth de Chimay.
3 Mokantes Wortspiel mit ›grave‹.
4 François de Malherbe (1555–1628), Dichter und Sprachreformator. Proust zitiert ungenau. Die Stelle lautet:

»Mais elle était du monde où les plus belles choses
ont le pire destin;
Et rose elle a vécu ce que vivent les roses,
l'espace d'un matin.«

(Poésies XI. Consolation à M. du Périer, gentilhomme d'Aix-en-Provence, sur la mort de sa fille.)

5 Marie Nordlinger.
6 Gérard de Nerval (1808–1855). *Les Chimères, El Desdichado.*
7 *L'Après-midi d'un faune.*
8 Vertauschung der Reimwörter: gemeint sind 1) Prousts postum veröffentlichtes Fragment *Contre Sainte-Beuve*, 2) die ›Witwe‹ Mme Lemaire, die sich, wie Proust argwöhnt, im Roman als eines der Modelle von Mme Verdurin wiederentdecken könnte.
9 Prinzessin Edmond de Polignac, geb. Winaretta Singer.
10 Lady de Grey wurde nach dem Tode ihres Schwiegervaters 2. Marquise de Ripon.
11 Raymond de Madrazo (1841–1920), Maler, in zweiter Ehe mit Reynaldos Schwester Maria verheiratet.
12 Frédéric de Madrazo, genannt Coco, Sohn aus erster Ehe des Vorigen.

An Robert Dreyfus

[Cabourg, 23. August 1909]

Lieber Robert,

ich schreibe Dir ... aus Cabourg! Dein Brief hat mich nämlich hier erreicht und mir Kummer bereitet, da er mir all das mitteilte, wovon ich keine Ahnung hatte!

Ich, der ich mich mit Medizin abgebe, mit wenig Glück für mich, doch oft erfolgreich, wenn es sich um andere handelt, hätte vielleicht einen nützlichen Rat geben können, glaube ich, wenn ich davon gewußt hätte.

Ich hoffe, Du hast innerhalb weniger Tage zwei Briefe von mir erhalten, denn ich habe Dir, ich glaube vor acht Tagen (ich weiß nicht mehr genau wann), einen von mir nach langer Zeit wiedergefundenen Brief zugeschickt, in welchem ich Dir zur Frage *Sozialismus* antwortete, usw. und dann den über Régnier. Du hast mich aber falsch verstanden. Was ich sagte – ohne jeden Groll gegen ihn, ich versichere es Dir! –, bezog sich auf einen Artikel über die *Pastiches*, der schon ein Jahr zurückliegt, in dem das Fehlen meines Namens – übrigens so offensichtlich ohne Absicht – nur durch die Vielzahl absurder Namen komisch wirkte, über die er sich stundenlang verbreitete. Aber mein *Pastiche*-Artikel [1] ist später erschienen, und er [2] hat mir noch am Erscheinungstage einige reizende Zeilen gesandt. – Mein lieber Robert, ich weiß sehr wohl, daß diese Dinge nicht das Glück ausmachen, sie erlauben aber, sich zu sagen, daß man seiner Mutter Freude gemacht hat, welches die Glücksform ist, die ich am liebsten hätte verwirklichen wollen. Deshalb habe ich Dir geschrieben. Es war höchst überflüssig, daß Du mir geschrieben hast. Du hast wahrlich schon genug um die Ohren, doch ich bin so kaputt, daß ich hiermit Abschied von Dir nehme und Dich von neuem meiner Freundschaft versichere.

Marcel Proust

1 Prousts *Pastiche* der Romane von Henri de Régnier in der Literaturbeilage des *Figaro* vom 6. März 1909.
2 Henri de Régnier (1864–1936), frz. Schriftsteller.

An Robert Dreyfus

[Cabourg, 3. September 1909]

Mein lieber Robert,

[...] ich denke zuweilen, daß der außergewöhnliche Eindruck von Vornehmheit dessen, was Du schreibst, selbst des Belanglosesten, vielleicht all dem sich verdankt, was Deine Prosa enthält und voraussetzt, von dem Du weißt, daß es nicht bemerkt wird – dies Gegenteil banausischer Kunstauffassung findet man in ähnlicher Weise bei den Architekten der Kathedralen, die ebenso fein durchdachte Skulpturen *hinter* einer Statue schufen, in einer Höhe, die uns um so größer erscheint, weil sie von einem Symbolismus belebt sind, der nur den Gelehrten vertraut ist, nicht aber uns. (Ich will damit nicht sagen, daß man Deine Artikel nicht liest, jedermann liest sie, ich will damit sagen, daß sie Anspielungen auf gewisse Dinge enthalten, über die der ungebildete Leser hinwegliest.) So ist also, ohne auch nur von dem Mißverhältnis zwischen Deiner Betrachtung und der jeweiligen Tagesneuigkeit zu sprechen (denn es besteht vielleicht gar kein Mißverhältnis, da die einzelne Neuigkeit einfach alles ist), Deine ganze verfeinerte Kultur, selbst bei Oberflächlichem, für all die Leser so gut wie verloren, die Deine Anspielung nicht verstehen. Wie viele mag es wohl geben, die noch wissen, was »l'homme à la Carabine« heißen soll! Weil ich jedoch sehr erschöpft bin, sieht das vielleicht nach Kritik aus. Es ist aber das höchste Kompliment.

Ganz der Deine und nochmals Dank.

Marcel Proust

An Louisa de Mornand

[Freitag, 26. Nov. 1909]

Meine liebe Louisa,

mehr als je leidend und im Begriff, um einer langwierigen Arbeit willen ein Klosterleben zu beginnen, habe ich mich zu dem in meinem Zustand unsinnigen Versprechen verleiten lassen, einmal auszugehen, um Söhne von Freunden aus Cabourg ins ›Circuit‹ [1] zu führen. Und da jene Jugend für mich doch etwas jung war, habe ich nach und nach Loche und C . . ., Lauris, E. Bibesco, Reynaldo und vielleicht F . . . dafür gewinnen können. Es soll morgen, Sonnabend, den 27., stattfinden. Kämen Sie zusammen mit R . . . [2], wenn er Zeit hat, oder allein, wenn er nicht kann? Ich weiß, daß in Ihrem Beruf (den in diesem Punkte alle Künste nachahmen sollten, denn es gibt nichts so Absurdes wie die »Dauer« einer Trauer, wenn man ganz genau weiß, daß man sein ganzes Leben lang die beweint, die man immer geliebt hat) das Theater der Arbeitsplatz ist und daß man sogar während der Trauerzeit dorthin geht. Wenn Sie also nach Ihrer Aufführung Lust haben, für eine Stunde zu kommen (Parterre-Logen 2, 4, 6), würden Sie große Freude bereiten Ihrem

Marcel

Entschuldigen Sie diese schnell hingeworfenen Zeilen. Seit gestern habe ich ohne Erfolg bei Ihnen anrufen lassen. Und ich kann, mitten in einem Anfall, nicht ins Telephon sprechen und schone mich für morgen. Ich bitte um eine ziemlich dringende Antwort wegen der Anzahl der Plätze.

1 Stück von Georges Feydeau (1862–1921), Dramatiker, und Francis de Croisset, das im Théâtre des Variétés gegeben wurde.

2 Robert Gangnat, Dramatiker.

An Louisa de Mornand

[1910?]

Meine Freundin,

Sie wissen, daß ich nur selten bei Ihnen auftauche und daß meine Stimme sich nur dann aus meiner Einsamkeit Ihnen zuwendet, wenn die Nachricht oder das Echo irgendeiner heraufziehenden Unannehmlichkeit, irgendeiner Sie bedrohenden Gefahr mich erreicht. Nun habe ich durch eine, übrigens überraschende Quelle, die ich Ihnen nicht verraten kann, den Eindruck gewonnen, daß Sie von schweren Gefahren umgeben sind. Ich war zu Ihnen gegangen, um es Ihnen zu sagen, habe Sie aber um fünf Minuten verpaßt; und jetzt bin ich zu leidend, um Sie aufzusuchen. Übrigens kann ich es Ihnen auch gut brieflich sagen, ich erwarte aber, daß Sie mir ihn (den Brief) gleich zurückschicken, denn Sie sind, fürchte ich, sehr überwacht, und ich wäre ruhiger, wenn dieser Brief zu mir zurückkäme. In zwei Worten, meine liebste Louisa, es scheint, daß R ...[1] glaubt – ich vermute zu Unrecht –, daß Sie mit einem sehr bekannten Künstler[2] auf ausgesprochen gutem Fuße stehen. Sie begreifen, daß die Tatsache als solche mich in keiner Weise angeht und ich Ihnen nur aus folgendem Grund zu schreiben wage. Derselbe R ... (wenigstens nach Aussage desjenigen, den ich niemals sehe und der durch einen großen Zufall sehr genau über all dies informiert ist) hält das Gerücht für um so gewisser, als die Frau des betreffenden Künstlers vorgeben soll (?), Beweise in Händen zu haben und die Scheidung zu wollen. Und R ..., durch all das wie von Sinnen, werde auf Sie verzichten. Leider verfüge ich über kein Mittel, die Richtigkeit dieser Gerüchte nachzuprüfen (ich will sagen, das Gerücht der Sie bedrohenden Gefahren und nicht, wie Sie sich gut denken können, Gerüchte über die Tatsache selbst, daß Sie jemanden lieben, was mich nichts angeht). Da ich R... seit mehreren Jahren nicht gesehen noch ihm geschrieben habe (ausgenommen den Abend, als ich ihn kurz im ›Circuit‹ [3] sah), ist es mir nicht möglich, ihn aufzusuchen, um mit ihm darüber zu sprechen, er könnte mich übrigens recht ungnädig empfangen, und zwar zu Recht. Überdies habe ich mich in all dies nicht einzumischen, würde es aber als Vernachlässigung meiner Zuneigung Ihnen gegenüber empfinden, wenn ich Sie nicht für alle Fälle davon in Kenntnis setzte, da ich davon erfahren habe. Halten Sie es damit, wie Sie wollen. Leider befürchte ich, daß all das überaus ernst ist und daß selbst Leute, denen Sie begegnen, versuchen werden, sich ohne Ihr Wissen zu erkundigen, und ich bin deshalb in Sorge um Sie. Ich habe aber auch Angst, daß Ihr hübsches, eigensinniges Köpfchen auf meine am Ende vielleicht zu aufgeregten Winke nichts gibt. Übrigens habe ich eine tiefe Sympathie für R..., für sein edles Wesen, ich fühle wirkliche Freundschaft für ihn, und wenn eine bedauernswürdige Trennung zwischen Ihnen stattfinden sollte, würde ich doppelt schwer daran tragen, denn ich würde zwar vor allem Ihren Kummer mitempfinden, meine edle Freundin, aber mein Herz wäre auch gegenüber dem Schmerz jenes gefühlvollen Mannes nicht gleichgültig, der Sie wirklich liebt.

Herzlich Ihnen zugetan.

Marcel Proust

Sie wären liebenswürdig, wenn Sie mir beim Zurückschicken meines Briefes einige Trostworte schreiben könnten, falls dazu Anlaß vorhanden ist. Selbstverständlich bitte ich Sie um keine Enthüllungen über den Kern der Dinge, was mich nichts angeht, wenn Sie aber glauben, meine Befürchtungen seien unbegründet, würde ein einfaches Sätzchen, etwa »machen Sie sich keine Sorgen«, mir sehr gut tun. Ich liebe Sie so sehr, Louisa.

1 Robert Gangnat, Liebhaber Louisas.
2 Schauspieler.
3 Vgl. S. 325, Anm. 1.

An Jeanne de Caillavet

[13. Januar 1910]

Verehrte gnädige Frau,

unendlichen Dank für Ihren Brief. Ich bin so gerührt über den von Gaston. Da Sie mir sogar zu solchem Zeitpunkt [1] eine solche Wohltat erweisen, darf ich Sie um noch etwas bitten? Ich habe soeben Avenue Hoche [2] einen Kranz abgeben lassen (von derselben Person, die, zugleich mit ihm, meine vier Briefe überbrachte). Ich weiß aber, daß das Hauspersonal gerade an solchen Tagen die Blumen beiseite legt: Und ich, der ich ganz lebendig vor mir sehe, wie sie auf ihre Art die Blumen betrachtete, wenn ich ihr welche geschickt hatte, wie sie ihren Duft einsog, wie sie läutete, damit man sie in Vasen aufstelle, würde, wenn ich mich so ausdrücken darf, eine gewisse Freude mit der Vorstellung verbinden, daß diese – die letzten! – aber die ersten, auf die ich wirklich Wert lege, in ihre Nähe gelegt werden. Wenn Sie eine Sekunde Aufmerksamkeit darauf verwenden könnten, würden Sie den Kranz erkennen, er ist aus Kamelien, Aronstab (ich glaube, es ist Aronstab, mit weißen Kelchen), Flieder, Rosen und Veilchen. Wäre es möglich, worum ich Sie bitte? Danken Sie bitte Gaston vielmals, daß er es über sich gebracht hat, mir zu schreiben. Sagen Sie ihm nicht, daß ich trotz seines Rats Drogen einnehme, um zu versuchen, morgen früh[3] zu kommen. Und vor allem umarmen Sie ihn, zur Zeit können Sie alles für ihn sein.

Ihr ergebener Freund

Marcel Proust

1 Die Mutter Gastons war am 12. Januar gestorben.
2 Wohnung der Caillavets.
3 Die Beerdigung fand am 14. Januar statt.

An Simone de Caillavet

[gegen Ende Januar 1910]

Brief ist hier vergessen worden, obwohl ich schon vor mehreren Tagen angeordnet hatte, ihn zur Post zu bringen. Ich habe ihn sofort nach Empfang Ihres Briefes geschrieben.

Liebes Fräulein Simone,

ich danke Ihnen von ganzem Herzen für Ihren Brief und habe großes Verlangen danach, Sie zu sehen. Sie würden mir eine große Freude bereiten, wenn Sie mir Ihre Photographie schenken würden. Ich schreibe Ihnen in so unbequemer Lage, mein Papier auf der einen Hand als Schreibunterlage, daß ich fürchte, Sie können meine Schrift nicht lesen! Selbst ohne Photographie werde ich an Sie denken, aber mein durch Betäubungsmittel geschwächtes Gedächtnis ist dermaßen vergeßlich, daß Photographien mir unschätzbare Dienste leisten. Ich halte sie als Verstärkung in Reserve und betrachte sie nicht allzu häufig, damit ihnen ihre Evokationskraft nicht abhanden kommt.

Als ich in Ihre Mutter verliebt war, habe ich ganz Außergewöhnliches unternommen, um in den Besitz ihrer Photographie zu kommen. Aber es war vergeblich. Noch heute erhalte ich Neujahrskarten von Leuten aus dem Périgord [1], mit denen ich nur deshalb in Verbindung getreten bin, um zu versuchen, jene Photographie zu erlangen!

Sie erinnern sich, daß ich Ihnen gesagt habe, Sie hätten Ähnlichkeit mit Fräulein B... Ich hoffe, Sie heiraten einen netteren Mann als den, welchen sie sich erwählt hat. Allerdings ist sie nicht entfernt so intelligent wie Sie.

Liebes Fräulein Simone, wenn Sie wüßten, wie krank ich bin, würden Sie sich nicht allzu sehr über meinen Brief lustig machen. Übrigens werde ich Ihnen auch nicht mehr schreiben. Aber ich werde Sie eines Tages besuchen.

Marcel Proust

1 Name einer Provinz im Südwesten Frankreichs.

An Jeanne de Caillavet

[erste Monate 1910?]

Verehrte gnädige Frau,

welche Rührung! Welch liebliche Freude, vermischt mit einem so niederdrückenden Gefühl! Wieviel Jahre meines Lebens sind in dem lieben Briefumschlag vereint. Wer beim Öffnen nicht ein wenig gezittert hätte, besäße wahrlich ein Herz, das jeder Erinnerung völlig unfähig ist. Und alles erscheint, als sei es erst gestern gewesen. Ich spreche nicht von Ihnen, denn in Bezug auf Sie hat dies Wort keinen Sinn, da Sie gestern und heute völlig dieselbe geblieben sind. Die Photographie von Ihnen, die sich dabei befindet, wurde sie auf dem Tennisplatz aufgenommen, als Sie damals zwischen der kleinen Daireaux und den Fräulein Dancognée standen, oder erst in diesem Sommer? ... Wie soll ich es nur wissen, da es doch dieselbe Person ist. Sagen Sie es mir, damit es mir nicht mehr jenen Stich ins Herz versetzt, den ich aushalten mußte, da sich ja »nichts verändert hat ... außer mir«! Mit welcher Zuneigung denke ich an Sie alle, ich kann es jetzt ruhig aussprechen, daß ich Sie alle liebe! Was Ihre arme Schwiegermutter[1] betrifft, so nimmt mein Schmerz täglich zu, und traurige Dinge, die man mir gestern erzählt hat und die ich nicht vermutete, fügen ihm eine quälende Bangigkeit hinzu.

Ihr ergebener und dankbarer Freund

Marcel Proust

1 Mme Albert Arman de Caillavet, geb. Léontine Lippmann, gest. am 12. Januar 1912.

An Robert de Flers

[erste Monate 1910?]

Ich bewahre eine zauberhafte und ein wenig betäubende Erinnerung an Dein kurzes Auftauchen gestern abend, das ein wenig einem Traum ähnelt, ohne Zusammenhang mit dem übrigen Leben. Ein schmerzlicher Traum durch all das, was ich an Grauenhaftem, nicht zu Vereinbarendem über ein Wesen erfahren habe, das mir jahrelang ohne Eigennutz, ohne Lohn, mit Ergebenheit und Sanftmut begegnet ist. Ich erinnere mich an gewisse Sätze, gewisse Stunden, und wenn ich sie mit dem vergleiche, was Sie mir gesagt haben, kann ich es nicht glauben, es ist nicht möglich! Und dennoch ist es wahr! Das ist der Trost von einem Leben wie dem meinen – es ist sehr wohl ein wenig der Grund, weshalb man ein solches Leben wählen und vorziehen mag –, nicht durch das Schauspiel und die Kenntnis derartiger Dinge gemartert zu werden. Sie werden einem an einem jener seltenen glücklichen Tage wie dem gestrigen enthüllt. Denn die Traurigkeit ist allem beigemischt und verdirbt alles!

M. P.

An Robert de Montesquiou

Sonntag abend [13. Februar 1910]
(nachts bis Montag 4 Uhr)

Lieber Herr de Montesquiou,

ich schreibe Ihnen diese Zeilen nur, um Ihnen zu sagen, daß ich Ihnen bald richtig schreiben werde, damit Sie nicht inzwischen glauben, ich sei ein Ausbund schlechter Erziehung. Während der letzten achtundvierzig Stunden (Ihren Brief habe ich übrigens erst vor vierundzwanzig Stunden empfangen) wäre es mir einfach unmöglich gewesen, auch nur ein Wort zu schreiben. Und selbst wenn ich es vermocht hätte, wie soll ich Klarheit darüber gewinnen, was möglich sein könnte. Heute abend bin ich wieder in der Lage durchzuatmen, habe aber Fieber und fühle mich nicht gut. Ich werde Ihnen morgen schreiben. Fast ist es ein Zufall, daß es mir so schlecht geht, die Überschwemmung[1] hat nicht enden wollende Arbeiten zur Folge gehabt, wie z. B. die Wiederinstandsetzung der Keller, der Hauskanalisation, und da es jetzt abgetrocknet ist, werden morgen, Montag, die Hauptarbeiten beginnen. Diese Hammerschläge erforderten täglich aufs neue Veronal, Opium, usw., und da ich Eiweiß ausscheide, bringt das tausendfältige Übel mit sich. Diese Einzelheiten sind kaum interessant, sollen Ihnen aber meine hilflose Verwirrung erklären. Sie sprechen davon, mir eine Überraschung machen zu wollen, während ich von dem Wunsch zerrissen werde, Ihnen eine zu bereiten. Wenn ich nur wüßte, was Ihnen gefiele, etwas das Ihnen angenehm wäre! Ich möchte aber nicht, daß Sie mir irgendeine Aufmerksamkeit erweisen. Sie sind schon viel zu gut zu mir. Was für Glücksmomente werden es für mich sein, wenn ich Sie besuchen (sobald diese Handwerkerarbeiten beendet sind, wird es mir leichter fallen) und jenen großen »Hunger« stillen kann (Sie wiederzusehen und zu hören), den man mir gegenüber durchblicken läßt. Es kann ja nicht ausbleiben, daß mir nach so langer Zeit ein schmerzloser Tag vergönnt ist, und wenn es Montag (morgen) oder Dienstag oder an einem dieser Tage mir besser geht, werde ich Ihnen sofort Nachricht geben.

Ihr dankbarer und ergebener

Marcel Proust

1 Ende Januar 1910 trat die Seine über die Ufer und überschwemmte weite Stadtteile.

An Madame Antoine

[1910?]

Sehr geehrte Madame Antoine,

ich wäre Ihnen sehr verbunden, wenn Sie versuchen würden herauszubekommen, was eigentlich beim Doktor X... los ist, wo man jetzt alle Augenblicke klopft. Heute z. B., um vier Uhr, hat der Lärm überhaupt nicht aufgehört. Um vier Uhr hat man über meinem Kopf gehämmert, gebohrt, usw. Waren es Arbeiter, der Mechaniker oder der Kammerdiener? Waren Fräulein C... und der Doktor anwesend und wußten sie, daß man derart klopfte? Es läge mir viel daran, es zu erfahren.

Wenn Sie anderseits dem Kammerdiener zu verstehen geben könnten (ich weiß nicht, ob es Ihnen möglich ist, nur Sie allein können es wissen), daß ich über den Lärm, den er verursacht, sehr aufgebracht bin und daß ich darauf verzichten wolle, mit ihm darüber zu sprechen, damit er es unterläßt, weil es ja doch nichts nützt. Besonders am Morgen beim Saubermachen vollführt er einen Höllenlärm und ging heute um ein Uhr wie mit Bleisohlen immer über meinem Kopf hin und her.

Vor allem aber möchte ich wissen, welche Ursache die Schläge um vier Uhr haben. Wenn Herr X... die Absicht hätte, alle Arbeiten seines Mechanikers über meinem Kopf ausführen zu lassen, müßte einer von uns beiden das Haus verlassen. Versuchen Sie herauszubekommen, was es war, und schreiben Sie mir heute abend oder morgen ein Sätzchen darüber, wenn es Sie nicht belastet. Ich hoffe, es geht Ihnen gesundheitlich besser, und sende Ihnen meine besten Grüße.

Marcel Proust

An Georges de Lauris

[15. Februar 1910]

Dank für Ihre kurzen Zeilen, mein lieber Georges, ich kann Ihnen gar nicht alle Scherereien aufzählen, die ich gehabt habe. Sie wissen, daß das Wasser vor meiner Haustür war und noch immer in meinen Kellerräumen steht, angesichts der umfangreichen Schäden bei allen wage ich jedoch nicht von mir zu sprechen. Doch die Mittel, die man zum Trocknen und Desinfizieren anwendet, lösen in mir Anfälle aus, gegen die nichts helfen will. Wenn sie sich legen, ist an ein Ausruhen gar nicht zu denken, weil man die morschen Dielen im Souterrain herausreißt. Bald wird man sie erneuern, auch die der Geschäfte, ebenso den seit langem festsitzenden Fahrstuhl reparieren. Inzwischen läßt sich Doktor X... Abflußrohre legen. Ich habe nicht die Absicht, Sie anzuöden, indem ich diese Aufzählung fortsetze, ich nehme aber an, daß Sie sich jetzt ein Bild von meinem Leben machen können, das nur darin einen Trost fand, daß ich Sie und Ihren Vater außerhalb der Unruhen auf einer Höhe wußte, die jeder Überschwemmung Trotz bietet, und auch durch Reynaldos großen Erfolg bei der Generalprobe, zu der ich wie eine Mumie verkleidet und infolge ungewöhnlicher Wunder gegangen bin. Sein Ballett[1] ist ganz entzückend, und wenn die späteren Aufführungen ebenso gut verlaufen wie diese, ist es ein großer, großer Erfolg. Ich kann Ihnen gar nicht sagen, welche Beglückung das für mich bedeutet. Man hat ihm immer so wenig Gerechtigkeit widerfahren lassen, jedenfalls in Paris. Mit seinen Opern hat er so wenig Glück gehabt, daß die Bravo-Rufe, die fast alle Augenblicke losbrachen, mir das Herz mit

Freude erfüllten. Leider habe ich keiner einzigen Probe beiwohnen können und werde wahrscheinlich nicht wieder hingehen. Vor allem bedauere ich, morgen[2] nicht dort sein zu können, wenn man die Ankündigung seines Namens mit Bravo-Rufen übertönen wird. Ich hoffe, daß Sie arbeiten, daß Ihr Verleger liebenswürdig ist und daß ich einen anderen, mir am Herzen liegenden Erfolg erleben darf.

Ihnen innig verbunden.

Marcel

1 *La Fête chez Thérèse,* Ballet von Catulle Mendès, Musik von R. Hahn.
2 Zur Uraufführung.

An Jeanne de Caillavet

[erste Monate 1910]

Verehrte gnädige Frau,

ich weiß nicht, wie ich Ihnen für Ihren himmlischen Brief danken soll. Und Reynaldo hat mir, als er heute um Mitternacht zu mir kam (ich habe ihn wegen eines heftigen Anfalls nicht empfangen können), einige Zeilen dagelassen, worin er mir unter anderem sagt, daß Sie mich zu sehen wünschen. Leider ist das unmöglich. Nicht, daß es nicht hin und wieder – ungefähr einmal im Monat – vorkommt, daß es mir gut geht. Ich stehe dann auf, gehe aus, doch gewöhnlich ist es zu spät für einen Besuch bei Ihnen. An den übrigen Tagen nehmen mich meine Anfälle, meine Räuchereien in Anspruch. Ich lasse niemanden zu mir herein, selbst nicht meinen Arzt. Das einzige

Wesen, das ich gelegentlich sehe, ist Reynaldo, weil er immer wieder und zu den unpassendsten Augenblicken vorbeikommt, so daß ich höchstens bei jedem sechsten Besuch mein Räuchern beendet habe und ihn zu mir eintreten lassen kann. Er ist an meine Krankheit gewöhnt und erhält meine Antworten auf seine Fragen auf einem Zettel, wenn ich nicht sprechen kann, usw. ... Neulich bin ich um ein Uhr ausgegangen und habe bei Madame Lemaire angeklopft. Seit einem Jahr hatte ich sie nicht gesehen. Und dabei gehört sie zum kleinen Kreis der Personen, die ich überhaupt noch sehe. Seit sieben Jahren habe ich Madame Greffulhe nicht sehen können. Und ähnlich geht es mir mit vielen anderen. Ich spreche viel von mir, und dabei kann ich Ihnen versichern, daß ich nur an Sie denke. Es scheint mir alle Augenblicke, daß ich aufbrechen und Sie besuchen werde. Immerhin arbeite ich jetzt ein wenig, was ich bisher nicht tat, ich schreibe einen langen Roman, den ich nur mit großer Angst Ihrer Schwiegermutter [1] gezeigt hätte. Wiederholt denke ich an ihre bewundernswerte Intelligenz, an die Bewunderung, mit der sie mir zur Zeit Ihrer Hochzeit von Ihnen sprach: »Jeanne ist außergewöhnlich, sie besitzt eine Begabung, wie sie mir noch nicht begegnet ist«, sagte sie. Sie haben mir gesagt – und ich glaube Ihnen, da Sie es sagen –, daß sie später weniger wohlwollend Ihnen gegenüber gewesen ist. Das ist möglich. Das war wahrscheinlich zu der Zeit, als ich krank war und als eine Meinungsverschiedenheit, an die ich heute nicht ohne Tränen zurückdenken kann, mich ihr entfremdete. Persönlich habe ich aber niemals etwas davon erfahren. Und es ist für mich eine grenzenlose Wohltat zu denken, daß ein Mißverständnis, sofern es zwischen Ihnen bestanden haben mag, sich in der letzten Zeit verflüchtigt hat, daß sie Sie als den Menschen erkannt hat, der Sie sind ... Und daß auch Sie sie verstanden und bewundert haben werden. Und ich preise Gott, daß er diese Versöhnung ermöglicht hat, dank welcher Gaston seine Mutter in der Erinnerung mit Ihnen vereint sieht, und den vielen Gründen, deretwegen er Sie anbetet, wird sich die Dankbarkeit gesellen für die Pflege, die Sie ihr angedeihen ließen, und für Ihr edles Verhalten. Schreiben bedeutet für mich große Erschöpfung. Ich wollte dennoch, selbst mangelhaft, Ihnen das sagen, was ich auf dem Herzen habe. Ich müßte aber lange Briefe schreiben, um Ihnen nur einen kleinen Beweis jener Zärtlichkeit zu geben, die ich für Gaston und Sie empfinde.

Stets Ihr ergebener Freund

Marcel Proust

1 Mme Albert Arman de Caillavet.

An Georges de Lauris

[um Juni-Juli 1910]

Mein lieber Georges,

besuchen Sie in diesem Jahr die Brès? Ich frage Sie deshalb, weil ich wie im vergangenen Jahr infolge meiner Räucherpulver Vergiftungserscheinungen habe, die mich zum Luftwechsel zwingen, wenn sie sich wiederholen sollten. Vorgestern ging ich um ein Uhr morgens aus – recht melancholische Pilgerfahrt –, um beim *Figaro* das Manuskript meines Romans wieder abzuholen, den Sie gelesen haben und der abgelehnt worden ist. Ich weiß nicht, wer mich bei Calmette so herabgesetzt hat. Ich stand so gut mit ihm, und deshalb tut es mir leid, denn ich mag ihn sehr gern. Reden Sie aber um Himmels willen zu niemandem davon, es würde mir tausend Scherereien bereiten. Außerdem weiß niemand davon, und offiziell stehe ich mich nicht schlecht mit Calmette; als ich das Manuskript abholte, habe ich ihm gegenüber kein Bedauern geäußert. Sagen Sie mir, ob Sie nach Houlgate fahren.

Zärtlich Ihnen verbunden.

Marcel

An Jean-Louis Vaudoyer

[19. Juli 1910] [1]

Lieber Herr Vaudoyer,

sicher sind Sie der erste, der wissen wird, daß ich in Cabourg bin. Ich bin unerwartet abgereist, selbst Reynaldo weiß nichts davon. Als ich abfuhr, habe ich Auftrag gegeben, man solle einen Band besorgen, den ich früher geschrieben habe, eine Sammlung von Prosastücken aus meiner Schulzeit, *Les Plaisirs et les Jours* [2] und *Sésame et le lys* [3]. Sie werden sie also ohne Widmung erhalten, ich bitte Sie deshalb um Verzeihung, doch Sie werden mir später, wenn ich Sie wiedersehe, die Bücher für einen Tag leihen, damit ich etwas hineinschreiben kann. Vor meiner Abreise habe ich Ihren Artikel in der *Revue de Paris* [4] gelesen. Ich fand ihn hinreißend, ich würde Ihnen gern darüber schreiben, wenn ich nicht so krank wäre. Mein Gepäck ist nämlich verkehrt aufgegeben worden. Als ich gerädert hier ankam, hat man mir am Bahnhof die

Hutkartons einer Dame ausgehändigt, die irrtümlich meine Koffer in die Bretagne entführt hat, und in den vierundzwanzig Stunden, die ich hier bin, konnte ich mich weder ausziehen noch zu Bett legen. Trotz alldem möchte ich Ihnen sagen, wie sehr ich diesen Artikel schätze, denn ich höre nicht auf, an ihn zu denken. Der Artikel (ich spreche davon wie von einer Gedichtfolge oder wie von einer musikalischen Komposition, deren »Menuett«[5] (der rückgewandte Teil) auserlesen ist). Das erste Stück ist wahrhaft schön. Die beiden Flügel[6], *Geheimnis und Unruhe*, haben mir sehr gefallen. Ich bin erfreut, daß auch Sie die Saphire von Vermeer lieben, und möchte mich gern mit Ihnen darüber unterhalten. Denn Sie gleichen ein wenig jenen Russen, Ihre äußerste Kultiviertheit belebt sich, wenn sie mit dem in Berührung kommt, was ich ganz sicher nicht als Barbarei, wohl aber als Glauben bezeichnen möchte. Ihr Satz über Jules Janin[7] ist sehr amüsant. Mir war dabei eingefallen, daß eine bei Saint-Simon häufig gebrauchte Wendung des »dont« statt »ce dont« ihn vielleicht flüssiger gemacht hätte. Es würde aber vielleicht weniger natürlich wirken, was jedoch in erster Linie gewahrt bleiben muß. Es würde mir das Herz umdrehen, wenn meine Bemerkung diesen Seiten den Ton eines Grammatikers verliehe, ein Gehabe à la Faguet[8]. Ihr Gautier[9] ist vollendet. Mit doppelter Freude habe ich die Gräfin Mosca[10] wahrgenommen, über die wir gesprochen hatten. Ich denke, daß mit Madame de Serigny Madame de Serizy[11] gemeint ist. Leben Sie wohl, lieber Herr Vaudoyer, entschuldigen Sie diesen langen Brief; da es der einzige bleiben wird, denn ich schreibe so gut wie niemals, werden Sie seine lästige Weitschweifigkeit bald vergessen. Nochmals gratuliere ich bestens zu jenem schönen, vielgliedrigen Ganzen, in dem die unterschiedlichen »Tempi« einer so gut gebauten, so gehaltvollen und abwechslungsreichen Sonate aufeinanderfolgen. Seien Sie meiner starken Sympathie versichert.

[...]

Marcel Proust

1 Datum des Poststempels.
2 Ersch. 1896.
3 Ersch. 1906.
4 *Variations sur les Ballets russes*, 15. Juli 1910, S. 333–352.
5 Anspielung auf den 4. Abschnitt des Artikels: *Le soir des fantômes*, S. 342–346.
6 »Flügel« der allegorischen Gestalt »la belle Rêverie«, in dem 1. Abschnitt *La Rêverie*.
7 Frz. Journalist und Kritiker (1804–1874).
8 Émile Faguet (1847–1916), frz. Kritiker.
9 Théophile Gautier (1811–1872), frz. Dichter. Gemeint ist dessen Evokation im Artikel Vaudoyers.
10 Figur aus Stendhals Roman *Die Kartause von Parma*.
11 Figur aus Balzacs *Comédie Humaine*.

An Robert Dreyfus

[Paris, 6. Oktober 1910]

Mein lieber Robert,

willst Du mir die Störung verzeihen, die ich Dir verursache? Ich möchte gern wissen, *wer* ein gewisser Herr Louis Chevreuse[1] ist, der mich neulich auf sehr liebenswürdige Weise zitiert hat, in einem übrigens sehr interessanten Artikel über die Kathedrale von Straßburg. Ist es ein Pseudonym? Ist es jemand, den ich kenne? Und wenn der Verfasser wirklich Louis Chevreuse heißt, könntest Du mir kurz sagen, wer es ist. Mit immer neuer Freude gebe ich Deinem allmorgendlichen D ... die Hand, das zu mir sagt: »Nur Mut, schlaf gut!«, bevor ich das Licht lösche. Es ist amüsant zu verfolgen, wie das billige Metall der täglichen Vorfälle von Dir geprägt wird und uns makellos und bis ins letzte getreu das Abbild Deines Geistes vermittelt. Der Gedanke wäre mir lieb, daß Du im Augenblick nicht zuviel Sorgen hast, daß es Deiner Mutter gut geht und daß es mit der Gesundheit, mit der ihre eigene sich ein wenig solidarisch fühlen muß, nicht zu schlecht steht. Und Du? Du hast doch schließlich auch einen Körper, obwohl Du nur an die anderen denkst. Gib mir keine ausführliche Antwort. Nur einen Namen, den von Louis Chevreuse, falls dies nicht sein eigentlicher Name ist, und ein Adverb, das Deinen augenblicklichen Gemütszustand kennzeichnet, ein einziges, das mir große Freude bereiten wird und worunter ich wie beim berühmten »quoiqu'on die«[2] eine Million Wörter verstehen werde, wenn es das rechte Wort ist!

Dir von Herzen zugetan

Marcel Proust

Ich bin fast drei Monate lang in Cabourg gewesen, habe aber kein einziges Mal zum Strand hinuntergehen können und leider auch nicht nach Trouville.

1 Unpersönliches Pseudonym, das die Redakteure des *Figaro* benutzten. Vgl. Brief vom 8. 10. 1910.

2 »Was man immer sagen mag.« Molière, *Les Femmes savantes* III, 2.

An Robert Dreyfus

[8. Oktober 1910] Samstag abend

Mein lieber Robert,

ich hätte nichts dagegen, wenn Du mich weiterhin für scharfsinnig hältst, aber die Wahrheit muß trotzdem gesagt werden: Nicht eine Sekunde habe ich vermutet, daß Du Dich hinter Chevreuse verbirgst, völlig naiv habe ich an Dich geschrieben, ohne auch nur zu ahnen, daß ich dabei an Chevreuse selbst schrieb. Es war besonders dumm von mir anzunehmen, es könne sich um ein Pseudonym handeln, es könne sich hinter ihm Bonnard [1], Bataille [2], Beaunier [3] verbergen (ein sehr dehnbares Pseudonym also), und daß mir, wie jedes Mal, wenn man sich täuscht, nicht einmal die bloße *Möglichkeit* in den Sinn gekommen ist, es könne sich um Dich handeln. Ich habe überhaupt nicht daran gedacht! Vielleicht, weil ich meinte, da Du ja mir gegenüber bereits mit einem D... sehr liebenswürdig gewesen bist, das sei fürs Leben genug gewesen, und daß es Dir niemals wieder in den Sinn kommen werde, meinen Namen zu nennen. Vielleicht aber auch, weil es weniger ausgefeilt wirkte, in einer weniger knappen und weniger zugespitzten Ausdrucksweise, als es sonst Deine Gewohnheit ist (das ist keine Kritik, ganz im Gegenteil, ich liebe über alles den mit weiten Schwingen versehenen und von weichen Federn geglätteten Stil). Vielleicht auch ganz einfach, weil man sich oft gewaltig täuscht, vor allem ich, der ich niemals irgend etwas habe erraten können, nicht einmal eine wohlbekannte Stimme auf einem Maskenball. Als man mir einmal sagte, eine bestimmte Orchesterpassage wolle den Sturm lautmalerisch wiedergeben, spürte ich jeden Ruck und Stoß »eines Schiffes in Seenot«. Solange man mich aber nicht darauf aufmerksam gemacht hat, begreife ich nichts. Jetzt da ich weiß, daß Du es warst, scheint es mir gar nicht *möglich* (im Leibniz'schen Sinne des Wortes, vgl. Darlu, die Monade ist der Hut, das Taschentuch ist in meinem Hut, usw.), daß es sonst jemand geschrieben haben könnte. Wohlgemerkt, ich verstehe diese Zwangsläufigkeit des Verständlichen erst, seitdem Du es mir gesagt hast. Daher kommt meine Demütigung meiner Dankbarkeit gleich. Und das will nicht wenig besagen. Es ist dermaßen nett, was Du mir gesagt hast, vor allem aber darum, weil Du es bist, der es mir gesagt hat. Gewiß ist es schmeichelhaft, *unbekannte Freunde* zu haben. Ich beneide den Journalisten (mir ist das noch nie widerfahren), dem man einen Brief von jemandem überreicht, den er nicht kennt. Und ich fragte Dich, ob jener Chevreuse, der Gefallen an der *Bible d'Amiens* fand, ein Pseudonym von jemandem sei, den ich kenne, aber insgeheim hoffte ich sehr, daß es jemand sei, den ich nicht kenne, jemand mit ungeheuer viel Talent, der die *Bible d'Amiens*[4] dermaßen schätzte, daß er dem Verlangen nicht hatte widerstehen können, es zum Ausdruck zu bringen. Nur, beachte bitte, ich war nicht enttäuscht, jenen sympathischen Chevreuse mit demjenigen zu einer Person verschmelzen zu sehen, dessen Beifall lediglich ein Beweis seiner Freundschaft ist. Ich habe dem Unbekannten nicht nachgeweint, sondern eine intensive Freude empfunden, daß es vom Freund herrührt. So preise ich Dich, liebe Dreieinigkeit, in drei Personen, ich bin voller Dankbarkeit sowohl für *D* . . . als auch für Chevreuse, und von allen dreien mag ich Robert Dreyfus am liebsten.

Ganz der Deine

Marcel Proust

1 Pierre Bonnard, Journalist.
2 Henry Bataille, Schriftsteller.
3 André Beaunier.
4 Von Ruskin, übersetzt von Proust.

An Louisa de Mornand

[Ende Okt. 1910?]

Meine Freundin,

Ihr Brief berührt mich recht schmerzlich. Es wird noch so kommen, daß ich, bevor ich dieses Leben oder vielmehr ein dem Leben so wenig ähnliches Dasein verlasse, alles sterben sehe, was gut, edel, großzügig, fähig zu lieben und lebenswürdig war. Und die übrig bleiben, muß ich schmerzgebeugt, verwundet und mit Tränen in den Augen über immer neuen Gräbern erblicken. Ich gehöre zu jenen derart Vergessenen, denen man nur dann noch schreibt, wenn man unglücklich ist, daher wage ich kaum noch einen Brief zu öffnen, mir ist so, als gäbe es nur noch Unglück. O Louisa, die ich so geliebt habe, mit ganzem Herzen teile ich Ihren Schmerz, denn ich fühle, was Sie verloren haben. Sie können dennoch stolz sein und dem Himmel danken, denn Sie haben zuerst L...[1] und dann G...[2] (obwohl ich selbst in der Erschütterung über diesen Todesfall keinen Vergleich zwischen ihnen anstellen kann, zumal mein Herz zu sehr für L... eingenommen ist) vielleicht die reinste, ritterlichste und stärkste Hingabe eingegeben, die jemals eine Frau erweckt hat. Ich weiß nicht, welches Leben Sie führen werden und ob Ihre zukünftigen Freunde diesen beiden Wesen ebenbürtig sein werden, ich kann aber nicht umhin zu glauben, daß immer in Ihnen eine Genugtuung fortleben wird, in diesem Maße geliebt worden zu sein! Wenn es mir gegenwärtig nicht so schlecht ginge, hätte ich Ihnen gern länger und besser geschrieben, und zwar sofort nach Erhalt Ihres Briefes. Ich habe ihn aber erst zwölf Stunden später erhalten, da ich meine Dienstboten fast nie mehr mein Zimmer betreten lasse. Leben Sie wohl, liebe Freundin, die ich früher allen anderen vorzog. Sie wissen, daß mein Herz still und verschwiegen empfunden hat, was man nicht vergißt, was von nichts ausgelöscht werden kann und was in einer Zärtlichkeit fortlebt, die ich liebevoll, meine Hände in den Ihren, zu Füßen Ihres Kummers niederlege.

Ihr

Marcel

1 Louis, Marquis d'Albuféra.
2 Robert Gangnat; er starb am 29. Oktober 1910.

An Georges de Lauris

[kurz nach dem 21. Februar 1911]

Mein lieber Georges,

von ganzem Herzen danke ich Ihnen für Ihren Brief. Ich denke viel an Sie, viel an Ihre Gattin (sagen Sie es ihr bitte). Ich hoffe, Sie arbeiten. Ich selbst habe noch absolut nichts zustande bringen können und beginne zu verzweifeln. Ich wäre gern in Ihre Gegend gefahren, denn in diesem Jahr ist Paris wirklich sehr wenig günstig, doch Sie werden ja zurückkehren, und dann wird der Frühling anfangen und der Karneval. Dies vollzieht sich nicht nach dem Musset-Vers »der Karneval vergeht, die Rosen brechen auf«[1], denn all das muß ja gleichzeitig geschehen. Ich habe mir das Theatrophon[2] abonniert, das ich selten benutze, da man sehr schlecht hört. Doch bei den Wagner-Opern schließlich ergänze ich die Mängel der Akustik, da ich sie nahezu auswendig kenne. Und kürzlich eine bezaubernde Entdeckung, die mich sogar etwas tyrannisiert: Pelléas[3]. Ich war nicht darauf gefaßt! Antoine Bibesco hat für mich eine Zeitschrift[4] von Gide abonniert. Es wird dort eine Novelle[5] von Gide veröffentlicht, sie ist nicht übel, aber nicht gerade umwerfend. Leben Sie wohl, lieber Georges, ich schlafe nicht mehr, esse nicht mehr, arbeite nicht mehr, noch viele andere Dinge tue ich auch nicht mehr, und zwar schon lange. Trotzdem würde mein Buch wohl bei einiger Anspannung in zwei Monaten fertig sein, werde ich aber jemals diese zwei Monate haben.

Von Herzen

Ihr Marcel

1 *Poésies nouvelles, À la mi-carême* I.

2 Apparat, der Opern- und Konzertübertragungen über Telephonleitungen ermöglichte.

3 *Pelléas et Mélisande,* Oper von Maeterlinck, Musik von Claude Debussy.

4 *La Nouvelle Revue Française.*

5 *Isabelle,* ersch. in Nr. 25–27 (1. Jan., 1. Febr., 1. März 1911).

An Robert de Billy

[im März 1911]

Mein lieber Robert,

ich stelle traurig und enttäuscht fest, daß das Mittelmeer und die Entfernung[1] über Ihre Freundschaften den Sieg davontragen. Sie haben mich vergessen. Und ich war der Meinung, Sie hätten mich gern! Ich habe für Sie eine Ausgabe der *Henriade*[2] gesucht, die Sie gern besitzen wollten, ich habe sie aufgestöbert und Ihnen bereits vor einem Jahr geschickt. Sie haben mir nicht einmal geantwortet. Ich habe aber auch erfahren, daß Freundschaft einseitig weiterbestehen kann, wie man auch mit einer Lunge oder einer Niere leben kann. Ich habe Sie immer noch gern und sende Ihnen tausend zärtliche Gedanken. Geht bei Ihnen alles nach Wunsch?

Ihr Marcel Proust

1 Robert de Billy arbeitete damals in Tanger.
2 *La Henriade* (1723), National-Epos von Voltaire.

An Robert de Billy

[kurz nach dem 7. April 1911]

Mein lieber Robert,

Ihr Brief hat mich sehr bewegt und mir sehr wohl getan. Es liegt mir so viel an Ihrer Freundschaft, daß ich in dieser Hinsicht vielleicht zu ängstlich bin. Und hinzu kommt, daß die anderen kommen und gehen, sich in Erinnerung bringen und die Treue prüfen können ... Beim Lesen der Rede von Herrn Cruppi empfand ich sichtliches Vergnügen, nicht etwa wegen meiner verwandtschaftlichen Bande mit diesem Minister, sondern weil ich mir vorstellte, die Worte stammten von Ihnen. Gestern abend haben die Rosny[1] (mit denen ich in diesem Sommer in Cabourg oft zusammen war) ein Diner gegeben, und ich habe bedauert, nicht aufstehen zu können, um daran teilzunehmen, denn Madame Lyautey war auch dort, die schöne Erinnerungen an die »Hélène« [2] in mir wachgerufen hätte, und mit der ich von Ihnen, Ihrer Frau und Ihrem Schwiegervater hätte sprechen können, dessen Bild mir lebendiger im Herzen ist, als das vieler noch lebender und sogar mir vertrauterer Menschen. Ich wünschte, daß sich bei meinem Leiden wie bei ihm das unausweichliche Ende noch lange hinauszieht, damit ich mich noch recht lange Ihrer Freundschaft erfreuen kann. Habe ich Ihnen von der – berückenden – Sinnverwirrung erzählt, die *Pelléas*, gehört – und viele Male wiedergehört – im Theatrophon, das ich neben meinem Bett stehen habe, in mein Leben gebracht hat?

Ich habe mich mit einem jungen, außerordentlich intelligenten und begabten Dichter befreundet, er heißt Jean Cocteau. Mit Erstaunen habe ich erfahren, daß er der Neffe Ihres Kollegen Herrn Lecomte ist. Er ist wirklich liebenswürdig. Ein anderer Ihrer Kollegen, Etienne Ganderax, hat seinen besten Freund verloren, den Doktor Martin. Das hat mich sehr betroffen. Persönlich mochte ich Martin recht gern. Deshalb kann ich begreifen, welch schmerzlichen Schock das ein wenig traurige und liebeleere Leben von Ganderax erlitten haben muß, denn er ist ein empfindsamer Mensch. Reynaldo, der heute abend bei mir war, hat sich sehr gefreut, dem General Lyautey [3] bei den Rosny wiederzubegegnen. Und ich glaube, daß die Sympathie beiderseitig gewesen ist. Lieber Robert, diese belanglosen Zeilen stellen einen langen Brief dar in Anbetracht meiner großen Erschöpfung. Verzeihen Sie mir, daß ich Ihnen nichts weiter schreibe, und lassen Sie sich von ganzem Herzen umarmen.

Marcel

1 Joseph-Henri Rosny, eigentlich Boex (1856–1940).

2 Jacht von Paul Mirabaud, Schwiegervater von R. de Billy.
3 Louis-Hubert-Gonzalve Lyautey (1854–1934), Marschall von Frankreich.

An den Prinzen Antoine Bibesco

[Um den 11.–12. August 1911]

Mein lieber Antoine,

in Cabourg, wo es mir so schlecht geht, daß ich fürchte, nicht hierbleiben zu können, habe ich Deine Zeilen erhalten, mit dem Wunsch, mich zu besuchen. Wie Du siehst, ist das unmöglich. Und nun lese ich vom Tod Deines Vaters. Die verschiedensten Gefühle sind in unserem armseligen Herzen derart miteinander verflochten – dort, wo alles Veranlassung ist, schlecht verheilte Wunden wieder aufbrechen und niemals verheilte ätzend und noch schmerzhafter werden zu lassen –, daß dieser Todesfall mir ein Unglück ganz anderer Tragweite ins Gedächtnis zurückgerufen hat, von unberechenbarer Wirkung auf Dein und Emmanuels Leben: den Tod Deiner Mutter. Er hat mich damals so tief getroffen, daß ich nur mit Schmerzen daran zurückdenke. Da er mich jedoch eine engere Verbundenheit mit Dir und Emmanuel fühlen ließ, würde ich mich hinwiederum auch gern daran erinnern, wenn er nicht als Folge einer schmutzigen und abgeschmackten Lüge – die Du geglaubt, da Du sie mir ja wiedererzählt hast – unsere Freundschaft beendet hätte, indem ich dadurch gehindert wurde, weiterhin diejenigen zu lieben, die mich für einen Heuchler gehalten haben; und selbst die Vergangenheit meiner Freundschaft zu Euch beiden ist dadurch so beschmutzt worden, daß ich nicht ohne Empörung daran denken kann.

Ich habe Deinen Vater nur ein einziges Mal gesehen, ungefähr eine Minute lang, ich habe ihn nicht gekannt. Sein Äußeres besaß denselben Liebreiz, durch den Ihr alle gefallt, Schönheit, Sinn für Geistiges, Adel und Schlichtheit. Nur das ist mir von ihm bekannt und einige Äußerungen unbemittelter Leute, zu denen er gut gewesen ist. Möchtest Du bitte Emmanuel sagen, daß mein Nicht-Schreiben nicht besagen will, ich dächte nicht sehr oft an ihn. Du weißt aber, mein alter Antoine, daß ich recht krank bin, ohne völlig verrückt zu sein, wie Du glaubst. Ich halte mich sogar für ganz besonders weise. Flaubert sagt in einem Brief, Doktor Hardy habe über ihn folgenden Ausspruch getan, den er für tiefsinnig erklärt: »Er ist eine alte hysterische Frau, und entsprechend muß man ihn behandeln.[1]« Ich glaube, wenn Du Deinen nachsichtigen Tag hast, ist das etwa Deine Meinung über mich. Ach, lieber Antoine, es gab einige Monate, als ich Rue de Courcelles[2] sehr krank war, als ich mehr litt als heute, aber damals gab es für mich noch das Glück. Und ohne das einzigartige Lebensglück mit demjenigen vergleichen zu wollen, das Freundschaft schenken kann, war doch jenes Jahr[3] für mich ganz übersonnt vom Reiz Deiner ersten Besuche, von Deiner Freundschaft, an die ich damals glaubte, auf die ich meine Hoffnung setzte. Wie weit liegt das alles doch zurück . . .

Dein alter Freund

Marcel

1 *Correspondance* VII, S. 134.
2 Wohnung der Familie Proust bis zum Tode der Mutter (1905).
3 1901/1902.

An X ...

[Cabourg, August 1911]

Bitte diesen Brief aufmerksam bis zu Ende lesen.

Sehr geehrter Herr X ... [1],

ich hoffe, Sie haben meine Depesche rechtzeitig erhalten und verstanden, daß ich gezwungen war, Hals über Kopf nach Cabourg zu fahren, so daß ich Ihren Brief erst im Augenblick erhielt, als ich Ihnen telegraphierte. Seitdem haben sich, wie man zu sagen pflegt, zwei »neue Fakten« ergeben. Erstens habe ich im Gegensatz zu meinen sonstigen Cabourg-Aufenthalten ständige und schreckliche Asthmaanfälle, so daß ich, falls es so weitergeht, zu einer Isolierungskur in *La Colline* beim Doktor Widmer (am Genfer See) fahren werde. Die zweite Neuigkeit ist, daß eine sehr geschickte Stenotypistin im Hotel ihren Dienst aufgenommen hat, wovon ich keine Ahnung hatte. Unter diesen Umständen schiene es mir sehr bedauerlich, wenn Sie Ihre Stellung aufgeben, um sich hier zu langweilen, ohne daß wir uns auch nur sehen könnten, falls ich zu dieser Kur fahre. Wenn es mir dagegen besser geht und ich in Cabourg bleiben kann, wäre es unsinnig, Ihre Zeit mit Schreiben mit der Hand zu verlieren, was doch jene Stenotypistin leichter mit ihrer Maschine erledigt, sobald sie erst einmal mein Diktat stenographiert hat. Wenn Sie also meine ausdrückliche Meinung teilen, werden Sie nicht mehr mit mir rechnen. Doch werde ich Sie einzig um die Erlaubnis bitten, da Sie mir ja sagten, daß Ihre gegenwärtigen Monatsbezüge um 300 Francs niedriger sind als Ihr vorheriger Verdienst, Ihnen 300 Francs zu schicken, wodurch Ihr Verdienst im Juli bei Herrn Metzinger sich etwas verbessert, als Ausgleich für den Verdruß, Ihre Briefe schreiben und meine so trockenen Antworten ertragen zu müssen. Es ist eine winzige Entschädigung, die Sie die Güte haben wollen anzunehmen, da ich viel älter bin, so daß Sie sich vor mir nicht zu genieren brauchen. Ich schreibe dieser Tage an den Crédit Industriel, daß Ihnen die Summe überwiesen wird.

Ich möchte nunmehr nichts tun, was nicht genau Ihren Wünschen entspricht, und wenn Sie meinen Gründen nicht zustimmen und trotzdem kommen wollen (doch selbst angenommen, daß ich hierbleibe, was könnten wir zusammen tun, da ich doch jene Stenotypistin zur Verfügung habe?), will ich Ihnen nicht mein »Nein« entgegensetzen, um Ihnen den Eindruck zu vermitteln, daß Sie tun können, wonach Ihnen der Sinn steht, daß ich Sie nicht zwingen möchte nicht zu kommen. Doch wäre es wirklich nicht vernünftig.

Kurz, wenn Sie meinen Ratschlag nicht befolgen wollen, wenn Sie – obwohl ich hoffe, Sie überzeugt zu haben – ihn unberücksichtigt lassen und hierher kommen, so müßte es unverzüglich geschehen, so daß ich wenigstens mit Ihnen habe sprechen können, falls meine Anfälle zunehmen und ich genötigt wäre, wieder abzureisen. Ich würde Ihnen 400 Francs monatlich geben (entschuldigen Sie, daß ich auf so trockene Art spreche angesichts einer Hypothese, die ich für wenig wünschenswert halte), dazu 250[2] Francs für Ihre Mahlzeiten (ich glaube, soviel würden sie in einem guten Restaurant von Cabourg kosten, aber vielleicht wären 300 Francs nötig, nun, wir würden es schon an Ort und Stelle sehen ...) Was das Zimmer betrifft, so wäre es das beste, vorausgesetzt, Sie rauchen nicht und schlafen nicht bei geöffnetem Fenster (zwei Dinge, die ich fürchte), wenn Sie in meinem Appartement des Hotels übernachteten. Sie hätten dort ein nettes Zimmer. Sie müßten sehr gewissenhaft an die Vermeidung von Lärm, Zugluft, usw. denken, da aber Leute, die mich nicht kennen, liebenswürdigerweise meinetwegen im Hotel sich vorsehen, bin ich sicher, daß Sie nicht weniger nett als jene sein möchten und die Unannehmlichkeit mit in Kauf nehmen. Ich wiederhole es Ihnen: Ihre Stellung aufgeben, um bei mir nichts (selbst nichts Uninteressantes) zu tun zu haben (denn ich würde nicht den Mut haben, Ihnen das zu diktieren, was ich so unvergleichlich viel schneller jener Stenotypistin diktieren könnte), wäre reiner Unsinn. Wenn Sie aber anders darüber denken, steht es Ihnen frei, sich nach Ihrem Gutdünken zu entscheiden. Wenn Sie kommen wollen, schreiben Sie mir nicht, sondern telegraphieren Sie, daß Sie unverzüglich kommen und wenn möglich, mit einem gegen sechs Uhr abends oder gegen Ende des Nachmittags oder nach dem Abendessen ankommenden Zug, aber nicht zu spät und nicht vor zwei Uhr nachmittags, denn ich möchte Sie sehen, bevor Sie irgend jemand anders sprechen. Doch ich erkläre Ihnen all das für den Fall, daß Sie kommen, und hoffe, daß Sie sich vertrauensvoll meiner Meinung anschließen werden. Man wartet auf meinen Brief, und ich verlasse Sie, um ihn nicht zu verzögern. Vielen Dank für den Ihren, er ist reizend, und seien Sie meiner ergebenen und freundschaftlichen Gefühle versichert.

Marcel Proust

1 Albert Nahmias.

2 Die erste Ziffer der Summe war ursprünglich eine 3, die Proust durch eine 2 ersetzte.

st 485 Hansgerd Schulte (Hrsg.), Spiele und Vorspiele
Spielelemente in Literatur, Wissenschaft und Philosophie
138 Seiten
Pierre Bertaux, der französische Germanist und Hölderlin-Forscher, hat sich während seines vielgestaltigen Lebens auch mit der Funktion des Spieles in Literatur, Wissenschaft und Philosophie befaßt. Er mißt dem Spieltrieb eine ebenso zentrale Funktion für den Menschen und sein Verhalten bei wie etwa Freud dem Sexualtrieb. Bertaux' 70. Geburtstag schien ein reizvoller Anlaß, einige seiner Freunde und namhafte Wissenschaftler um einen Beitrag zu dem Spielthema zu bitten – jeweils aus ihrer Sicht und im Zusammenhang mit den eigenen Forschungsinteressen. Mit Aufsätzen von Hellmut Becker, Walter Höllerer, Robert Jungk, Golo Mann, Hans Mayer, Georg Picht, Peter Wapnewski.

st 487 Christiane Rochefort, Kinder unserer Zeit
Roman
164 Seiten
Ein kleines Mädchen erzählt seine Geschichte. Es wächst auf in einer Kinderreichen-Siedlung am Stadtrand von Paris, in einer uniformen, kleinbürgerlich geregelten, staatlich subventionierten Welt. Es empört sich gegen den dumpfen Schematismus einer Lebensplanung, die nichts anderes kennt als das Denken an einen Standard der Eisschränke und Fernsehapparate in der Atmosphäre des Sozialen Wohnungsbaus, in der Kinder dazu dienen, die Teilhabe am Komfort der Neuzeit zu finanzieren.
»Ein knapp erzähltes Buch, bitter in seiner Anschaulichkeit und Illusionslosigkeit, eine einzige unsentimentale, satirisch gefärbte Anklage – ein Zeichen der Zeit.«
Neue Zürcher Zeitung

Alphabetisches Gesamtverzeichnis der suhrkamp taschenbücher

Achternbusch, Alexanderschlacht 61
– Happy oder Der Tag wird kommen 262
– Die Stunde des Todes 449
Adorno, Erziehung zur Mündigkeit 11
– Studien zum autoritären Charakter 107
– Versuch, das ›Endspiel‹ zu verstehen 72
– Zur Dialektik des Engagements 134
– Versuch über Wagner 177
Aitmatow, Der weiße Dampfer 51
Alfvén, M 70 – Die Menschheit der siebziger Jahre 34
– Atome, Mensch und Universum 139
Allerleirauh 19
Anders, Kosmologische Humoreske 432
v. Ardenne, Ein glückliches Leben für Technik und Forschung 310
Arendt, Die verborgene Tradition 303
Arlt, Die sieben Irren 399
Artmann, Grünverschlossene Botschaft 82
– How much, schatzi? 136
– The Best of H. C. Artmann 275
– Unter der Bedeckung eines Hutes 337
v. Baeyer, Angst 118
Bahlow, Deutsches Namenlexikon 65
Balint, Fünf Minuten pro Patient 446
Ball, Hermann Hesse 385
Barnet (Hrsg.), Der Cimarrón 346
Basis 5, Jahrbuch für deutsche Gegenwartsliteratur 276
Basis 6, Jahrbuch für deutsche Gegenwartsliteratur 340
Basis 7, Jahrbuch für deutsche Gegenwartsliteratur 420
Beaucamp, Das Dilemma der Avantgarde 329
Becker, Jürgen, Eine Zeit ohne Wörter 20
Becker, Jurek, Irreführung der Behörden 271
Beckett, Warten auf Godot (dreisprachig) 1
– Watt 46
– Endspiel (dreisprachig) 171
– Das letzte Band (dreisprachig) 200
– Molloy 229
– Glückliche Tage (dreisprachig) 248
– Malone stirbt 407
Das Werk von Samuel Beckett. Berliner Colloquium 225
Materialien zu Becketts »Godot« 104
Materialien zu Becketts Romanen 315
enjamin, Illuminationen 345
Über Haschisch 21
Ursprung des deutschen Trauerspiels 69
Der Stratege im Literaturkampf 176
ur Aktualität Walter Benjamins 150
ernhard, Das Kalkwerk 128
Frost 47
Gehen 5
Der Kulterer 306
Salzburger Stücke 257
ierce, Das Spukhaus 365
ingel, Lied für Zement 287
ioy Casares, Fluchtplan 378
lackwood, Besuch von Drüben 411
Das leere Haus 30
loch, Naturrecht und menschliche Würde 49
Subjekt–Objekt 12
Vorlesungen zur Philosophie der Renaissance 75
Atheismus im Christentum 144
örne, Spiegelbild des Lebens 408

Bond, Die See 160
– Bingo 283
Braun, Stücke 1 198
Brecht, Geschichten vom Herrn Keuner 16
– Schriften zur Gesellschaft 199
– Frühe Stücke 201
– Gedichte 251
Brecht in Augsburg 297
Bertolt Brechts Dreigroschenbuch 87
Brentano, Prozeß ohne Richter 427
Broch, Barbara 151
– Die Schuldlosen 209
– Schriften zur Literatur 1 246
– Schriften zur Literatur 2 247
– Der Tod des Vergil 296
– Philosophische Schriften 1 u. 2 2 Bde. 375
– Die Unbekannte Größe 393
– Die Verzauberung 350
Materialien zu »Der Tod des Vergil« 317
Broszat, 200 Jahre deutsche Polenpolitik 74
Brude-Firnau (Hrsg.), Aus den Tagebüchern Th. Herzls 374
Buono, Zur Prosa Brechts. Aufsätze 88
Butor, Paris–Rom oder Die Modifikation 89
Carpentier, Explosion in der Kathedrale 370
Celan, Mohn und Gedächtnis 231
– Von Schwelle zu Schwelle 301
Chomsky, Indochina und die amerikanische Krise 32
– Kambodscha Laos Nordvietnam 103
– Über Erkenntnis und Freiheit 91
Condrau, Angst und Schuld als Grundprobleme in der Psychotherapie 305
Conrady, Literatur und Germanistik als Herausforderung 214
Cortázar, Das Feuer aller Feuer 298
– Ende des Spiels 373
Dedecius, Überall ist Polen 195
Der andere Hölderlin. Materialien zum »Hölderlin«-Stück von Peter Weiss 42
Der Friede und die Unruhestifter 145
Der Weg der großen Yogis 409
Dick, UBIK 440
Doctorow, Das Buch Daniel 366
Döblin, Materialien zu »Alexanderplatz« 268
Dolto, Der Fall Dominique 140
Döring, Perspektiven einer Architektur 109
Duddington, Baupläne der Pflanzen 45
Duke, Akupunktur 180
Duras, Hiroshima mon amour 112
Durzak, Gespräche über den Roman 318
Ehrenburg, Das bewegte Leben des Lasik Roitschwantz 307
– 13 Pfeifen 405
Eich, Fünfzehn Hörspiele 120
Eliot, Die Dramen 191
Zur Aktualität T. S. Eliots 222
Enzensberger, Gedichte 1955–1970 4
– Der kurze Sommer der Anarchie 395
– Politik und Verbrechen 442
Enzensberger (Hrsg.), Freisprüche. Revolutionäre vor Gericht 111
Eschenburg, Über Autorität 178
Ewald, Innere Medizin in Stichworten I 97
– Innere Medizin in Stichworten II 98
Ewen, Bertolt Brecht 141
Fallada/Dorst, Kleiner Mann – was nun? 127